O Direito Ambiental e os Agrotóxicos
RESPONSABILIDADE CIVIL, PENAL E ADMINISTRATIVA

V393d   Vaz, Paulo Afonso Brum
    O Direito Ambiental e os agrotóxicos: responsabilidade civil, penal e administrativa / Paulo Afonso Brum Vaz. – Porto Alegre: Livraria do Advogado Ed., 2006.
    240 p.; 23 cm.
    ISBN 85-7348-399-7

    1. Direito Ambiental. 2. Meio ambiente. 3. Agrotóxico. 4. Responsabilidade I. Título.

CDU - 349.6

Índices para o catálogo sistemático:

Direito Ambiental
Meio ambiente
Agrotóxico
Responsabilidade

(Bibliotecária responsável: Marta Roberto, CRB-10/652)

Paulo Afonso Brum Vaz

O Direito Ambiental e os Agrotóxicos
RESPONSABILIDADE CIVIL, PENAL E ADMINISTRATIVA

Porto Alegre, 2006

© Paulo Afonso Brum Vaz, 2006

Revisão de
Rosane Marques Borba

Capa, projeto gráfico e diagramação de
Livraria do Advogado Editora

Direitos desta edição reservados por
Livraria do Advogado Editora Ltda.
Rua Riachuelo, 1338
90010-273 Porto Alegre RS
Fone/fax: 0800-51-7522
editora@livrariadoadvogado.com.br
www.doadvogado.com.br

Impresso no Brasil / Printed in Brazil

Dedico
Às mulheres da minha vida: *Simone* e *Desirée*.

Agradeço
Ao Dr. *Murilo Mendes,* companheiro incansável
de muitas jornadas.

"O cuidado com a Terra representa o global. O cuidado com o próprio nicho ecológico representa o local. O ser humano tem os pés no chão (local) e a cabeça aberta para o infinito (global). O coração une chão e infinito, abismos e estrelas, local e global. A lógica do coração é a capacidade de encontrar a justa medida e construir o equilíbrio dinâmico."

(Leonardo Boff, *Saber Cuidar: Ética do humano – compaixão pela terra*. Petrópolis (RJ): Vozes, 1999, p. 138)

Prefácio

Honra-me o meu estimado colega de Tribunal, Desembargador Paulo Afonso Brum Vaz, convidando-me para apresentar sua importante obra, *O Direito Ambiental e os Agrotóxicos*. Antes da obra, falarei do autor. Afinal, estudo de tal magnitude é o reflexo da personalidade de quem o escreve. Suas origens, seus pensamentos, sua formação, sua história de vida enfim, revelam-se em cada palavra. No conteúdo e na forma.

O autor nasceu em Santiago, região das Missões, Estado do Rio Grande do Sul. Sua ligação com o tema, que já estaria explicada pela origem, estreita-se mais em razão da família, ligada às atividades da agricultura. Dos pais recebeu os exemplos da fraternidade e do amor ao trabalho. Jovem ainda, afastou-se da cidade de origem para ingressar, em 1978, na Faculdade de Direito da PUC/RS, em Porto Alegre. Formado no ano de 1983, logo após aprovado em concurso público para Oficial de Justiça, ingressou na Justiça Federal. Assumiu em Florianópolis, SC, onde sua atuação destacada originou convite para assumir as funções de Diretor de Secretaria, cargo máximo na hierarquia administrativa, na cidade de Chapecó, SC. Em 1991 assumiu as funções de Juiz Federal em Criciúma, SC e em 2001 foi promovido, por merecimento, a Desembargador Federal da TRF da 4ª Região, em Porto Alegre, RS.

Magistrado sensível, preocupado com os destinos de seu país, interessou-se Paulo Brum pelo Direito Ambiental. Este novo ramo do Direito, desconhecido e desprezado até o fim da década de oitenta, apresentou-se-lhe inicialmente como um desafio, através de complexas ações que tramitavam na 1ª Vara Federal de Criciúma, SC, onde era Juiz Federal. Daí para participar de congressos, lecionar, proferir palestras, escrever artigos, foi uma seqüência natural. Em pouco tempo tornou-se conhecido e respeitado na área ambiental.

Eis que, conhecedor profundo dos problemas ligados à agricultura e seus reflexos no meio ambiente, bem formado na parte teórica e vivendo diariamente a prática na Justiça Federal, escolheu o autor o difícil e importante tema dos agrotóxicos para direcionar seus estudos. E a opção não poderia ser melhor.

Com efeito, o Direito Ambiental brasileiro já está no mais avançado grau de maturidade. Legislação forte, doutrina de excelente nível técnico e uma efetividade no âmbito do Poder Judiciário que nos coloca entre os mais adiantados países do mundo. No entanto, a parte envolvendo o uso, os efeitos e o tratamento jurídico dos agrotóxicos permanecia quase ignorada pelos operadores jurídicos. Alguns artigos, parte deles de áreas técnicas, raríssimos precedentes judiciais e um tema quase ausente nos congressos de Direito Ambiental.

Ao oferecer-nos este estudo sério e profundo, o autor propõe-se a alterar este quadro. Dá-nos a oportunidade de conhecer melhor a matéria, de enfrentar os problemas dela decorrentes, de discuti-la e, por fim, de colocá-la na pauta de interesse dos estudiosos. Fácil é ver que o tema não registra precedentes exatamente porque é desconhecido. Afinal, como esperar de um Delegado de Polícia, preocupado com a violência urbana, que conheça os detalhes de fatos que tornam criminoso o uso do agrotóxico? Como exigir de funcionários de órgãos ambientais, nem sempre bem capacitados em cursos de formação, que bem exerçam suas funções em área tão específica? Como desejar do juiz boas decisões nesta matéria se raramente se propõe ação civil ou penal e, quando isto acontece, não há fonte doutrinária ou jurisprudencial?

Pois bem, aí está o maior mérito do autor: enfrentar o não enfrentado. E o fez de maneira primorosa. Ao início, dedicando dois capítulos a explicar a origem, as noções e os perigos do mau uso dos agrotóxicos. Quantos, nos mais elevados meios culturais brasileiros, têm conhecimento destes aspectos? Em seguida, em três capítulos, o autor discorre sobre o registro, o licenciamento, o receituário e a problemática questão do destino das embalagens vazias. Tudo de forma clara e revelando conhecimento prático do tema. Por exemplo, a omissão da autoridade em examinar o pedido de registro, a necessidade de estudo de impacto ambiental e a responsabilidade compartilhada entre particulares e o Poder Público na guarda das embalagens vazias.

Superada a análise de temas tão complexos, vencido o desafio da análise da mescla de temas interdisciplinares com os do Direito, envereda o autor para o campo da responsabilidade. Sem dificuldade alguma, com a segurança daqueles que fazem da Justiça o seu dia-a-dia, começa pela responsabilidade civil. Neste aspecto, sem favor algum, pode-se dizer que esgota a matéria. Vai dos princípios até a responsabilidade específica de cada um dos que, de uma forma ou de outra, trabalham com os agrotóxicos. Tudo isto, passando pela responsabilidade objetiva, no Brasil adotada desde 1981 por expressa disposição da Lei 6.938, pela responsabilidade solidária e pela complexa análise da prescrição. E neste particular se observa, como já foi dito, a existência de poucos e raros precedentes específicos.

Em um passo seguinte, passa Paulo Brum à responsabilidade criminal. Aí as dificuldades são maiores, pois a Lei 7.802, que em 1989 introduziu tipo penal específico (art. 15), foi parcialmente revogada pela Lei 9.605, de 1998 (art. 56), opinião que, de forma bem fundamentada, sustenta. O autor analisou detidamente os dois tipos penais da Lei 7.802/89 (arts. 15 e 16), buscando dar ao intérprete a mais completa noção do objeto jurídico, sujeitos e consumação. Após, deteve-se no artigo 56 da Lei dos Crimes Ambientais, valendo-se da mesma técnica.

Finaliza o autor, comentando a responsabilidade administrativa dos infratores. Complementa, assim, as três esferas de responsabilidade e, com isto, chega ao 360° grau de visão disponível ao leitor da obra.

Sintetizando, é possível afirmar que a literatura jurídica brasileira recebe a mais específica e profunda obra sobre o importante tema dos agrotóxicos. Apresentá-la é, para mim, uma grande satisfação. É poder estar presente em mais um passo da brilhante e coerente trajetória profissional de Paulo Afonso Brum Vaz. É ter a certeza de que o Direito Ambiental brasileiro segue a trajetória certa do equilíbrio entre o desenvolvimento e o meio ambiente.

Porto Alegre, novembro de 2004.

Desembargador Federal Vladimir Passos de Freitas
Presidente do Tribunal Regional Federal da 4ª Região

Sumário

Introdução 17

Capítulo I
Aspectos gerais sobre agrotóxicos 21
1. Origem e noções sobre agrotóxicos 21
2. Disciplina legal 24
3. Competência para legislar sobre agrotóxicos 24
4. Desenvolvimento sustentável, Política Agrícola Nacional, Função Social da Propriedade e Zoneamento Ecológico-Econômico – ZEE: instrumentos de proteção da saúde ambiental 26

Capítulo II
Agrotóxicos como ameaça à saúde ambiental e ao bem-estar social 37
1. A nocividade dos agrotóxicos 37
2. Principais problemas relacionados com o uso de agrotóxicos, seus componentes e afins 41
3. Ameaça à saúde humana 42
   3.1. Dados estatísticos e pesquisas científicas 44
4. A contaminação de alimentos com resíduos de agrotóxicos ... 48
5. A contaminação das águas 51
6. Transgênicos e agrotóxicos 56
7. Manifestação do Poder Judiciário 59

Capítulo III
Aspectos sobre o registro de produtos agrotóxicos, seus componentes e afins 61
1. Considerações acerca do registro 61
2. Registro e licenciamento ambiental 71
3. A burla às proibições legais pela prática do contrabando de agrotóxicos oriundos de países do Mercosul 74
4. A problemática dos agrotóxicos no âmbito do Mercosul 77

Capítulo IV
Observações pontuais sobre o receituário agronômico 81
1. A ineficácia do receituário agronômico como instrumento de preservação da saúde ambiental 81
2. Sobre a competência para a emissão do receituário agronômico .. 83
3. Sobre a competência para autuação de empresas por falta de receituário agronômico 85

Capítulo V
A destinação final das embalagens vazias de agrotóxicos 87
1. Nova disciplina legal sobre a destinação final das embalagens vazias de agrotóxicos 87
2. Licenciamento ambiental de unidades de recebimento de embalagens vazias 90

Capítulo VI
Responsabilidade civil por dano ambiental causado por agrotóxicos, seus componentes e afins 93
1. Noções básicas necessárias ao estudo da responsabilidade civil por dano ambiental 93
   1.1. Princípio da supremacia do interesse público sobre o privado 95
   1.2. Princípio da indisponibilidade do interesse público 96
   1.3. Princípios da precaução e da prevenção 96
   1.4. Princípio do desenvolvimento sustentável 98
   1.5. Princípio do poluidor-pagador (ou usuário-pagador) 99
   1.6. Princípio da participação ou colaboração (ou princípio democrático) . 101
2. Noções sobre "poluição" e "dano ambiental" 102
3. Responsabilidade civil objetiva por dano ambiental 104
4. Responsabilidade civil solidária 110
5. Responsabilidade civil da Administração Pública 113
6. Dano ambiental e a prescrição 119
7. A desconsideração da personalidade jurídica 122
8. Peculiaridades da responsabilidade civil por danos decorrentes das diversas atividades com agrotóxicos 130
   8.1. Responsabilidade civil do fabricante do formulador 132
   8.2. Responsabilidade civil do profissional 136
   8.3. Responsabilidade civil do comerciante 137
   8.4. Responsabilidade civil do usuário e do prestador de serviços 138
   8.5. Responsabilidade civil do empregador 139
   8.6. Responsabilidade "pós-consumo" pela destinação final das embalagens vazias de agrotóxicos 141

Capítulo VII
Instrumentos de prevenção e a reparação do dano à saúde ambiental em juízo 143
1. Ações preventivas 143
2. A reparação do dano à saúde ambiental: dano privado (particular) e dano público (coletivo) 145
3. Aspectos relevantes da Ação Civil Pública como instrumento de tutela coletiva da saúde ambiental 146
   3.1. A questão da competência na ACP 147
   3.2. Tutelas de urgência na ACP 148
4. O ônus da prova na ACP 153
5. A solução dos conflitos ambientais por meio de princípios constitucionais . 154

Capítulo VIII
Responsabilidade penal na Lei dos Agrotóxicos 157
1. Considerações gerais iniciais 157
2. Análise do crime previsto no art. 15 da Lei n° 7.802/89 164
   2.1. Tipo penal 164

2.2. Objeto jurídico 164
2.3. Ação nuclear 165
2.4. Sujeito ativo 167
2.5. Sujeito passivo 167
2.6. Elemento subjetivo 168
2.7. Consumação 169
2.8. Hipóteses de concurso de delitos 170
2.9. O contrabando de agrotóxicos: enquadramento típico, conflito de normas e incongruências da legislação 172
3. Análise do crime previsto no art. 16 da Lei nº 7.802/89 174
   3.1. Tipo penal 174
   3.2. Objeto jurídico 175
   3.3. Ação nuclear 176
   3.4. Sujeito ativo 177
   3.5. Sujeito passivo 178
   3.6. Elemento subjetivo 178
   3.7. Consumação 178
4. Inaplicabilidade do princípio da insignificância às condutas recriminadas pelos arts. 15 e 16 da Lei dos Agrotóxicos 179
5. Competência para o julgamento dos delitos da Lei dos Agrotóxicos 181

Capítulo IX
Responsabilidade administrativa na Lei dos Agrotóxicos 187
1. Infrações e sanções administrativas 187
2. Prescrição das sanções administrativas 191

Conclusões 193

Bibliografia 197

Anexos 201
   Lei nº 7.802, de 11 de julho de 1989 201
   Decreto nº 4.074, de 4 de janeiro de 2002 209
   Lei nº 9.294, de 15 de julho de 1996 233
   Resolução CONAMA nº 334, de 3 de abril de 2003 237

Introdução

A degradação ambiental é um dos principais problemas que a humanidade busca solver. Em especial, o iminente exaurimento dos recursos naturais coloca em posição de alerta todos os países, cobrando a adoção de medidas que imponham maior respeito às regras que disciplinam a proteção ambiental, sobretudo para garantir a integridade e a renovação dos sistemas naturais, possibilitando um meio ambiente equilibrado e sustentável para as gerações presentes e futuras.

O desmesurado esgotamento dos recursos naturais e o nefasto impacto sobre o nosso entorno ambiental, causados pelo atual modelo produtivo agrícola, estão a nos revelar, de forma cada vez mais contundente e clara, os limites naturais ao crescimento econômico "ilimitado". O modelo de acumulação capitalista vigorante, ademais de ser pernicioso para a humanidade, produz uma quantidade infinita de externalidades de efeitos negativos sobre as condições de vida no planeta, evidenciando uma realidade de absoluta ausência de controle. Nada poderia ser mais emblemático da desordem do "desenvolvimento" que alterações climáticas e o efeito estufa, cujos possíveis impactos sobre a natureza e o homem ainda estão longe de ser identificados em seu total alcance, mas que a cada dia se manifestam com maior intensidade. Basta lembrar, no Brasil, o ciclone "Catarina", e, por último o "Katrina", que arrasou cidades inteiras do sul dos Estados Unidos. Temos neve no verão e calor no inverno. Ciclones tropicais, extratropicais, tufões etc. Enquanto a seca prejudica as plantações e dissemina a escassez de água, em outros lugares, o excesso de chuvas causa inundações. Tudo isso é reflexo das violações da mãe-natureza.

O tema aqui tratado – agrotóxicos – permite uma gama considerável de abordagens, recomendando um corte preciso para a delimitação metodológica a partir dos aspectos que dizem respeito às suas implicações na esfera da saúde ambiental. Este o cerne problemático e a proposta do trabalho. As concepções serão apresentadas sempre com o filtro da principiologia que norteia o direito ambiental.

O trabalho apresenta um panorama técnico-jurídico da problemática decorrente das atividades que envolvem agrotóxicos, enfocando as suas negativas potencialidades de risco à saúde ambiental, assim compreendida a interdependência entre a saúde humana e os fatores socioeconômicos e ambientais, e respectivas repercussões jurídicas, especialmente no campo das responsabilidades civil, penal e administrativa.

No capítulo primeiro, depois das noções gerais e conceituais indispensáveis ao desenvolvimento da temática, apresentamos um panorama geral da disciplina legal dos agrotóxicos e afins, seguindo com a delimitação da competência legislativa e, por último, tecendo considerações acerca da imperiosa imbricação entre a política nacional agrícola e a defesa do meio ambiente.

O capítulo segundo trará uma análise da nocividade dos agrotóxicos para a saúde ambiental, enumerando os principais problemas e danos à saúde humana, o que é ilustrado com dados estatísticos e pesquisas científicas sobre casos de intoxicação e contaminação de alimentos por resíduos de agrotóxicos. Quanto ao meio ambiente, no item contaminação das águas, examinaremos os principais problemas ocorrentes, destacando a situação pontual do Aqüífero Guarani e dos rios do Alto Xingu. A seguir, dedicaremos espaço para uma das questões mais importantes sobre culturas transgênicas: a redução ou não do uso de agrotóxicos.

Os principais aspectos do registro de agrotóxicos e afins são examinados no capítulo terceiro, em que destacaremos a importante questão da necessidade, ou não, do licenciamento ambiental e da burla ao sistema de registro pela prática do contrabando de agrotóxicos.

O importante tema concernente ao receituário agronômico será enfrentado no capítulo quarto, com abordagem sobre a sua eficácia como instrumento de preservação da saúde ambiental, atribuição para emissão (técnico agrícola ou apenas engenheiro agrícola), e, por fim, com base em orientação pretoriana dominante, abordaremos a questão da competência para autuação de empresas por falta de receituário agronômico.

A destinação final das embalagens vazias de agrotóxicos, assunto que recebeu nova disciplina legal, alterando substancialmente a responsabilidade de usuários, comerciantes e fabricantes, ainda suscita discussões e será objeto de estudo no capítulo quinto, em que também apresentaremos as primeiras considerações acerca da necessidade de licenciamento ambiental de unidades de recebimento de embalagens vazias.

No capítulo da responsabilidade civil por danos à saúde ambiental causados por agrotóxicos, seus componentes e afins (sexto), depois de apresentar uma síntese dos principais enunciados principiológicos do direito ambiental, desenvolveremos um estudo detalhado acerca das teorias que norteiam a responsabilidade civil por dano ambiental: responsabilidade objetiva e baseada no risco integral, solidariedade, desconsideração da personalidade jurídica, imprescritibilidade, responsabilidade civil do Estado e, por fim, uma análise pormenorizada das peculiaridades da responsabilidade civil por danos ao meio ambiente e à saúde humana decorrentes das diversas atividades com agrotóxicos.

No capítulo seguinte (sétimo), apresentaremos, complementando a temática da responsabilidade civil, observações acerca da questão da reparação do dano à saúde ambiental, distinguindo entre o dano privado (particular) e o dano público (coletivo), e cuidando, a seguir, dos principais aspectos do instrumento processual mais importante para a obtenção da reparação dos referidos danos, a Ação Civil Pública, com enfoque para as questões competencial e das tutelas de urgência, culminando por realçar a importância do manuseio dos princípios para a solução dos conflitos ambientais.

Sobre a responsabilidade penal na Lei dos Agrotóxicos, no capítulo oitavo, apresentaremos exame detalhado de todos os principais aspectos dos delitos previstos nos arts. 15 e 16, abordando as suas inter-relações com os delitos da Lei dos Crimes Ambientais. Dedica-se especial atenção ao tratamento penal do contrabando de agrotóxicos, prática crescente e que a todos preocupa, suscitando dúvidas de enquadramento e competência para o julgamento do delito respectivo.

Por derradeiro, ainda que de forma perfunctória e pontual, alinhavaremos breves considerações acerca da responsabilidade administrativa na Lei dos Agrotóxicos, discorrendo sobre as sanções aplicáveis, sobre a competência, sobre a superposição de multas e sobre a prescrição das medidas punitivas administrativas.

Ao final, disponibilizar-se-ão, para facilitar a pesquisa do leitor, anexos, os principais textos de lei sobre agrotóxicos.

Este o roteiro a ser seguido, cujo desenvolvimento, com raciocínio quase sempre baseado no método dedutivo, esperamos possa despertar o interesse dos senhores leitores para a problemática estudada. De rigor, pretendemos com este livro chamar a atenção dos operadores do Direito para a situação alarmante dos agrotóxicos e, ao mesmo tempo, apresentar um esboço de disciplina teórico-prática da matéria, com o propósito de oferecer um referencial atualizado para uso de ecologistas, estudantes, advogados, magistrados, membros do Ministério Público e, enfim, de todos os que, em qualquer medida e forma, tenham interesse pela preservação da saúde ambiental.

Capítulo I
Aspectos gerais sobre agrotóxicos

1. Origem e noções sobre agrotóxicos

Os agrotóxicos, como é do conhecimento geral, tiveram sua origem em necessidades bélicas. A propósito, não poderíamos deixar de citar, pelo trabalho que desenvolveu na luta contra o abuso de produtos químicos na agricultura, o gaúcho José Lutzenberger, agrônomo, ambientalista e autor de inúmeros artigos sobre o tema. Dentre eles, destacamos *A problemática dos Agrotóxicos*, em que o saudoso Lutzenberger assim explica a origem bélica da agroquímica:

> Es interesante notar que la misma no fué desencadenada por présion de la agricultura. La gran indústria agroquímica que impone su paradigma a la agricultura moderna es resultado del esfuerzo bélico de las grandes guerras mundiales, 1914-18 y 1939-45. La primera dió origen a los abonos nitrogenados solubles de sintesis. Alemania, aislada del salitre de Chile por el bloqueo de los Aliados, para la fabricación de explosivos em gran escala, se vió obligada a fijar el nitrógeno del aire por el proceso Haber-Bosch. Después de la guerra, las grandes instalaciones de sintesis del amoníaco llevaron la indústria química a buscar novos mercados. La agricultura se presentó com el mercado ideal. Asi, al terminar la Segunda de las guerras mundiales, la agricultura surge, nuevamente, como mercado para desarrollos que aparecieron com intenciones destructivas, no constructivas. Al servicio del Ministerio de la Guerra, químicos de las fuerzas armadas americanas trabajavan febrilmente em na búsqueda de sustancias que pudieran ser aplicadas desde el avión para destruir las cosechas de los enemigos. Otro grupo, igualmente interesado en la devastación se les adelantó. Cuando explosionó la primera bomba atómica, en el verano de 1945, viajaba em dirección a Japón um barco americano com una carga de fitocidas, entonces declarados como LN 8LN 14, suficientes para destruir 30% de las cosechas. Con la explosion de las bombas, Japón capituló, el barco regresó. Mas tarde, en la guerra de Vietnam, estos mismos venenos, con otros nombres, tales como "agente naranja" y agenes de otros colores, servieron para destrucción de decenas de milhares de kilómetros cuadrados de bosque y cosechas. Del mismo modo que los físicos que hicieron la bomba, para no tener que extinguir las estructuras burocráticas de las que ahora dependian, propusieron el uso pacífico de la energia nuclear, los químicos que concibieron aquella forma de guerra química pasaron a ofrecer a la agricultura sus venenos, ahora llamados herbicidas, del grupo de ácido fenoxiacético, el 2, 4 D y el 2, 4, 5-T, M CPA y otros. En Alemania, entre los gases de guerra, concebidos para matar gente em masa, estaben ciertos derivados del ácido fosfórico. Felizmente no fueron usados en combate. Cada lado tenia demasiado miedo de los venenos del outro. Después de la guerra, teniendo grandes cantidades almacenadas y grandes capacidades de producción, los químicos se acordaron que lo que mata gente tambien mata insectos. Surgiron y fueron promo-

vidos asi los insecticidas del grupo del parathion. También el DDT, que solo fué usado para matar insectos, surgió en la guerra. Las tropas americanas en el Pacífico sufrian mucho com la malaria. El dicloro-difenil-tricloroetil, conocido desde antes, pero cuyas cualidades insecticidas acababan de ser descubiertas, pasó a ser producido en gran escala y usado sin ningun tipo de restricción. Se aplicaba desde avión en paisajes enteros, se trataba a las personas com gruesas nubes de DDT. Después de la guerra, nuevamente, la agricultura sirvió para canalizar las enormes cantidades almacenadas y para mantener funcionando las grandes capacidades de producción que habian sido montadas.

Agrotóxicos e afins, segundo o inciso I do art. 2º da Lei nº 7.802/89, são os produtos e os agentes de processos físicos, químicos ou biológicos, destinados ao uso nos setores de produção, no armazenamento e beneficiamento de produtos agrícolas, nas pastagens, na proteção das florestas, nativas ou implantadas, e de outros ecossistemas e também de ambientes urbanos, hídricos e industriais, cuja finalidade seja alterar a composição da flora ou da fauna, a fim de preservá-las da ação danosa de seres vivos considerados nocivos (a); ainda, as substâncias e produtos empregados como desfolhantes, dessecantes, estimuladores e inibidores de crescimento (b). Consideram-se seus componentes os princípios ativos, os produtos técnicos, suas matérias-primas, os ingredientes inertes e aditivos usados nos agrotóxicos e afins (inciso II).

Em outras palavras, pode-se dizer que agrotóxicos são toxinas utilizadas para matar, controlar ou afastar organismos indesejados da lavoura, tais como: os herbicidas (que matam plantas invasoras) e pesticidas, divididos em inseticidas (que matam diversas espécies de insetos), fungicidas (que matam fungos), acaricidas (que matam ácaros), bactericidas (que matam bactérias), algicidas (que matam algas), rodenticidas (que matam roedores), formicidas (que matam formigas), molusquicidas (que matam moluscos) e outros.

A denominação utilizada pela agroindústria para dissimular os verdadeiros efeitos dos agentes químicos empregados na lavoura tem constituído motivo de preocupação da doutrina especializada. Consulte-se, a propósito, a manifestação da professora Helita Barreira Custódio: "É oportuno observar que as noções de agrotóxicos, como inquietantes fontes de poluição de efeitos danosos ao meio ambiente, à saúde pública e à vida, envolvem questões notoriamente complexas, difíceis, com terminologias, expressões e propagandas enganosas ou duvidosas tanto sobre seus efeitos benéficos como seus efeitos nocivos ao meio ambiente, à saúde, à vida, o que vem preocupando notadamente a comunidade técnico-científica".[1]

---

[1] Helita Barreira Custódio, Direito à Saúde e Problemática dos Agrotóxicos, *Revista de Direito Sanitário*, vol. 2, nº 3, novembro 2002, p. 16.

São utilizadas as expressões *praguicidas* e *defensivos agrícolas*. É criticável, constituindo um verdadeiro eufemismo, o uso do vocábulo *defensivo agrícola* para nominar um produto químico venenoso usado na agroindústria, que já serviu como arma de guerra. Os agentes químicos usados na lavoura têm efeitos mais destrutivos do equilíbrio da bioesfera do que defensivos. A denominação *praguicida*, por sua vez, sob o ponto de vista técnico científico, é também inadequada, isto porque não se pode chamar de *pragas* os organismos que circunstancialmente prejudicam a lavoura. Mesmo que assim se possa considerá-los, com o uso de agrotóxicos também morrem organismos e microorganismos que, longe de serem nocivos, não podem ser nominados *pragas*. A expressão *pesticida*, embora de uso corrente, é também incorreta. Não se cuida, a toda evidência, de matar *peste*, doença epidêmica grave e contagiosa.

A expressão que melhor se coaduna com as características e, sobretudo, com as funções e efeitos dos agentes químicos utilizados na agricultura, é mesmo *agrotóxico*.[2] Vale notar que estes agentes químicos são objeto de estudo da toxicologia, ciência que estuda os tóxicos e venenos em geral, sendo cada produto capaz, por meio de ação química, de matar, lesar ou enfraquecer um organismo.

O uso de agrotóxicos, como bem indica o conceito legal (*ut retro*), não é privativo de atividades rurais. Aliás, o emprego de agrotóxicos se encontra incrementado nos ambientes urbanos pelo uso recorrente de produtos tóxicos extremamente nocivos e perigosos, rotulados de "herbicida urbano", "capina química", "desfolhante agroindustrial" etc. Nos ambientes domésticos, não menos preocupante se revela o uso indiscriminado dos chamados "inseticidas domésticos", "mata-mosca", "mata-barata", "mata-mosquito" etc., indicativo de sérios riscos à saúde humana. Da mesma forma, os produtos tóxicos usados para "desinsetização" em ambientes de trabalho, como indústrias, escolas, hospitais, depósitos etc., alguns deles do grupo químico "organofosforados", sabidamente nocivos à saúde humana.

Impõe-se destacar, neste tópico que trata da denominação, o esforço de Antenor Ferrari, um pioneiro na luta em defesa do meio ambiente e grande responsável pela elaboração da primeira lei estadual de agrotóxicos, em 1982, no Rio Grande do Sul, lei esta que serviu de base para as demais. Ferrari escreveu um livro, chamado *Agrotóxicos – A Praga da Dominação* (Porto Alegre, Mercado Aberto, 1985), de leitura obrigatória para quem se interesse pelo assunto. O título da obra – *Praga da Dominação* –, por si só, já revelava em que âmbito conceitual o autor enquadrava os agrotóxicos.

---

[2] De outra parte, não há confundir agrotóxico e fertilizante, ainda que este último possa ser também nocivo ao meio ambiente.

Outro grande defensor da abolição do uso indiscriminado de agrotóxicos é o gaúcho Sebastião Pinheiro. Impõe-se, a propósito, ler, além de seus inúmeros outros trabalhos, a *Cartilha dos Agrotóxicos* (Fundação Juquira Candiru, 1998), onde, de forma clara e acessível, estão estampados os principais problemas decorrentes do uso de agrotóxicos, que o autor nomina "veneno".

2. Disciplina legal

A disciplina legal sobre agrotóxicos, no âmbito federal, encontra-se na Lei nº 7.802, de 11.06.89, alterada pela Lei nº 9.974, de 06.06.2000 (vide anexo I). Esta lei dispõe sobre a pesquisa, a experimentação, a produção, a embalagem e rotulagem, o transporte, o armazenamento, a comercialização, a propaganda comercial, a utilização, a importação, o destino final dos resíduos e embalagens, o registro, a classificação, o controle, a inspeção e a fiscalização de agrotóxicos, seus componentes e afins. O Decreto nº 98.816/90, até a sua revogação, cuidou de regulamentar a Lei nº 7.802/89, dando-lhe condições de aplicabilidade, nos pontos em que carecia de regulamentação. Atualmente, a Lei nº 7.802/89 encontra-se regulamentada pelo Decreto nº 4.074, de 04 de janeiro de 2002. Na Constituição Federal, encontramos disposição acerca da propaganda, no art. 220, § 4º. A Lei nº 9.294, de 15 de julho de 1996, e a Lei nº 10.167, de 27 de dezembro de 2000, dispõem sobre o uso e a propaganda de agrotóxicos.

3. Competência para legislar sobre agrotóxicos

A teor do art. 24 da Constituição, compete à União, aos Estados e ao Distrito Federal legislar concorrentemente sobre conservação da natureza, defesa do solo e recursos naturais, proteção do meio ambiente, controle da poluição (VI), responsabilidade por dano ao meio ambiente (VIII) e proteção e defesa da saúde (XII). No âmbito da competência concorrente, a União limitar-se-á a estabelecer normas gerais (§ 1º), sem excluir a competência suplementar dos Estados (§ 2º), que exercerão a competência legislativa plena, para atender suas peculiaridades, inexistindo lei federal sobre normas gerais (§ 3º). Em outro dizer, a existência de legislação federal sobre normas gerais predomina sobre a estadual, cujo caráter complementar a restringe ao preenchimento de eventual lacuna deixada pela legislação emanada do poder central, sobretudo quanto às condições regionais.

A competência dos Estados e do DF, no concernente à edição de normas gerais, é complementar. Diante das normas gerais federais, o

Estado e o DF lhes dão condições de aplicabilidade no âmbito de seus territórios, atuando em caráter *complementar*. O Município, de sua vez, tendo em vista a norma geral (da União) e a norma complementar (do Estado), se nelas verificar a presença de omissões ou dúvidas quanto à aplicação a situações de interesse local, emite a necessária normatização de sentido *suplementar*.

No que diz respeito aos agrotóxicos, cuja normatização visa a tutelar a saúde das pessoas e o meio ambiente, a competência legislativa encontra-se delimitada nos arts. 9º, 10 e 11 da Lei nº 7.802/89, nos seguintes termos:

Art. 9º. No exercício de sua competência, a União adotará as seguintes providências;

I – legislar sobre a produção, registro, comércio interestadual, exportação, importação, transporte, classificação e controle tecnológico e toxicológico;

II – controlar e fiscalizar os estabelecimentos de produção, importação e exportação;

III – analisar os produtos agrotóxicos, seus componentes e afins, nacionais e importados;

IV – controlar e fiscalizar a produção, a exportação e a importação.

Art. 10. Compete aos Estados e ao Distrito Federal, nos termos dos artigos 23 e 24 da Constituição Federal, legislar sobre o uso, a produção, o consumo, o comércio e o armazenamento dos agrotóxicos, seus componentes e afins, bem como fiscalizar o uso, o consumo, o comércio, o armazenamento e o transporte interno.

Art. 11. Cabe ao Município legislar supletivamente sobre o uso e o armazenamento dos agrotóxicos, seus componentes e afins.

A União, consoante se vislumbra do texto legal, tem sua competência legislativa limitada a dispor sobre produção, registro, comércio interestadual, exportação, importação, transporte, classificação e controle tecnológico e toxicológico.

No âmbito da sua competência, os Estados e o DF podem legislar sobre produção, comércio, uso e armazenamento de agrotóxicos, dispondo sobre aspectos de especificidade regional. Poderão impor estudos mais detalhados do que os exigidos pela legislação federal e, inclusive, vedar a comercialização, o uso e o armazenamento de agrotóxicos considerados nocivos no âmbito de seu território. O STJ já decidiu nesta linha:

AGROTÓXICOS. FISCALIZAÇÃO. LEGISLAÇÃO CONCORRENTE. Cabe também aos Estados legislar sobre o uso, produção, consumo e comércio de agrotóxico, cuja competência legislativa não é excluída pela da União. O termo de permissão é ato unilateral, discricionário e precário, podendo ser revogado. Recurso improvido (1ª Turma, ROMS 5043/94-ES, Rel. Min. Garcia Vieira, DJU 06.03.95, p. 4.316).

O Município pode legislar, em caráter supletivo, a fim de dispor sobre assuntos de *interesse local*, tal como prevêem os incisos I e II do art. 30 da Constituição e o disposto no art. 11 da Lei nº 7.802/89, estando, no entanto, limitado a normatizar sobre o uso e o armazenamento de agrotóxicos, seus componentes e afins.

É certo que os Estados, o DF e os Municípios não podem abolir, no âmbito de seus territórios, no exercício de suas competências legislativas, exigências contidas na lei geral federal, tampouco redefinir institutos e conceitos de que tenha se ocupado a lei federal.

4. Desenvolvimento sustentável, Política Agrícola Nacional, função social da propriedade e Zoneamento Ecológico-Econômico – ZEE: instrumentos de proteção da saúde ambiental

Para que os homens venham um dia a ser livres e cessem de alimentar a indústria pelo consumo patológico, torna-se necessária uma radical mudança no sistema econômico: devemos acabar com a situação atual, onde uma economia saudável só é possível ao preço de seres humanos não-saudáveis. A tarefa é construir uma economia para gente saudável (Erich Fromm. *Ter ou Ser?* 2. ed. Rio de Janeiro: Zahar Editores, 1979, p. 173).

O homem, desde o início de sua existência na face da terra, cuida de transformar a natureza. Como qualquer outra espécie natural, o homem, apenas pela sua presença, afeta negativamente os ecossistemas que habita; como qualquer outro ser vivo, o homem suprime recursos para assegurar a sua sobrevivência e abandona matérias usadas.

O fenômeno apropriatório da natureza pela espécie humana, ao longo dos últimos séculos, de forma verdadeiramente devastadora dos recursos naturais, impõe sérios riscos para a sobrevivência das gerações futuras. Os sintomas de esgotamento dos recursos naturais, notados recentemente – apenas no final do século XX é que se percebeu e adquiriu consciência de tal situação –, fazem acender o sinal de alerta da humanidade.

A tônica deste início de século deverá ser a busca da compatibilização entre a necessidade de desenvolvimento econômico, especialmente de incremento da produção agrícola, porque esta atividade é fundamental à sobrevivência da espécie humana, e a obrigação, não menos vital, de se preservar os recursos naturais. Esta a equação que está compreendida no princípio do desenvolvimento sustentável. Parece-nos indubitável que ao direito caberá apresentar a fórmula e a solução deste problema, cuja variável ambiental é a mais importante.

De rigor, as maiores preocupações da humanidade são o crescimento populacional, a necessidade de produzir alimentos e a preservação dos recursos naturais. Thomas Malthus, no início do século XIX, advertiu para o provável esgotamento dos recursos naturais ao dimensionar o crescimento demográfico da humanidade, vaticinando que os meios de subsistência cresceriam em progressão aritmética, enquanto o aumento populacional dar-se-ia em progressão geométrica, gerando este desequilíbrio desgraças, guerra e fome. Mas, se refletirmos sobre a chamada *Teoria de Malthus*, vamos concluir que, em vez de constituir um sinal de alerta para a necessidade de preservação dos recursos naturais, acabou desencadeando na humanidade uma corrida desenfreada e sem limites pela produção agrícola.

No final do século XIX, tivemos uma verdadeira revolução agrícola no mundo. A modernização das técnicas agrícolas, especialmente com a mecanização da lavoura e a utilização de insumos químicos, possibilitou a produção em larga escala. No século seguinte, no final da década de 60, a chamada *Revolução Verde*, baseada em uma política agrícola idealizada pelos EUA e difundida para os países pobres e em desenvolvimento, com o objetivo de possibilitar a abertura e a ampliação de mercados para os norte-americanos nos setores de sementes, fertilizantes, agrotóxicos e máquinas agrícolas, proclamava o fim da fome no mundo. Os avanços da produção agrícola foram consideráveis (tivemos, de fato, importantes progressos no conhecimento científico que possibilitaram o aumento do volume produzido), todavia os resultados mais significativos não foram positivos, deles podendo-se referir os seguintes: prejuízos ambientais de monta (verdadeiros desastres ecológicos: contaminação das nascentes de água, devastação de florestas e exaurimento do solo), diminuição da produção geral de alimentos, abandono da policultura, extinção de cereais, oleaginosas e leguminosas, diminuição da diversidade genética, má distribuição de renda, migração para áreas urbanas (êxodo rural), desemprego, desnutrição, subordinação dos agricultores à agroindústria internacional, crescimento da "dívida externa" dos países que receberam financiamento do Banco Mundial para a implantação desta política e, no que interessa ao presente trabalho, a nefasta multiplicação do uso de adubos químicos e agrotóxicos.

O modelo agrícola preconizado pela Revolução Verde revelou-se perverso, pois não resolveu o problema da fome.[3] Basta verificar, em todas as regiões do país, as crescentes hostes de famintos e miseráveis. São produzidas e exportadas milhares de toneladas de grãos, usadas até para o fabrico de ração animal em outros países. Enquanto isso, falta alimento para consumo humano interno! Nossa política agrícola deveria preocupar-se muito mais com o acesso e a distribuição de alimentos do que com a estocagem.[4] Evidentemente que aos países

---

[3] Muito antes pelo contrário, aumentou as desigualdades sociais e acarretou mais miséria e escassez de alimentos para os seguimentos pobres da sociedade.

[4] "A causa da fome não reside na escassez de alimentos, e sim na apropriação privada dos alimentos por uns poucos. Conseqüentemente, sob o capitalismo, as correntes de solidarieadade contra a fome, por mais bem intencionadas, justas e até necessárias, sempre se mostrarão incapazes de debelar a fome" (Fátima Oliveira, *Engenharia Genética: o sétimo dia da criação*. 6. ed. São Paulo: Moderna, p. 85).

desenvolvidos é muito mais interessante, sob o ponto de vista econômico e ambiental, adquirir nossos produtos agrícolas, principalmente porque estão a economizar seus recursos naturais.

É certo que a agricultura constitui o principal esteio da economia nacional. Somos um País de vocação agrícola. A agricultura é, de rigor, uma das poucas atividades em que ostentamos saldo positivo na balança comercial. Mas, infelizmente, nosso modelo agrícola, baseado nas grandes lavouras (agricultura extensiva), que demandam o emprego de quantidades cada vez maiores de agrotóxicos e fertilizantes, é causa de sérios problemas à saúde ambiental.[5] A carga de poluentes excede a capacidade de renovação dos recursos naturais, especialmente quando se trata de poluentes químicos, como os agrotóxicos, que não permitem o perfeito processo de reciclagem do ambiente. O homem está exigindo mais do que os recursos naturais podem oferecer.

Frances Moores Lappé e Joe Collins, no artigo *As empresas precisam de agrotóxicos para aumentar o lucro*, abordam a questão na perspectiva global, ferindo com precisão a problemática dos agrotóxicos e evidenciando que, além de não resolver o problema da fome, os agrotóxicos geram outros problemas, talvez mais graves:

> Será que milhões de pessoas passariam fome se – para proteger o meio ambiente – deixássemos de usar agrotóxicos na produção de alimentos? Grande quantidade de agrotóxicos são utilizados nos Estados Unidos – mais de 30% do consumo mundial. Quase metade dos agrotóxicos são usados em campos de golfe, parques e gramados. Somente 5% das lavouras e pastagens são tratados com inseticidas; 15% com herbicidas e 0,5% com fungicidas. Dos inseticidas, mais da metade é utilizada em culturas não alimentícias, como o algodão. Será que os agrotóxicos ajudam a alimentar aqueles que passam fome nos países de Terceiro Mundo? De acordo com a FAO (Órgão que controla os alimentos e os medicamentos nos EUA), mais de 400.000 toneladas de agrotóxicos são usados anualmente nos países subdesenvolvidos. Porém, a maior parte, é utilizada em culturas não alimentícias e em plantações de frutas e verduras cultivadas para exportação. Mas o que dizer dos venenos que são *de fato* utilizados nas lavouras de alimentos? Os produtos químicos têm trazido bons resultados? São eficazes? São realmente necessários? A EPA (órgão de proteção ao meio ambiente nos EUA) calcula que há 30 anos os agricultores usavam 25 mil toneladas de agrotóxicos e perdiam 7% da lavoura antes da colheita. Hoje, os agricultores usam 12 vezes mais agrotóxicos e perdem o dobro que perdiam anteriormente. Entretanto, o Ministério da Agricultura dos Estados Unidos calcula que – mesmo que todos os agrotóxicos sejam abolidos – as perdas por causa das pragas (insetos, agentes patogênicos, ervas daninhas, roedores e pássaros) iriam aumentar em somente 7%. Como se explica isso? O campo não é apenas um local de batalha entre praga e planta. Observando com atenção, percebemos que existe uma complexa interação entre centenas de espécies diferentes de insetos e outros organismos que desempenham diversas fun-

---

[5] O incidente recentemente ocorrido com a recusa pela China de soja importada do Brasil, por conterem os grãos resíduos de agrotóxicos, constitui um alerta para a necessidade de se adotar medidas fiscalizatórias mais eficazes, sob pena de comprometimento de nossas exportações.

ções ecológicas. Matar insetos nem sempre é bom. Alguns comem somente uma parte da planta, outros são parasitas ou predadores carnívoros que comem outros insetos. As espécies nocivas realmente destroem a lavoura, mas estudos mostram que a grande maioria das espécies não causa danos suficientes para justificar o alto consumo de agrotóxicos. Através da ação de parasitas e predadores essas espécies são mantidas em níveis que não provocam prejuízos econômicos. Porém, quando essas formas de controle natural são destruídas por agrotóxicos – que não distinguem amigos de inimigos – muitos insetos, que geralmente são insignificantes, conseguem multiplicar-se mais depressa do que seus predadores. Para que o meio ambiente fique protegido, e para que o controle de pragas seja realmente *eficaz,* é importante usar agrotóxicos *seletivos* (que só atinge determinada praga). Os efeitos de cada novo agrotóxico sobre os demais insetos, sobre as pessoas e os animais selvagens precisam ser estudados em profundidade. O interesse das indústrias químicas leva exatamente à direção oposta. Para expandir as vendas e aumentar os lucros, procuram minimizar os gastos com pesquisa e comercialização, produzindo agrotóxicos que eliminem o *maior* número de pragas simultaneamente. A venda de agrotóxicos aumenta mais ainda através da promoção de produtos que "eliminam 100%" das pragas. Porém, eliminar 100% das pragas é extremamente caro, desnecessário e, com freqüência, falho. Além disso, é uma prática perigosa que leva à eliminação excessiva. Para aumentar os lucros, as indústrias promovem a pulverização *programada,* em vez da pulverização de acordo com as necessidades. A pulverização programada proporciona mais vendas – vendas que podem ser garantidas com antecedência. Para um executivo da Dow Chemical é bem mais fácil calcular quanto deve ser produzido e distribuído aos diversos compradores, se ele multiplicar simplesmente a área dos fregueses por determinada quantidade por hectare. Ele não leva em conta o efeito nocivo de determinada praga num determinado ano. Alguns agricultores começaram a compreender os graves prejuízos para o ambiente e para a saúde provocados por essas técnicas. Além disso, estão gastando cada vez mais e obtendo resultados cada vez piores. Os produtores de algodão de Graham County, Arizona, trabalhando junto com cientistas da Universidade local, enviaram técnicos para medir a intensidade das pragas, verificando se a pulverização era realmente necessária e quando era necessária. Os gastos com agrotóxicos diminuíram 10 vezes e os danos causados pelas pragas também. Incluindo o pagamento dos técnicos, o custo total ficou em menos de 1/5 da pulverização programada. Então, as indústrias químicas pressionaram de tal maneira as altas esferas da administração da Universidade, que o programa foi suspenso. Experiências similares em 42 fazendas de algodão e 39 fazendas de frutas cítricas na Califórnia diminuíram em mais de 60% os gastos com agrotóxicos. Em certos casos, os agrotóxicos são utilizados não para aumentar o rendimento ou melhorar a qualidade, mas somente para melhor a aparência. Vejamos o caso dos inofensivos insetos da ordem dos *thysanoptera.* Estes insetos são insignificantes, pois não diminuem a produtividade, não prejudicam as árvores, nem diminuem o valor nutricional das frutas cítricas. Seu único "crime" é provocar uma leve marca na casca da fruta. Nos laranjais da Califórnia, toneladas de agrotóxicos são aplicadas várias vezes por ano, na guerra contra os pobres insetos. Estes ficam mais resistentes e os produtores vão aplicando agrotóxicos cada vez mais mortíferos, elevando, assim, seus gastos. Os agricultores pegam doenças crônicas e agudas devido ao contato com os organofosforados utilizados no lugar do DDT para eliminar os insetos. Ninguém sabe quais os efeitos que isso causa nos consumidores. Na ausência de inimigos naturais, insetos antes inofensivos, como o ácaro vermelho, transformam-se em verdadeiras pragas. Será que existe alguma alternativa? Existe sim. Agora que compreendemos que alterar o complexo sistema ecológico pode ser mais perigoso do que controlar as pragas, diversas alternativas vêm sendo examinadas com maior interesse. Durante várias décadas, as pragas que atacam o milho eram controladas alternando anualmente o milho com outra cultura como a da soja. A lagarta que ataca o milho não come a soja e não consegue sobreviver, durante um ano, sem o milho. Entretanto, certos herbicidas atualmente usados na cultura de milho impedem esta rotação de culturas. Permanecem no solo e na estação seguinte matam todas as plantas, com exceção do milho. Por isso, os agricultores que utilizam herbicidas precisam plantar milho todo ano na mesma terra. Isso aumenta o número de insetos, doenças e ervas daninhas, além de esgotar o solo. E o que é pior – a lagarta do milho desenvolve uma resistência quase total aos principais agrotóxicos. A introdução controlada de inimigos naturais dos parasitas nas plantações é um método não-químico de grande potencial. Depois de um desastre ecológico causado por agrotóxicos no Vale Canete, no Peru, os agricultores estão tentando reestabelecer os controles naturais. Eles importam diversos insetos, inclusive 30 milhões de vespas e 80 litros de joaninhas, para controlar lagartas e pulgões. Nas plantações de algodão do Egito, faz a parte da tradição retirar, com as mãos, os ovos da lagarta do algodoeiro. Quando os agricultores passaram a confiar (e a gastar) com agrotóxicos, a produção diminuiu acentuadamente. Só mesmo ao voltarem a retirar os ovos com as mãos o rendimento aumentou. Tragicamente, a tecnologia do controle de pragas é dominada por um pequeno número de grandes indústrias químicas. Estas só conseguem lucros se os agricultores e a população no mundo inteiro acreditarem que a sobrevivência da humanidade depende da aplicação cada vez maior de agrotóxicos. Fonte: *Institute for Food & Development Policy, San Francisco, EUA.*[6]

A agricultura e a preservação ambiental deveriam – e o princípio do desenvolvimento sustentável assim impõe – caminhar lado a lado. A fiel observância deste princípio recomenda que os recursos naturais sejam explorados de forma equilibrada e até onde se faça suficiente para a satisfação das necessidades humanas; que haja uma convivência harmônica entre o ser humano e a natureza. Um dos ideais preconizados pela ECO-92 foi o de "planejar e fomentar o crescimento econômico (para incorporar quase metade da população humana aos benefícios básicos da sociedade moderna) sem acelerar ainda mais o esgotamento dos recursos naturais em todo Planeta".

Enquanto outros países mais desenvolvidos convergem preocupação e medidas práticas para reduzir o uso de agrotóxicos, a situação do Brasil tende a se agravar. Países europeus, como a Suécia, a Dinamarca e a Holanda, desenvolveram, nos últimos anos, políticas públicas que tencionam reduzir em cerca de 50% o emprego de agrotóxicos. A província de Ontário, no Canadá, também almeja idêntica redução até o ano de 2017, em relação ao nível de 2002, mesmo já tendo alcançado uma redução de cerca de 35% em relação ao período de 1988 a 1998. Nos EUA, não obstante ainda se verifique um consumo

---

[6] Disponível em http://www.taps.org.br/aorganica13.htm, acesso em 05.08.2004.

elevadíssimo (quase a metade do consumo mundial), restou popularizada a expressão LISA – *Low Imput Sustainable Agriculture* (agricultura sustentável com reduzido nível de insumos). A taxa anual de crescimento do consumo, no período de 1993 a 1998, foi de 4% na América do Norte; 4,6% na Europa; 5,4% na América Latina, e 6,7% no Brasil.

Recentemente, a FAO, organização da ONU para questões de alimentação e agricultura, lançou a advertência para o fato de que a América Latina deverá devastar mais 8% de suas florestas até o ano de 2020. A área de florestas naturais que era de 964 milhões de hectares, em 2002, deverá reduzir-se para 887 milhões de hectares até 2020. O incremento do plantio da soja, aposta governamental para equilibrar a balança comercial, deverá ser o principal foco de devastação. Isto representa dizer que teremos também e proporcionalmente um aumento no consumo de agrotóxicos. Aliás, vale referir, dados recentes do IBGE, no sentido de que "aumento da produtividade da agropecuária fez com que, de 1992 a 2002, a quantidade de fertilizantes utilizada em terras brasileiras tenha crescido duas vezes e meia. Em 2002, para 53,5 milhões de hectares plantados, o Brasil utilizou 7,6 milhões de toneladas de fertilizantes. No mesmo ano, apenas Paraná e Rio Grande do Sul consumiram 2,1 milhões de toneladas. Embora o uso de agrotóxicos revele tendência de estabilidade, verificou-se que os agricultores vêm optando por produtos menos tóxicos, o que representa uma tendência favorável. Entre os mais utilizados estão os herbicidas (mais de 50% do total), associados ao modelo de plantio direto (sem revolver a terra), que favorece o crescimento de ervas daninhas. Em 2001, para 50,7 milhões de hectares de área plantada, o Brasil utilizou 158,7 mil toneladas de agrotóxicos, das quais 91,8 mil toneladas foram de herbicidas" (http//www.ibge.gov.br, acesso em 10/11/04).

Verifica-se, na legislação de países mais desenvolvidos, como é o caso da Itália e da França, nítida e progressiva tendência de ampliação das áreas de interferência dos sistemas protetivos da agricultura, da saúde pública e do meio ambiente, com a adoção de normas cada vez mais rigorosas sobre condutas poluidoras em todas as suas formas, notadamente sobre a contaminação de alimentos e águas por agrotóxicos.

Uma constatação preliminar nos faz conjeturar acerca do papel da sociedade e das instituições constituídas diante dos sérios riscos a que estamos sendo quotidianamente submetidos, em razão do uso indiscriminado de agrotóxicos na lavoura: se não é possível ainda dispensar o uso de agrotóxicos, e isto parece certo, devemos refletir sobre a necessidade de se otimizarem as políticas públicas de fiscalização de todos os setores envolvidos (fabrico, transporte, venda e uso), de conscientização quanto aos seus efeitos deletérios e de redução gradual de seu uso, incentivando o emprego de métodos alternativos do controle agrícola.

Importante frisar que a função social da propriedade é princípio da ordem econômica, encartado no art. 170, III, da CF, encontrando-se vinculado à política agrícola e, assim, definido no art. 186 da CF: "A função social é cumprida quando a propriedade rural atende, simultaneamente, segundo critérios e graus de exigência estabelecidos em lei, aos seguintes requisitos: I – aproveitamento racional e adequado; II – utilização adequada dos recursos naturais disponíveis e preservação do meio ambiente; III – observância da disposições que regulam as relações de trabalho; IV – exploração que favoreça o bem-estar dos proprietários e dos trabalhadores".

Note-se a preocupação do legislador constituinte em vincular a política agrícola nacional à preservação dos recursos naturais e do meio ambiente, aí considerado, com ênfase especial, o meio ambiente do trabalho (proteção ao bem-estar dos trabalhadores). Bem salientou Manoel Lauro Volkmer de Castilho: "Também não estará sendo atendida essa função se a *utilização dos recursos naturais* for incorreta e não praticar a *preservação do meio ambiente*. Com isso está dito que a preservação dos recursos naturais e do meio ambiente, integrando ontologicamente o conceito de função social da propriedade, revela que a política agrária tem por fundamental na discussão do uso e destinação do conjunto das terras utilizadas a consideração de sua *função ambiental*, ou, por outro ângulo, que a política agrária constitucional liga-se intimamente à política ambiental constitucional, cujo desrespeito dará margem à desapropriação sanção".[7]

O Novo Código Civil, no art. 1228, ao dispor sobre o direito de propriedade, determina que "o proprietário tem a faculdade de usar, gozar e dispor da coisa, e o direito de reavê-la do poder de quem quer que injustamente a possua ou detenha", preceituando o seu § 1º que "o direito de propriedade deve ser exercido em consonância com as suas finalidades econômicas e sociais e de modo que sejam preservados, de conformidade com o estabelecido em lei especial, a flora, a fauna, as belezas naturais, o equilíbrio ecológico e o patrimônio histórico e artístico, bem como evitada a poluição do ar e das águas". Este dispositivo, decorrente do princípio da função social da propriedade, consoante observação da professora Judith Martins-Costa, consagra um claro "direcionamento promocional".[8]

---

[7] Política Agrária na Constituição e na lei. *Anais do Seminário Reforma Agrária e Agronegócio*. Ribeirão Preto-SP, agosto de 2002, AJUFE, p. 45.

[8] Diretrizes Teóricas do Novo Código Civil Brasileiro. *O Novo Código Civil Brasileiro: em busca da "ética da situação"*. São Paulo: Saraiva, 2002, p. 153.

A atenção especial do legislador ordinário com a defesa da saúde ambiental restou concretamente reafirmada nas disposições que regem a Política Nacional Agrícola. Na Lei n° 8.171, de 17 de janeiro de 1991, que fixa os fundamentos, define os objetivos e as competências institucionais, prevê os recursos e estabelece as ações e instrumentos da política agrícola, relativamente às atividades agropecuárias, agroindustriais e de planejamento das atividades pesqueira e florestal, encontramos assentados como princípios e objetivos fundamentais da atividade agrícola, dentre outros, os seguintes:

1. utilização dos recursos naturais envolvidos de acordo com as normas e princípios de interesse público, de forma que seja cumprida a função social e econômica da propriedade;
2. proteção do meio ambiente, garantia do seu uso racional e estímulo à recuperação dos recursos naturais;
3. promoção da saúde animal e a sanidade vegetal;
4. promoção da idoneidade dos insumos e serviços empregados na agricultura;
5. garantia de qualidade dos produtos de origem agropecuária, seus derivados e resíduos de valor econômico, e
6. pesquisa agrícola direcionada para observar as características regionais e gerar tecnologias voltadas para a sanidade animal e vegetal, respeitando a preservação da saúde e do meio ambiente.

No referido diploma legal, capítulo da Proteção ao Meio Ambiente e da Conservação dos Recursos Naturais, vamos encontrar imposições dirigidas ao Poder Público,[9] tais como:

1. integrar, a nível de Governo Federal, os Estados, o Distrito Federal, os Territórios, os Municípios e as comunidades na preservação do meio ambiente e conservação dos recursos naturais;
2. disciplinar e fiscalizar o uso racional do solo, da água, da fauna e da flora;
3. realizar zoneamentos agroecológicos que permitam estabelecer critérios para o disciplinamento e o ordenamento da ocupação espacial pelas diversas atividades produtivas;
4. promover e/ou estimular a recuperação das áreas em processo de desertificação;
5. desenvolver programas de educação ambiental, a nível formal e informal, dirigidos à população;
6. coordenar programas de estímulo e incentivo à preservação das nascentes dos cursos d'água e do meio ambiente, bem como o aproveitamento de dejetos animais para conversão em fertilizantes;
7. proceder à identificação, em todo o território nacional, das áreas desertificadas, as quais somente poderão ser exploradas mediante a adoção de adequado plano de manejo, com o emprego de tecnologias capazes de interromper o processo de desertificação e de promover a recuperação dessas áreas, e

---

[9] Não poderia a Lei da Política Agrária deixar de implicar a todos os partícipes do processo agrícola, motivo por que, ampliando o espectro subjetivo de responsabilidade pela proteção do meio ambiente, dispõe que a fiscalização e o uso racional dos recursos naturais do meio ambiente é também de responsabilidade dos proprietários de direito, dos beneficiários da reforma agrária e dos ocupantes temporários dos imóveis rurais (art. 21).

8. elaborar, por seus órgãos competentes, sob a coordenação da União e das Unidades da Federação, programas plurianuais e planos operativos anuais de proteção do meio ambiente e dos recursos naturais.

Estas proposições, inseridas na Política Nacional Agrícola, revelam a necessária interação entre as atividades agrícolas e a preservação ambiental. Algumas delas encontram-se enunciadas também na Lei nº 6.938/81, que disciplina a Política Nacional do Meio Ambiente. Basta lembrar a imposição dirigida ao Poder Público de estabelecer zoneamentos ecológicos, que está também contida no art. 9º, inciso II, desta lei, e que foi regulamentado pelo Decreto nº 4.297, de 10 de julho de 2002, estabelecendo critérios para o Zoneamento Ecológico-Econômico do Brasil – ZEE.

O ZEE está definido no art. 2º do referido Decreto: "O ZEE, instrumento de organização do território a ser obrigatoriamente seguido na implantação de planos, obras e atividades públicas e privadas, estabelece medidas e padrões de proteção ambiental destinados a assegurar a qualidade ambiental dos recursos hídricos e do solo e a conservação da biodiversidade, garantindo o desenvolvimento sustentável e a melhoria das condições de vida da população".

O art. 5º do referido Decreto elenca os princípios que, ao lado das disposições constitucionais e legais protetivas do meio ambiente, orientarão o ZEE, a saber: "princípios da função socioambiental da propriedade, da prevenção, da precaução, do poluidor-pagador, do usuário-pagador, da participação informada, do acesso eqüitativo e da integração".

Todo este arcabouço normativo de proteção ao meio ambiente nos remete a uma reflexão acerca da sua operacionalidade em relação aos agrotóxicos. É cediço ser a agricultura o ramo de atividade humana em que é empregado o maior volume de agrotóxicos, de forma indiscriminada, irresponsável e sem qualquer atitude fiscalizatória por parte dos poderes públicos. Parece-nos que está na hora de buscarmos eficácia prática a estas normas, sob pena de a desatenção aos princípios protetivos da saúde ambiental, compreendidos na função social da propriedade e na política agrária, tais como acima enumerados, até agora relegados à condição de verdadeira letra morta da lei, constituir para as gerações futuras um passivo ambiental que jamais poderá ser recuperado.

O menoscabo aos princípios legais de proteção ambiental nas atividades agrárias, no que concerne aos agrotóxicos, com graves conseqüências para a qualidade de vida humana, impõe que se busquem soluções imediatas para se chegar ao ideal da *agricultura sustentável*. O primeiro passo é a concepção de políticas públicas integrativas de todas as variáveis compreendidas: sociais, econômicas e ambientais. É fundamental que se busque a integração das dimensões econômicas e ambientais, levando em consideração os aspectos socioculturais presentes nos processos produtivos, com vistas à geração e difusão de novos padrões de produção e de consumo, que garantam maior competitividade, produtividade e sustentabilidade através do tempo.

Impõe-se, dentro desta perspectiva, a imediata adoção, dentre outras, das seguintes medidas: 1. incremento das políticas públicas de conscientização dos produtores rurais sobre os efeitos nefastos dos agrotóxicos para o meio ambiente e incentivo à produção de conhecimentos e tecnologias preservacionistas, com vistas à ruptura do modelo agroquímico dominante; 2. fiscalização efetiva do poder público sobre as atividades de comercialização e uso de agrotóxicos, com fiel aplicação das medidas punitivas legais, no campo civil, penal e administrativo; 3. fiscalização mais ativa e eficaz do CREAA sobre os profissionais que atuam na atividade agrária, impondo o cumprimento da legislação de regência; 4. atuação mais intensa do Ministério Público, dos sindicatos rurais, das associações, entidades e organizações não-governamentais de proteção ambiental; 5. resposta judicial mais efetiva e consentânea com os valores constitucionais ambientais na solução das demandas sobre a matéria.

Capítulo II
Agrotóxicos como ameaça à saúde ambiental e ao bem-estar social

1. A nocividade dos agrotóxicos

A Constituição Federal, no art. 220, § 4º, consolidou, em nível constitucional, o entendimento de que agrotóxicos são nocivos à saúde ambiental, estabelecendo restrição a sua propaganda. Este dispositivo foi complementado pela Lei nº 9.294, de 15 de julho de 1996, e pela Lei nº 10.167, de 27 de dezembro de 2000, que dispõem sobre o uso e a propaganda de agrotóxicos.

Há mais de 25 anos, Aloisio Barbosa Araújo, em trabalho pioneiro sobre o meio ambiente na perspectiva do desenvolvimento econômico, apresentava as seguintes conclusões: "o Brasil vem utilizando maciçamente produtos químicos na agricultura. Esta tendência à substituição dos recursos 'naturais' por outros industrializados vem sendo combatida em diversas instâncias. De um lado, décadas de pesticidas, fungicidas e inseticidas têm feito elevar-se a presença de substâncias tóxicas nos organismos animais a níveis geralmente considerados perigosos, muitas vezes superiores aos estabelecidos como aceitáveis pela Organização Mundial de Saúde. Esta utilização, assim, pode ser responsável pelo surgimento de diversas doenças ambientais. De outro lado, alguns especialistas são céticos quanto à eficácia destes produtos, face às demais conseqüências do seu uso: redução do componente orgânico dos solos, excessiva salinidade, extinção da microflora e da microfauna natural, etc. Em outras palavras, chega-se a temer pela própria produtividade dos solos, depois de décadas de uso destes produtos químicos".[10]

O relatório da Comissão Mundial sobre Meio Ambiente e Desenvolvimento – Nosso Futuro Comum – apresentado em 1987, fez constar considerações e advertências sérias acerca dos agrotóxicos:[11]

> Desde a II Guerra Mundial, os fertilizantes e pesticidas químicos têm sido muito importantes para o aumento da produção, mas foram feitas advertências bem claras contra o fato de se depender deles em demasia. A perda de nitrogênio e de fosfatos devido ao uso excessivo de fertilizantes causa danos aos recursos hídricos, e esses danos estão se alastrando.

---

[10] *O meio ambiente no Brasil – aspectos econômicos.* Rio de Janeiro: IPEA/INPES, 1979, p. 103-104.

[11] *Comissão Mundial sobre Meio Ambiente e Desenvolvimento. Nosso Futuro Comum.* 2. ed., Rio de Janeiro, RJ: Editora Fundação Getúlio Vargas, 1991, p. 138-139.

O emprego de produtos químicos para controlar insetos, pragas, ervas daninhas e fungos aumenta a produtividade, porém o emprego abusivo ameaça a saúde dos seres humanos e a vida de outras espécies. A exposição contínua e prolongada a pesticidas e resíduos químicos presentes na água, nos alimentos e até no ar é perigosa, especialmente para as crianças. Segundo estimativas de um estudo de 1983, aproximadamente 10 mil pessoas morrem por ano nos países em desenvolvimento devido a envenenamento por pesticidas e 400 mil são gravemente afetadas por eles. E os efeitos não se restringem às áreas onde os pesticidas são usados, mas atingem toda a cadeia alimentar.

Zonas de pesca comercial foram esgotadas, espécies de pássaros ficaram ameaçadas e insetos que atacam pragas foram exterminados. O número de espécies nocivas de insetos resistentes a pesticidas aumentou em todo o mundo e muitas resistem até mesmo aos produtos químicos mais modernos. Multiplicam-se a variedade e a gravidade das pragas, ameaçando a produtividade da agricultura nas áreas onde se manifestam.

O uso de produtos químicos na agricultura não é prejudicial em si mesmo. Na verdade, em muitas regiões esse uso ainda é muito pequeno. Nessas áreas, os índices de reação aos produtos constituem problema. Por isso, essas regiões se beneficiariam com um maior emprego de agroquímicos. Contudo, tende-se a usar mais produtos químicos exatamente nas áreas em que eles podem causar mais malefícios do que benefícios.

Passadas quase três décadas, podemos afirmar que o quadro da degradação ambiental cresceu quase na mesma proporção em que se multiplicou o uso de produtos químicos na lavoura, ou seja, cerca de 100 (cem) vezes mais, tornando a problemática da supressão dos recursos naturais ainda muito mais grave.

À interdependência entre a saúde humana e os fatores socioeconômicos e ambientais chamamos *saúde ambiental*, que também pode ser definida como "conjunto de fatores conjugados concernentes à saúde humana e ambiental".

Impacto ambiental pode ser definido como qualquer alteração das propriedades físicas, químicas e biológicas do meio ambiente, causada por qualquer forma de matéria ou energia resultante das atividades humanas que, direta ou indiretamente, afetam a saúde, a segurança, o bem-estar da população, as atividades sociais e econômicas, a biota, as condições estéticas e sanitárias do meio ambiente e a qualidade dos recursos ambientais (Resolução CONAMA nº 01/1986). Os *recursos ambientais*, segundo dispõe o inciso V do art. 3º da Lei nº 6.938/81, são: a atmosfera, as águas interiores, superficiais e subterrâneas, os estuários, o mar territorial, o solo, o subsolo, os elementos da biosfera, a fauna e a flora.

A questão do uso de agrotóxicos, enquanto agentes químicos altamente impactantes, é, eminentemente, de *saúde ambiental*. Todos os aspectos do meio ambiente afetam potencialmente a saúde. Dessarte, a saúde deve ser tratada a partir das variáveis ambiental e econômica. A melhoria da qualidade da saúde ambiental está intimamente ligada ao desenvolvimento de processos econômicos ecologicamente sustentáveis, ou seja, a partir da utilização dos recursos renováveis (solo, plantas e animais) com atenção aos seus limites de renovação e de recomposição.

Vivemos em uma autêntica "sociedade de risco global", no dizer de Ulrick Beck,[12] convivendo com a constante *ameaça da catástrofe*, sem nada poder fazer e, quase que invariavelmente, sem saber as suas causas reais, sonegadas que nos são pelo sistema, baseado na supremacia do interesse econômico sobre o interesse social.[13] Todos sabemos que existem atividades humanas que apresentam maior potencialidade para causar danos à saúde ambiental, em seu sentido mais amplo. São as chamadas "atividades humanas de risco".

A *gestão de riscos*, como processo que inclui a definição, a escolha e a implementação das ações regulatórias apropriadas, a partir dos resultados obtidos no processo de avaliação destes, com base nos controles tecnológicos disponíveis, e levando em consideração as variáveis custo-benefício, riscos e número de casos aceitáveis e fatores sociais, políticos, econômicos e ambientais, e a *gestão ambiental*, enquanto conjunto de procedimentos voltados à conservação dos meios físico e biótico e dos grupos sociais que deles dependem, passaram a ser fundamentais para a organização das sociedades. Esta é uma constatação, por assim dizer, globalizada.

Sem compromisso com a ordem, no que concerne ao grau de risco para a saúde ambiental, destacamos as atividades que, segundo nosso entendimento, precisam de melhor atenção das autoridades públicas sanitárias e ambientais: 1. o armazenamento e transporte de óleo;[14]

---

[12] *Politicas ecologicas em la edad del riesgo*. Barcelona: EL Roure, 1998, p. 120.

[13] Segundo Ulrick Beck, houve uma mudança gradual no conflito social predominante no século XX: o conflito primário, no início do século, era centrado na distribuição do bem-estar entre os grupos sociais; depois da Segunda Guerra Mundial, notadamente a partir dos anos 60, o foco mudou para a distribuição de poder na política e na economia; nos últimos anos, o maior conflito tem como objeto a distribuição e a tolerabilidade dos riscos para os diferentes grupos sociais, as regiões e as gerações futuras (idem).

[14] Prova disso é a incidência de processos judiciais sobre acidentes ambientais desta natureza: "são inúmeros os casos de poluição por derrame de óleo combustível, de resíduos tóxicos, fétidos ou efluentes, no mar, em riachos, córregos ou rios", disse Manoel Lauro Volkmer de Castilho, em seu artigo "Interpretação Judiciária da Norma Ambiental", reportando-se à pesquisa efetuada no âmbito dos tribunais brasileiros (*Revista da ESMESC*, vol. 6, p. 179). Na maioria destes episódios, tivemos violação dos princípios constitucionais da prevenção, precaução e do desenvolvimento sustentável, que constituem as bases para a proteção da natureza. Este quadro, diante do aparato legal protetivo do meio ambiente, de matriz constitucional (arts. 225 e 173), caracteriza ilicitudes, a ensejar posição firme de nossas autoridades ambientais e do Poder Judiciário e, sobretudo, o repensar de algumas atividades econômicas poluidoras. Via de regra, as providências dos poderes públicos – quando adotadas – ocorrem após a ocorrência do evento danoso. Não são preventivas, como recomenda o princípio da prevenção. As iniciativas de recomposição *in natura* ou pela via indenizatória dos agentes poluidores são insignificantes. Podemos aqui citar as terríveis devastações ambientais que foram causadas por vazamentos de óleo de refinarias, como os que sucederam na Baía da Guanabara – RJ e Araucária –PR: Em 18 de janeiro de 2000, problemas em um oleoduto da Refinaria Duque de Caxias – REDUC causa-

2. a mineração (tanto a mineração industrial, como os garimpos),[15] e
3. agricultura.

É possível afirmar, com base em dados técnicos e estatísticos, consoante a seguir iremos evidenciar, que as atividades de uso de agrotóxicos e deposição de embalagens compreendem "alto risco", ameaçando o "paradigma da segurança existencial".[16] O risco no caso é voluntário, porque, enquanto potencialidade de causar dano, decorre de decisões humanas (ações ou omissões), em contraposição ao risco involuntário (ou perigo), que se consubstancia pela potencialidade de produzir danos imputável a causas alheias ao próprio controle (externas à decisão).

---

ram o lançamento de algo em torno de 1,3 milhões de litros de óleo cru nas águas da Baía da Guanabara – RJ. Foram atingidos pela mancha de óleo, que se alastrou por uma extensão de aproximadamente 60 km2, as praias da baía, a área de mangue (APA), a fauna e a flora. Sinteticamente, assim se pode descrever as conseqüências imediatas deste lamentável desastre ambiental: contaminação das águas da Baía da Guanabara, cartão postal do Rio de Janeiro, com destruição da fauna nectônica e plantônica, contaminação das areias, costões rochosos, muros, pedras e lajes das Ilhas do Governador e de Paquetá; danos de efeitos incontáveis ao manguezal existente no entorno da Ilha do Governador, danos à avifauna, danos à comunidade bentônica, ocasionados pela sedimentação do óleo no fundo do mar, prejuízos às colônias de pesca e ao turismo. No dia 16 de julho de 2000, da Refinaria Presidente Getúlio Vargas, REPAR, situada no município de Araucária-PR, vazaram 3.939 m3, quase 4 milhões de litros de óleo cru, que atingiram os Rios Barigüi e Iguaçu e também áreas ribeirinhas, no Paraná, causando imensuráveis danos à flora e à fauna aquática e semi-aquática e às populações costeiras. A PETROBRÁS recebeu, em razão deste acidente, a maior multa já aplicada pelo IBAMA: R$ 168 milhões, por ter cometido três ilícitos administrativos ambientais: poluição de rio federal (50 milhões), causar prejuízos à fauna aquática (1 milhão) e danos em área de preservação permanente – APP (5 milhões). Todas as sanções pecuniárias foram triplicadas em decorrência da reincidência ocorrida em um prazo inferior a três anos.

15 De um modo geral, com mais ou menos intensidade, a atividade mineradora, de qualquer espécie, é ofensiva ao meio ambiente, mais ainda quando não planejada, clandestina ou não fiscalizada. Basta lembrar, apenas para ilustração, o caso de Serra Pelada e de outros garimpos espalhados por este país, também o grave problema da mineração do carvão nas grandes jazidas situadas na Bacia Carbonífera do Sul do Estado de Santa Catarina. A região foi considerada, pelo Decreto nº 85.206, de 25 de setembro de 1980, a 14ª ÁREA CRÍTICA NACIONAL para efeito de Controle da Poluição e Qualidade Ambiental. A propósito, vale trazer à colação a advertência de Ubiracy Araújo (ex-Procurador-Geral do IBAMA): "A utilização dos recursos naturais constitui para o homem não só uma necessidade básica, para suprimento dos insumos, geração de energia, produção de alimentos, produção de matéria prima para a indústria de transformação, etc, como também fonte de geração de riquezas e empregos. Sabe-se, também, que a mesma natureza que oferece estes recursos é a depositária dos rejeitos produzidos face à sua exploração. Desta forma, a utilização/exploração de forma desordenada ou imprópria conduzirá inevitavelmente ao esgotamento dos recursos exauríveis – ou não renováveis – bem como à impossibilidade de utilização dos recursos chamados renováveis, face à superutilização, que alteraria as condições ecológicas que permitiriam a regeneração natural" (Mineração e Garimpo, *Revista de Direito Ambiental* nº 1, Ed. Revista dos Tribunais, p. 72/79).

16 Podemos identificar as principais conseqüências do processo de industrialização e dos poluentes industriais em relação ao meio ambiente: contaminação por radiação, contaminação por produtos químicos e névoa ácida nos grandes centros urbanos, chuvas ácidas, e, em escala global, a destruição da camada de ozônio e o efeito estufa.

2. Principais problemas relacionados com o uso de agrotóxicos, seus componentes e afins

Qualquer abordagem sobre o tema *agrotóxicos*, à luz do direito ambiental, deve levar em consideração os aspectos técnicos acerca das potencialidades nocivas do uso de produtos químicos na lavoura, seja para a saúde humana, seja para o meio ambiente, seja para a sociedade como um todo. Podemos aqui elencar algumas evidências:

1. em sua maioria, os agrotóxicos são extremamente voláteis, portanto, têm a propriedade de serem carreados pelas correntes aéreas para locais e distâncias indesejadas, contaminando extensões incalculáveis do solo, das águas e do ar. As aplicações aéreas, geralmente feitas sem maiores cuidados, representam foco de intensa degradação ambiental, afetando todas as espécies de vida. É hábito lavar os tanques dos aviões, embalagens usadas e equipamentos de aplicação em cursos d'água (rios, lagos etc);

2. quase todos os Agrotóxicos permanecem no solo por muitos anos, transferindo-se para a cultura seguinte e contaminando também as pastagens que os agropecuaristas costumam plantar entre uma cultura e outra. Estas pastagens são ingeridas pelo gado, contaminando sua carne, que ainda é o alimento preferido da população brasileira;

3. com o emprego de agrotóxicos, ao longo do tempo, um número razoável de pragas que atacam a lavoura, quase igual ao que é destruído, adquire resistência, tornando-se imune e obrigando, como que num círculo vicioso, à criação de novas e mais potentes fórmulas.[17] Do universo de insetos destruídos, muitos são benignos e úteis, como a abelha e os demais insetos polinizadores, tão necessários ao equilíbrio ecológico;

4. existe excessiva concentração de resíduos de agrotóxicos nos alimentos de origem vegetal e animal, principalmente em razão da inobservância do número correto de aplicações, das dosagens recomendadas ou dos intervalos de tempo necessários entre a aplicação e a colheita, e mesmo do uso de produtos químicos ilegais;

---

[17] Os aspectos técnicos desta assertiva são confirmados por José Prado Alves Filho (*Uso de Agrotóxicos no Brasil*. São Paulo: Anablumme, 2002, p. 34): "1) Resistência – fenômeno desenvolvido por seleção pré-adaptativa, pelo qual as espécies antes susceptíveis a determinados agrotóxicos sob pressão dos mesmos, não mais são por eles controladas economicamente nas dosagens normais recomendadas. Indivíduos portadores de genes para resistência ocorrem em pequena porcentagem nas populações de espécies susceptíveis ao agrotóxico. As repetidas aplicações de produtos químicos acabam por selecionar tais indivíduos que vão constituindo a maioria da nova população, agora resistente; 2) ressurgimento – os agrotóxicos reduzem mais drasticamente as populações dos inimigos naturais e competidores do que as das pragas sem um controle satisfatório pelos agentes biológicos naturais e com a diminuição da competição intra-específica, as populações residuais das pragas crescem em rápida escala, causando novamente danos econômicos elevados; 3) desencadeamento secundário – pragas secundárias vivendo associadas a pragas principais, em determinadas culturas, são transformadas em problemas, após o tratamento com agrotóxicos que apresentem pequeno ou nenhum efeito sobre estas pragas secundárias, as quais na ausência de inimigos naturais e competidores passam a atuar como pragas principais; e 4) quebra de cadeias alimentares – agrotóxicos aplicados para combater pragas iniciais de determinadas culturas eliminam estas pragas, sem, contudo, eliminarem predadores e parasitos. Quebrada a cadeia alimentar dos inimigos naturais estes morrem de fome, emigram ou cessam de reproduzir. Tal situação pode favorecer o estabelecimento de pragas tardias que se instalam na cultura e se reproduzem na ausência de inimigos naturais".

5. os agrotóxicos não são facilmente percebidos pela cor ou pelo cheiro, e, assim, acabam sendo ingeridos ou penetrando na pele e no sistema respiratório em grandes doses. As pessoas contaminadas não percebem a relação entre seus sintomas e as substâncias com as quais tiveram contato, sobretudo porque há desinformação sobre os efeitos de agrotóxicos no organismo humano, tais como lesões no sistema nervoso, fígado e rins, doenças do sangue, intoxicações etc.

3. Ameaça à saúde humana

O direito à saúde emerge no constitucionalismo contemporâneo inserido na categoria dos direitos sociais. A Constituição de 1988 incorpora claramente esse caráter do direito à saúde ao estabelecer, em seu art. 196, que ele será "garantido mediante políticas sociais e econômicas que visem à redução do risco de doenças e de outros agravos e ao acesso universal e igualitário às ações e serviços para sua promoção, proteção e recuperação". Portanto, o direito à saúde foi constitucionalizado em 1988 como direito público subjetivo a prestações estatais, ao qual corresponde o dever dos Poderes Públicos de desenvolverem as políticas que venham a garanti-lo (ações afirmativas, diríamos).

As gravíssimas decorrências do uso de agrotóxicos constituem um problema de saúde pública. "Saúde pública é a expressão usada para indicar o estado de sanidade da população de um país, de uma região, de uma zona ou de uma cidade. Em seu amplo sentido jurídico, em princípio, considera-se saúde um bem público de interesse nacional, caracterizado pelo estado de pleno bem-estar físico e biológico, psíquico ou mental, social (em seus diversos aspectos educacionais, econômicos, familiares, espirituais, morais), cultural e ambiental da pessoa humana, individual, coletiva e publicamente considerada. Em resumo, saúde constitui um bem público constitucionalmente assegurado, garantido e protegido ao pleno bem-estar de todos".[18]

Vale destacar, pela importância e incidência de intoxicações, a afetação do meio ambiente do trabalho, assim considerado o palco onde se desenvolvem as relações de trabalho humano de qualquer espécie. Todos os trabalhadores são titulares do direito (difuso) ao meio ambiente do trabalho ecologicamente equilibrado. No ambiente de trabalho rural, em razão do uso indiscriminado e sem as medidas legais de precaução, tanto para a saúde do trabalhador, como para o meio ambiente, temos uma grande incidência de casos de intoxicação, com trabalhadores sendo submetidos a doenças fatais ou irreversíveis. Júlio Cesar de Sá Rocha, em excelente artigo nominado

---
[18] Helita Barreira Custódio, Direito à Saúde e Problemática dos Agrotóxicos, *Revista de Direito Sanitário*, vol. 2, n° 3, novembro 2002, p.12-13.

"Direito Ambiental, Meio Ambiente do Trabalho Rural e Agrotóxicos", com razão, adverte: "Não podemos desconsiderar a importância econômica da atividade agrícola, mas é necessário estabelecermos um equilíbrio entre atividade econômica e o bem-estar, a vida daqueles que dependem dessa atividade como meio de subsistência, não meio de risco e de morte no trabalho".[19]

Os efeitos da intoxicação por contato com agrotóxico são variáveis, dependendo da quantidade, da toxidade, das características individuais da pessoa submetida ao contato e da forma de exposição. Podemos distinguir três espécies de intoxicação: "A intoxicação aguda é aquela na qual os sintomas surgem rapidamente, algumas horas após a exposição excessiva, por curto período, a produtos extremamente ou altamente tóxicos. Pode ocorrer de forma leve, moderada ou grave, a depender da quantidade do produto absorvido. Os sintomas e sinais são nítidos e objetivos. A intoxicação subaguda ocorre por exposição moderada ou pequena a produtos altamente tóxicos ou medianamente tóxicos e tem aparecimento mais lento. Os sintomas são subjetivos e vagos, tais como dor de cabeça, fraqueza, mal-estar, dor de estômago e sonolência, entre outros. A intoxicação crônica caracteriza-se por surgimento tardio, em meses ou anos, por exposição pequena ou moderada a produtos medianamente ou pouco tóxicos ou a múltiplos produtos, acarretando danos irreversíveis, do tipo paralisias e câncer".[20]

Os efeitos nocivos dos agrotóxicos sobre a saúde humana podem ser classificados, em apertada síntese, da seguinte forma: teratogenias (nascimentos com más formações); mutagenias (alterações genéticas patogênicas) e carcinogenias (surgimento de diversos tipos de câncer).[21] As vias de penetração de agrotóxicos no corpo humano são oral (ingestão), respiratória (inalação) ou dérmica (pele).

Têm-se registros de lesões hepáticas e renais, esterilidade masculina, hiperglicemia, hipersensibilidade, carcinogênese, fibrose pulmonar, redução da imunidade, distúrbios psíquicos e outras patologias.

Segundo informa Ogenis Magnum Brilhante, não se conhece exatamente todo o potencial carcinogênico dos compostos químicos. "Nos alimentos, os compostos químicos que podem apresentar risco de câncer englobam um certo número de pesticidas, compostos orgânicos (como as bifenilas policloradas, as dibenzo p-dioxinas policloradas e os dibebenzofuranos policlorados); compostos inorgânicos

---

[19] *Revista de Direito Ambiental* n° 10, p. 119.

[20] Conforme Sílvia Meirelles Bellusci, *Doença Profissionais ou do trabalho*. São Paulo: SENAC, p. 20.

[21] Cf. *Manual de Diagnóstico e Tratamento de Acidentes com Agrotóxicos*. Porto Alegre: Governo do Rio Grande do Sul, Secretaria da Saúde, Fundação Estadual de Produção e Pesquisa da Saúde – Centro de Informação Toxicológica, 2000, p. 02/07.

(como os nitratos e alguns metais) e toxinas naturais (como as micotoxinas do grupo aflatoxin)".[22]

Os agrotóxicos são classificados em função da toxicidade à saúde humana (1) e em função do grau de impacto ao ambiente (2):

(1) classificação quanto ao risco à saúde humana:

Classe	Faixa	Classificação do produto
I	Vermelha	Extremamente tóxico
II	Amarela	Altamente tóxico
III	Azul	Medianamente tóxico
IV	Verde	Pouco tóxico

(2) classificação quanto ao risco ao meio ambiente:

Classe	Faixa	Classificação do produto
I	Vermelha	Altamente perigoso
II	Amarela	Muito perigoso
III	Azul	Perigoso
IV	Verde	Pouco perigoso

Vale destacar também a extrema nocividade de alguns produtos tóxicos, equiparados aos agrotóxicos, de uso domissanitário, especialmente para a desinsetização de ambientes, dentre estes, do grupo químico dos organofosforados, o clorpirifós (Chlorpyrifos), comumente vendido no comércio, sem qualquer restrição, mas que é suscetível de causar sérios danos à saúde pública. Os organofosforados, como é cediço na literatura médica, podem produzir intoxicações leves, moderadas ou graves, podendo estas últimas causar cefaléia, tremor, sonolência, dificuldade de concentração, lentidão para recordar e confusão, e, inclusive, no caso de exposições intensas, ataxia, coma e depressão do centro respiratório, com resultado fatal (morte). O clorpirifós, em razão de sua relativa toxidade, nos EUA, foi proibido para uso em casas, escolas, parques etc., isto como decorrência de acordo firmado entre a *Environmental Protection Agency* e os fabricantes do produto.

3.1. Dados estatísticos e pesquisas científicas

Para ilustrar a gravidade do problema, trazemos ao conhecimento de nossos leitores dados concretos, condensados em estatísticas alarmantes, e também estudos científicos que atestam a contaminação pelo contato com agrotóxicos.

---

[22] Gestão e Avaliação da Poluição, Impacto e Risco na Saúde Ambiental, *Gestão e Avaliação de Risco em Saúde Ambiental*. Coord. Ogenis Magno Brilhante e Luiz Guerino de A. Caldas. Rio de Janeiro: Editora FIOCRUZ, 1999, p. 32.

Recente relatório da FAO classifica o Brasil como o terceiro maior consumidor de agrotóxicos do mundo, com o emprego anual de 1,5 kg de ingrediente ativo por hectare cultivado, levando em conta a média global de todo o universo agrícola nacional.[23] Em alguns tipos de lavoura, o consumo chega a ser absurdo (na cultura do tomate, por exemplo, a média é de 40 kg/ha a cada safra). São estes dados estarrecedores que colocam o Brasil, em matéria de mortalidade por câncer, em terceiro lugar no *ranking* mundial. Mas o câncer não é a única doença grave causada por agrotóxicos, embora seja a mais grave. No renque das temíveis conseqüências incluem-se a cirrose hepática, a impotência sexual, a fibrose pulmonar, os distúrbios do sistema nervoso central (implicando depressão, loucura e/ou paralisia facial) e muitas outras doenças de natureza toxicológica, a que estão mais sujeitos, não só os que lidam diretamente com agrotóxicos no campo e na cidade, como também e principalmente os consumidores de alimentos contaminados por resíduos de agrotóxicos.

Segundo pesquisa do IBGE, no Estado do Paraná (safra de 1998/1999) ocorreram cerca de 30 mil casos de intoxicação, dos quais 29.250 tiveram atendimento médico/hospitalar. Calcula-se que em todo o mundo ocorrem, por ano, cerca de 2 milhões de casos de envenenamento por agrotóxicos, com algo em torno de 50 mil mortes. Mais do que em muitas guerras. Não é demais, por falar em guerra, lembrar que o famoso *agente laranja*, usado pelos americanos na guerra do Vietnã para destruir a produção agrícola e as selvas fechadas daquele país, era um produto agrotóxico, um herbicida, usado como arma de guerra.

Pesquisas científicas, noticia Antenor Ferrari, indicam que é elevadíssima a taxa de veneno no sangue da população brasileira por resíduos de agrotóxicos: os ingleses têm 14,4 ppb (partes por bilhão) de veneno no sangue; os americanos têm 22,7 ppb; os argentinos têm 43,3 ppb, e os brasileiros têm a absurda taxa de 572,6 ppb.[24]

Veja-se, por exemplo, o caso dos plantadores de alho de Curitibanos/SC: de 481 agricultores submetidos a exame, 71% estavam contaminados; já quanto aos pomicultores da serra gaúcha, 55,6% estão contaminados com organofosforados, 11% com comprometimento hepático. No meio rural, é absurda a mortalidade infantil. Pesquisa feita com 929 trabalhadoras rurais comprova que 52,3% já tiveram filho nascido morto e 10% delas já tiveram mais de quatro filhos nascidos mortos.

---

[23] Por mais estranho que possa parecer, o pesado investimento em agrotóxicos, a cada ano maior, não correspondeu, em nosso país, a uma redução significativa das perdas agrícolas, devido a organismos indesejados e doenças. Ao revés, os resultados foram negativos, em razão dos intensos desequilíbrios biológicos causados pelo coquetel de pesticidas, culminando com o extermínio dos inimigos naturais dos organismos nocivos e de fitomoléstias.

[24] Antenor Ferrari. *A Praga da Dominação*, p. 44, nota 2.

Na América Central, há registros de 16 mil casos de castração, devido ao uso de um agrotóxico chamado DBCP (DipromoCloroPropano). Nos EUA, tivemos um caso interessante: um empregado de uma empresa de conservação de jardins assassinou uma dona de casa depois de uma rápida discussão. Anos depois, a condenação pelo crime está sendo revista, graças a um laudo médico que atesta ter o crime sido cometido em razão de uma alteração psíquica momentânea, induzida pelo contato diuturno com agrotóxicos.

A Revista Galileu (maio de 2002, nº 130, p. 15) publicou a seguinte notícia: "A suspeita de que o Mal de Parkinson esteja ligado aos pesticidas ganhou mais uma evidência. Pesquisadores canadenses revelaram que o índice de afetados pela doença é maior dentre as pessoas que viveram ou freqüentaram uma área da Província da Colúmbia Britânica onde o uso de agrotóxicos foi exagerado no passado. Uma dessas pessoas é o ator Michael J. Fox, que lá filmou a série de TV *Leo & Me*, na década de 70".

Existe uma quase-certeza acerca da inter-relação entre o uso de agrotóxicos e os suicídios que há anos têm ocorrido na região fumageira de Venâncio Aires e Santa Cruz do Sul, no Rio Grande do Sul. Acredita-se que se deva ao contato prolongado com algum tipo de "veneno" empregado na lavoura de fumo.

A Revista Galileu (agosto 2002, nº 133, p. 24/31), em reportagem de capa, anuncia: "Alto índice de suicídios no campo traz novas suspeitas sobre agrotóxicos". Noticia a reportagem que, no ano passado (2001), suicidaram-se 21 pessoas, na maioria agricultores, na cidade de Santa Cruz do Sul, de 100 mil habitantes, conhecida como a "capital do fumo". O número é alarmante diante da média brasileira de 3,8 suicídios para cada 100 mil pessoas. Suspeita-se que o manganês presente em vários tipos de agrotóxicos seja o responsável pelo distúrbio depressivo que leva os agricultores ao suicídio. Segundo a referida reportagem, pesquisadores da UNISC – Universidade de Santa Cruz do Sul, da UNICAMP – Universidade Estadual de Campinas e da UFRJ – Universidade Federal do Rio de Janeiro atestam que se pode "aceitar como verdadeira a hipótese de que os agrotóxicos usados indiscriminadamente no cultivo do tabaco causam intoxicações e distúrbios neurocomportamentais nos membros das unidades familiares de produção".

No dia 25 de setembro de 2004, na cidade de Barros Cassal, no RS, o fumicultor Paulo Osmar da Costa matou a esposa e dois filhos, um de seis anos e outro de doze dias, e, após, suicidou-se. A tragédia comoveu os habitantes da cidade, que não encontram explicação para o ocorrido. Os filhos sobreviventes do casal morto afirmam apenas que o pai se encontrava em tratamento para depressão, mas não tinha qualquer motivo aparente para o que fez. "Só pode ter enlouquecido", afirmou o filho mais velho, perplexo.[25] É prematuro fazer qualquer afirmação acerca das causas da "loucura" de Paulo. Trago este fato para a reflexão dos senhores leitores. É, no mínimo, sintomático que, diante das estatísticas de suicídios entre os fumicultores, se deva relacionar o ocorrido com o uso de agrotóxicos. Espera-se investigação aprofundada!

Conforme reportagem da Gazeta de Alagoas, publicada em 23 de julho de 1996, é elevado o número de mortes de trabalhadores rurais devido ao uso do agrotóxico "Tamaron" na região do agreste do Estado. O texto, assinado por Cláudio Barbosa e Deraldo Francisco, diz que em dois anos e meio morreram 21 pessoas nas cidades da região, principalmente em Arapiraca, onde existe a cultura fumageira. Neste número estão incluídos os suicídios por ingestão do produto ou óbito por "acidente" no manejo.

Pesquisas científicas revelam também que "a infertilidade humana e animal tem relação com o uso de agrotóxicos". A declaração é do pesquisador titular da Fundação Oswaldo Cruz (Fiocruz), Sérgio Koiffmann, e está baseada em estudos preliminares da entidade. Sérgio participou de um seminário na Comissão de Agricultura e Política Rural sobre o uso de agrotóxicos e seus efeitos sobre a saúde da população e o meio ambiente. Segundo o pesquisador, foram coletados dados que demonstram que os pesticidas atuam no organismo humano e podem estar alterando a cadeia hormonal. Ao serem analisados espermogramas, o levantamento sugeriu uma tendência de queda na quantidade e qualidade dos espermas dos homens e dos animais mamíferos.

O mesmo pesquisador apresenta outra preocupação: é com relação ao crescimento do índice de pessoas com câncer, que pode estar relacionado ao uso de agrotóxicos, basicamente através da alimentação. "Não são só as pessoas que manipulam que estão sujeitas a adquirir doenças causadas pelo uso do agrotóxico; a população geral também está", afirmou. Koiffmann citou diversos tipos de câncer que têm aumentado na população, como o de próstata, testículos, mama, ovário e tireóide. O pesquisador da Fiocruz vaticinou que, além de ter crescido o número de pessoas que fazem tratamento para fertilização, também foi diagnosticado um número excessivo de crianças com má-formação, doenças congênitas e abortos.[26]

As evidências são fartas. Não obstante, o Poder Público recusa-se a aceitá-las, e não se interessou por um estudo mais amplo sobre as causas do elevado índice de suicídios na região. Talvez fosse o caso de o Ministério Público tomar esta iniciativa, investigando de forma

---

[25] A notícia foi veiculada pelo jornal *Zero Hora* (Porto Alegre), de 27.09.2004, p. 30, reportagem de Aline Custódio.

[26] Fonte: *Rede Agroecologia* (Agência Câmara Data: 19/2/2004).

mais aprofundada por meio de inquérito civil as reais causas do alto índice de suicídios e de doenças.

Deve-se ressaltar que a desinformação de usuários e de médicos que a estes prestam atendimento serve-se para escamotear uma realidade alarmante, não permitindo que os dados estatísticos reais cheguem ao conhecimento das autoridades sanitárias, para que sirvam de subsídio à implantação de políticas públicas tendentes a solucionar ou ao menos minorar os graves problemas.

4. A contaminação de alimentos com resíduos de agrotóxicos

A garantia constitucional do direito à vida, à qualidade de vida e ao meio ambiente ecologicamente equilibrado torna certo também, como corolário, que todo cidadão tem direito ao consumo de alimentos saudáveis.

A segurança alimentar é assunto que não nos empolga cotidianamente. Afinal, se não temos conhecimento sobre a origem da maioria dos alimentos que ingerimos, somos obrigados a depositar confiança em seus produtores e na eficácia das ações fiscalizatórias públicas. Mas, infelizmente – isto é público, notório e comprovado cientificamente –, estamos sendo compelidos a ingerir, diariamente, doses homeopáticas de resíduos de agrotóxicos, que poderão nos trazer problemas futuros de saúde.

A utilização ampla de agrotóxicos na lavoura tem gerado a contaminação de consumidores através da ingestão de seus resíduos contidos em alimentos. A presença de resíduos de agrotóxicos em alimentos (vegetais e animais) pode decorrer da contaminação do solo – a maioria dos agrotóxicos empregados, especialmente os herbicidas e os inseticidas, apresenta relativo grau de persistência, assim considerado o tempo necessário para que os resíduos desapareçam do local de aplicação – ou da aplicação direta do agrotóxico sobre as culturas. Na água, a presença de resíduos de agrotóxicos pode ser conseqüência da aplicação direta (de herbicidas aquáticos) ou indireta (por meio da erosão, lixiviação, chuvas ou descargas industriais), e a contaminação ocorre pelo seu consumo ou pelo consumo de organismos aquáticos (peixes, moluscos e crustáceos, por exemplo), que detêm a propriedade de bioconcentrar os resíduos.

José Lutzenberger descreve o processo de aplicação de "veneno" em alimentos que consumimos: "Os venenos são pulverizados sobre os plantios de maneira uniforme, de preferência de avião. Até os aviõezinhos ultraleves são às vezes usados para este fim. Para facilitar o trabalho do agricultor, o fabricante de venenos prepara os chamados calendários de aplicação, entre nós também chamados de 'pacotes tecnológicos'. O agricultor só precisa seguir à risca as instruções, aplicar preventivamente o veneno no momento certo, sem ter que constatar se há ou não a incidência de pragas. Assim ele estará acabando com todos os bichos indesejáveis. Em alguns cultivos, por exemplo, maçãs, ele fará até 30 ou mais aplicações por temporada. A coisa não é muito diferente na parreira, no pêssego, no moranguinho, em hortaliças. Mesmo depois da colheita ainda se aplicam venenos. No caso da macieira, a maçã, quando entra no frigorífico, é imersa num banho de fungicida. Depois passa por um secador e recebe uma borrifada de cera para que o veneno fique sobre a fruta".[27]

Segundo Antonio Flávio Midio e Deolinda Martins, embora existam casos de intoxicação aguda por alimentos altamente contaminados, "a principal preocupação relacionada à exposição humana aos herbicidas, via alimentos, diz respeito aos efeitos tóxicos crônicos e retardados causados por seus resíduos, produtos de degradação e biotransformação, ou impurezas presentes nas formulações".[28]

Pesquisas têm revelado altas concentrações de resíduos tóxicos em frutas, em verduras e em carne bovina. Recentemente, o Programa *Fantástico*, da Rede Globo, efetuou o chamado "teste do agrotóxico". Foram testadas cinqüenta e três amostras de alimentos compradas em seis cidades brasileiras: São Paulo, Rio de Janeiro, Belo Horizonte, Porto Alegre, Curitiba e Petrolina. Foram também testadas batatas de cultivo orgânico. O resultado dos testes, feitos no Laboratório do Departamento de Biologia Celular e Genética, da Universidade do Rio de Janeiro (UERJ), foi o seguinte: os produtos da agricultura orgânica não apresentaram qualquer problema de contaminação; os produtos da agricultura tradicional, todavia, apresentaram níveis de contaminação que os tornava impróprios ao consumo. Seis estados tiveram amostras reprovadas por contaminação de agrotóxico: Pernambuco e Rio de Janeiro, salsa; Rio Grande do Sul, batata e couve; Paraná e São Paulo, agrião, batata e salsa; Minas Gerais, que teve o maior número de reprovações, agrião, salsa, couve, alface e uva. No Paraná, as batatas apresentavam contaminação altíssima (quase sessenta vezes acima do nível tolerado).[29] Segundo os técnicos ouvidos, a contaminação deve-se ao uso inadequado de agrotóxicos, principalmente porque os produtores não respeitam o período de carência após a aplicação do agrotóxico antes da colheita.[30]

---

[27] *Colheitas e pragas, a resposta estará nos venenos?* Artigo escrito em dezembro de 1983, disponível no site da Fundação Gaia, www.fgaia.org.br, acesso em 20.05.2002.

[28] *Herbicidas em Alimentos.* São Paulo: Livraria Varela, 1997, p. 50.

[29] As batatas adquiridas na CEASA de Curitiba, segundo a reportagem do Fantástico, são produzidas em São Paulo.

[30] Os níveis de resíduos de agrotóxicos em alimentos dependem de diversos fatores, a saber: 1) a técnica empregada e a quantidade aplicada; 2) fatores ambientais (luz, temperatura, umidade

A Agência Nacional de Vigilância Sanitária – ANVISA – investiga alimentos contaminados por agrotóxicos. Constatou contaminação em morangos, tomates, mamão e outros alimentos. No caso do morango, 50% do que é consumido no país está contaminado por resíduos de agrotóxicos. Em razão dessa constatação, foi criado um grupo de trabalho interministerial para estruturação de um programa nacional de redução da contaminação do morango. Os dados constam do relatório final do primeiro ano de atuação do Programa Nacional de Análise de Resíduos de Agrotóxicos em Alimentos – PARA –, que introduz, no Brasil, pela primeira vez, um monitoramento sistemático de resíduos de agrotóxicos em alimentos, com o propósito de garantir mais segurança e qualidade nos itens que vão à mesa do consumidor. O relatório, recém-concluído pelos técnicos do programa, contém informações no mínimo preocupantes: 81,2% das amostras (1051) exibiam resíduos de agrotóxicos. Desse total, 233, ou 22,17%, apresentaram irregularidades porque os percentuais de resíduos ultrapassavam os limites máximos permitidos pela legislação. Das 233 amostras irregulares, 74 continham resíduos de agrotóxicos não autorizados para as respectivas culturas, devido ao seu grau de toxicidade – como o Dicofol e os Ditiocarbamatos. Do total, 94 estavam acima do LMR (Limite Máximo de Resíduo) e 65 apresentavam as duas irregularidades.[31]

O Jornal Zero Hora[32] apresentou reportagem sob título *Agrotóxicos à mesa*, assinada por Jorge Correa, trazendo um comparativo entre os dados das pesquisas da ANVISA de 2002 e 2003 sobre índices de resíduos de agrotóxicos em frutas e verduras. A agência constatou, em 2003, que o morango e o mamão são as frutas com maior índice de contaminação, passando o morango de 46%, em 2002, para 54,44%, em 2003.[33] De 78 das amostras pesquisadas, 54 apresentavam índice de resíduos superior ao permitido. Quanto ao mamão, a presença de resíduos de agrotóxicos progrediu de 19,5% para 37,36%. Não obstante, a pesquisa revelou um avanço no controle da contaminação de frutas e verduras por resíduos de agrotóxicos, apontando a redução dos índices de contaminação das amostras de batata, alface, banana, tomate e laranja.

---

e algumas propriedades físicas e químicas do solo; 3) o cumprimento do período de carência ou intervalo de segurança, 4) as características físico-químicas do produto, principalmente aquelas relacionadas com a sua persistência no ambiente (Cf. Antônio Flávio Midio e Deolinda Martins, *Herbicidas em Alimentos*. São Paulo: Livraria Varela, 1997, p. 47).

[31] Dados da Agência Nacional de Vigilância Sanitária, acessíveis no site *www.anvisa.gov.br* (acesso em 20.07.03).

[32] Porto Alegre, 30 de julho de 2004, sexta-feira, Caderno Campo e Lavoura, p. 1.

[33] Em 2004, mais de uma centena de produtores de morangos de cinco municípios do Rio Grande do Sul (Feliz, Caxias do Sul, Farroupilha, São Sebastião do Caí e Bom Princípio) foi autuada por utilizar agrotóxico não permitido.

5. A contaminação das águas

A preocupação do Homem com o problema da contaminação das águas é justificada. A água, bem de domínio público, recurso natural limitado, dotado de valor econômico e elemento vital para a existência do Homem, será um dos bens mais preciosos do terceiro milênio. Segundo estudos da Organização das Nações Unidas (ONU), a crise do abastecimento poderá atingir diversas regiões da Terra nos próximos anos devido à contaminação que ameaça as reservas de água doce do Planeta e ao aumento da demanda. Segundo dados da UNESCO, 1 bilhão de pessoas no mundo não têm acesso à água potável. Estimativas indicam que cerca de 10 milhões de pessoas morrem anualmente devido a doenças transmitidas pela água. Quase a metade dos animais de água doce, conforme o Fundo Mundial para a Natureza, já desapareceu. Apenas 0,3% de toda a água doce do mundo está prontamente acessível para uso humano. O Brasil possui 18% da água doce do planeta. Em breve, teremos conflitos bélicos pelo controle da água (pode-se dizer que já os temos: veja-se o caso das disputas pelo controle dos depósitos de água nas Colinas de Golã, entre Síria, Palestina, Israel e Jordânia).

É paradoxal que a agricultura, atividade em que o consumo de água é fundamental – a irrigação representa 73% do consumo mundial de água –, constitua também a maior fonte de contaminação dos recursos hídricos. Esta, todavia, é a mais pura realidade. A atividade agrícola, a industrialização e o processo de urbanização são as principais causas de poluição das águas. Sinteticamente, podemos afirmar que a contaminação e a eutrofização são as principais agressões aos recursos hídricos em razão do uso de agrotóxicos. Segundo Marisa Nitollo Costa, "A *contaminação* de um corpo d'água por agrotóxicos ocorre principalmente de uma forma difusa, o que evidentemente dificulta a adoção de medidas para impedir sua chegada aos rios e lagos, contaminando ainda os aqüíferos subterrâneos. A principal decorrência da agressão à água por defensivos e corretivos agrícolas é a alteração de suas características iniciais, diminuindo a quantidade de oxigênio, tirando a condição de sobrevivência dos seres que nela habitam, como os peixes, crustáceos e microorganismos. Pode ainda o acúmulo de produtos tóxicos instalar-se na cadeia alimentar, chegando ao homem em virtude da ingestão de peixes".[34] Já a *eutrofização* é um fenômeno que está relacionado com a superficialização do ambiente aquático pelo acúmulo excessivo de nutrientes, como o nitrogênio e o fósforo. "A eutrofização é o fenômeno que transforma um corpo d'água em um ambiente bastante fertilizado ou bastante ali-

---

[34] *Água e Agricultura*. Congresso Internacional de Direito Ambiental (7:2003, São Paulo – SP). *Direito, Água e Vida*. Org. Antonio Herman Benjamin. São Paulo: Imprensa Oficial, 2003, vol. 1, p. 691.

mentado, implicando em um crescimento excessivo de plantas aquáticas, chegando, em alguns casos, a cobrir completamente o espelho d'água de lagos e represas".[35] Além de outros fatores, o eutrofismo é decorrência do uso excessivo de agrotóxicos e fertilizantes.

As águas subterrâneas e as superficiais estão contaminadas pela presença de nitrogênio, fosfato e potássio provenientes da agricultura. A acumulação de resíduos de agrotóxicos nos sedimentos dos corpos hídricos causa sérios problemas para peixes, mamíferos e ecossistemas inferiores, comprometendo também o consumo humano de água potável. Conforme dissemos alhures, os agrotóxicos têm causado contaminação de águas superficiais e subterrâneas. De 1825 amostras colhidas nos rios paranaenses, por exemplo, 84% apresentavam resíduos de pelo menos 17 diferentes agrotóxicos.[36]

A preocupação com o risco dos contaminantes químicos na água potável se deve, em grande parte, ao uso indiscriminado de certos agrotóxicos, especialmente os halogenados orgânicos (tri e tetracloroetilenos) e os compostos inorgânicos, tais como o arsênico e o nitrato.

No que tange à contaminação de águas subterrâneas, cumpre ressaltar as evidências e constatações de comprometimento, em razão do uso de agrotóxicos, do Aqüífero Guarani, que é a maior e mais importante reserva de águas subterrâneas transfronteiriças do mundo, com área estimada de 1,2 milhões de km2 (71% no Brasil, 19% na Argentina, 6% no Paraguai e 4% no Uruguai). Trata-se de um imenso reservatório de águas subterrâneas, que se formou das águas das chuvas ao longo de 100 milhões de anos sobre o leito rochoso e irregular das camadas do subsolo, com profundidades que variam de 50 a 1500 m e um volume de água pura de excelente qualidade estimado em 50 quatrilhões de litros.[37]

Os sinais de comprometimento do Aqüífero Guarani, que, pela qualidade e quantidade de suas águas, constitui um recurso natural de importância estratégica social e econômica para os países do Cone Sul, vem despertando o interesse das comunidades internacionais (OEA, BIRD, Fundo Mundial para o Meio Ambiente etc.) com vistas à sua exploração racional.[38] Os principais problemas são decorrentes da abertura de poços, de lançamento de rejeitos industriais, de vazamentos de esgotos e, principalmente, no meio rural, do uso de agro-

---

[35] Idem, ibidem, p. 693-4.

[36] Dados do IBGE.

[37] Conforme Aldo da Cunha Rebouças (Águas subterrâneas. *Águas doces no Brasil: capital ecológico, uso e conservação*. Rebouças et al, São Paulo: Escrituras, 1999, p. 135).

[38] Encontra-se em execução o *Projeto de Proteção Ambiental e Gerenciamento Sustentável Integrado do Sistema Aqüífero Guarani*, financiado pelo GEF e pelo Banco Mundial, objetivando a formulação de um marco legal e institucional para a gestão dos recursos do aqüífero.

tóxicos e fertilizantes. Quanto a estes, pedimos licença para ilustrar a situação com estudos da EMBRAPA:

> O projeto intitulado "Uso agrícola das áreas de afloramento do Aqüífero Guarani e implicações na qualidade da água subterrânea' surgiu a partir de uma demanda crescente da comunidade em relação ao conhecimento sobre as influências da agricultura na água subterrânea considerando, principalmente, as áreas de recarga ou afloramento, reconhecidamente como sendo muito frágeis e, por isso mesmo, bastante vulneráveis ao risco de contaminação. A experiência adquirida pela EMBRAPA Meio Ambiente, em Ribeirão Preto-SP, com avaliação de riscos de contaminação da água por pesticidas em área de recarga do Aqüífero Guarani, aliada ao processo de gestão que está sendo proposto para esse aqüífero no âmbito do Mercosul, envolvendo instituições dos quatro países participantes, contribuíram para a consolidação da presente proposta em uma abordagem mais regional. Em se tratando do Aqüífero Guarani, suas porções de "recarga direta ou afloramento" merecem especial atenção pela grande extensão territorial que ocupa, com cerca de 100.000 km² em território brasileiro e, principalmente, pelo risco que oferecem para a água subterrânea, já que favorecem muito a infiltração da água das chuvas até a zona saturada, principalmente pela ausência de obstáculos como pacotes rochosos ou materiais de baixa permeabilidade. Em razão da diversidade de uso (diferentes tipos de atividades agrícolas) nas "áreas de recarga ou afloramento" do Aqüífero Guarani, seja no Brasil seja no Uruguai e Paraguai onde elas também ocorrem, há necessidade de um estudo que contemple um zoneamento agroambiental, fundamentado em um sistema de classificação de riscos das atividades agrícolas, para as mesmas, como forma de subsidiar a legislação e os tomadores de decisão visando à manutenção da sustentabilidade do 'Sistema Aqüífero Guarani'. Do ponto de vista metodológico, o presente projeto busca uma integração de dados (geologia, solos, clima, relevo e uso atual) existentes para as áreas de recarga, visando à obtenção dos chamados domínios pedomorfoagroclimáticos. Dentro de cada um desses domínios (em escala 1:500.000) são feitas discussões sobre a vulnerabilidade natural e a "carga potencial contaminante", tendo por base a atividade agrícola dominante. A interação dessas informações, em fase de levantamento e geração, permitirá, então, a classificação do risco potencial de contaminação para cada domínio, também em escala 1:500.000. Áreas potencialmente mais críticas, já identificadas em função do tipo de atividade, principalmente com alta entrada de insumos, estão sendo objeto de estudos mais específicos, com avaliações 'in loco' do movimento de alguns pesticidas e nitrato e de seus riscos para a água subterrânea. Nesse nível de abordagem, propõe-se uma avaliação do chamado risco real ou efetivo de contaminação, com escala de trabalho de 1:50.000. Inicialmente, o projeto contempla o território brasileiro, abrangendo uma área de recarga de, aproximadamente, 100.000 km², com destaque para os Estados de Mato Grosso do Sul, com a maior área, seguido de Goiás, São Paulo, Rio Grande do Sul e Mato Grosso. Nos demais, como Paraná, Santa Catarina e Minas Gerais, a área de recarga é de menor expressão. As porções de recarga localizadas no Paraguai e Uruguai deverão ser incorporadas ao presente estudo quando da definição oficial das instituições participantes do projeto de "Gestão Sustentável do Sistema Aqüífero Guarani", em fase de implantação, com recursos do GEF – BANCO MUNDIAL – OEA. A evidência de um cenário potencial de risco de contaminação da água subterrânea do Aqüífero Guarani, a partir de suas áreas de recarga ou afloramento, pela presença de pesticidas e nitrato, contribuiu para que, neste projeto, fossem estabelecidos os seguintes objetivos: 1. ava-

liar os riscos potenciais de contaminação da água subterrânea para cada um dos domínios pedomorfoagroclimáticos identificados nas áreas de recarga do Aqüífero Guarani; 2. avaliar os riscos reais ou efeitos de contaminação da água subterrânea, considerando as áreas mais críticas, identificadas em função dos "riscos potenciais mais elevados" levantados no objetivo; 3. propor um documento orientador de ocupação agrícola (zoneamento agroambiental) das áreas de recarga do Aqüífero Guarani em território brasileiro, com extensão aos demais países integrantes do Mercosul (Paraguai e Uruguai). A atividade agrícola no Brasil tem expandido suas fronteiras de forma desorganizada, atingindo "áreas frágeis do ponto de vista ambiental", entre as quais estão aquelas de recarga ou de afloramento de aqüíferos, bastante vulneráveis à contaminação por agroquímicos. O cenário atual mostra que os recursos hídricos subterrâneos vêm sendo utilizados de forma mais intensiva, principalmente a partir do início dos anos 90, uma vez que os recursos hídricos superficiais têm sofrido uma deterioração considerável, tanto do ponto de vista qualitativo como quantitativo. Assim, a pesquisa precisa antever os possíveis problemas que poderão advir em decorrência de uma busca, em breve, pelo uso descontrolado da água subterrânea e assim, propor soluções de manejo que tornem esses sistemas sustentáveis, a exemplo do que se propõe aqui para o Aqüífero Guarani. Diante desse cenário, torna-se premente a necessidade de um planejamento efetivo do uso da terra para as áreas de recarga do Aqüífero Guarani, dentre as quais se incluem: seleção de culturas, controle do uso de agrotóxicos, controle do uso de fertilizantes, práticas de conservação e manejo do solo e da água, entre outras ações, que compõem o zoneamento agroambiental, fundamental no processo de gestão para a manutenção do potencial qualitativo e quantitativo do Aqüífero Guarani, que sem dúvida será estratégico para as futuras gerações do Cone Sul. Estudos desenvolvidos ao longo de quatro anos (1995 -1998) pelo Projeto "Ribeirão", em área de afloramento do Aqüífero Guarani, revelaram a presença de agrotóxicos como tebuthiuron, hexazinone e ametrina em níveis crescentes de um ano para o outro na água subterrânea, considerando como ponto de amostragem um poço semi-artesiano localizado dentro da área de estudo. Todavia, os níveis encontrados estão ainda abaixo daqueles considerados críticos pela Organização Mundial de Saúde para os padrões de potabilidade. Foi verificada também uma tendência no aumento dos teores de nitrato na água subterrânea no mesmo período de quatro anos. Como os solos dessas áreas normalmente possuem alta permeabilidade, a aplicação anual e cumulativa de produtos, sejam pesticidas sejam fertilizantes, que contêm moléculas ou elementos de alta mobilidade, aumenta sensivelmente o risco de contaminação do Aqüífero Guarani nessa região (EMBRAPA, 1998; PESSOA *et al*, 1998; PESSOA et al, 1999). Levantamento de uso agrícola nas áreas de recarga de alguns estados como Goiás, Mato Grosso e Mato Grosso do Sul evidenciaram a existência de diversos sistemas de produção agrícola implantados, já que as vocações do setor são distintas de um estado para outro, com pequenas semelhanças entre alguns deles (GOMES *et al*, 1999). Nas áreas de recarga do Aqüífero Guarani localizadas no Estado do Mato Grosso do Sul, principalmente na porção que abrange as nascentes dos rios Taquari e Coxim, há predomínio de pastagens com uma situação de risco, relativamente baixa, para a água subterrânea. O problema maior nessas áreas tem sido o assoreamento dos cursos d'água em decorrência do manejo inadequado das pastagens, favorecido pelo intenso processo erosivo (GOMES *et al*, 1999). Levantamentos mais específicos mostraram que em determinados lugares, a exemplo do Estado de Goiás, os riscos de contaminação da água subterrânea têm aumentado, principalmente em função da substituição da pastagem por cultura anual que exige maior quantidade de insumos, entre eles os pesticidas (GOMES et al, 2000). No final de 2001 foram concluídos os trabalhos de avaliação de risco potencial de contaminação do Aqüífero Guarani, a partir de suas áreas de recarga, considerando o tipo de uso agrícola, conforme mostra o mapa a seguir.[39]

De outra parte, o avanço da produção de soja na área da Floresta Amazônica, além dos inúmeros problemas que causa, como a supressão da biodiversidade, traz também o problema da contaminação das águas dos rios por resíduos de agrotóxicos. As populações indígenas do alto Xingu revelam preocupação.

> Os índios não estão preocupados à toa. Quando se substituem as pastagens por lavouras de soja, o quadro de impactos se altera substancialmente. O uso de defensivos, por exemplo, provoca alterações na qualidade da água dos rios e é a principal preocupação dos índios xinguanos. Esse é um problema mais recente, já que até meados da década de 1990, os impactos sobre os recursos hídricos estavam associados majoritariamente à pecuária, que era a atividade predominante no entorno do Parque Indígena do Xingu. Para formar as pastagens, os métodos utilizados pelos fazendeiros iam desde a supressão total da vegetação de uma grande área, até a eliminação da mata ciliar, que protege as margens dos rios da erosão. Tudo para que o boi pudesse beber água sem que o mato o atrapalhasse. O resultado é que desde a década de 1970, a perda de floresta, de cerrados e, principalmente, a destruição das matas ciliares deram início a um processo intenso de assoreamento de muitos córregos e nascentes que formam o rio Xingu, além da erosão de extensas porções de terra.
>
> Em algumas fazendas do município de Querência é possível prever que, se não houver um trabalho urgente de recuperação, muitos afluentes dos rios Paca, Paranaíba, Darro e Suyá-Miçu terão em breve suas nascentes comprometidas.
>
> A presença de agrotóxicos na água é de difícil verificação, não só pela falta de bibliografia, mas de pesquisas que avaliem a contaminação. Além disso, elas só podem ser realizadas em laboratórios específicos. Sofia de Mendonça, uma das coordenadoras do projeto de saúde indígena da Escola Paulista de Medicina da Universidade Federal de São Paulo, no Parque do Xingu, afirma que não existe ainda um levantamento sobre a presença de elementos químicos nos rios da região. Mas diz que os índios demonstram preocupação com a possibilidade de contaminação da água e dos peixes por resíduos trazidos das fazendas. "O que muitos índios já constataram é que houve uma diminuição no número de peixes dos rios e que a água tem sofrido alterações, como ficar turva em alguns pontos, que está associado ao assoreamento de cursos d'água".
>
> Pesquisa do Instituto de Agricultura de Campinas (IAC), intitulada Intoxicação por Agrotóxicos no Brasil, mostra que vêm crescendo no país, desde a década de 1970, os casos de contaminação por agrotóxico, mas ainda não existe um dado preciso, pois parte desse aumento se deve à melhoria do método e abrangência das pesquisas. Segundo o estudo, (...) a contaminação da água por agrotóxicos pode ocor-

---

[39] EMPRESA BRASILEIRA DE PESQUISA AGROPECUÁRIA. Uso agrícola da áreas de recarga do Aqüífero Botucatu (Guarani) e implicações na qualidade da água subterrânea (Relatório Final). EMBRAPA Meio Ambiente. Jaguariúna, 2002, p. 38.

rer de duas formas: através do lençol freático ou pelo escoamento superficial da água, isto é, a lixiviação. No Cerrado, onde predominam as Areias Quartzozas, que são altamente suscetíveis à erosão e à lixiviação, a chuva carrega as camadas mais superficiais do solo, e com elas os resíduos químicos, diretamente para dentro dos rios. Na região onde nasce o rio Xingu, esse tipo de solo ocorre, entre outros locais, nas cabeceiras dos rios Culuene, Ronuro, Batovi e Von Den Steinen. Já nas áreas de floresta de transição, onde predominam os solos do tipo Latossolo Vermelho-Amarelo – que são muito ácidos, profundos e de boa drenagem, e ocorrem onde havia floresta de transição – a chuva leva os agrotóxicos para dentro do solo, onde ficam acumulados nas águas subterrâneas do lençol freático. Esse tipo de solo é predominante na região das nascentes do rio Xingu, conforme dados do Ministério do Meio Ambiente.[40]

Vale destacar, por derradeiro, que a degradação dos recursos hídricos representa violação da Lei n° 9.433, de 08 de janeiro de 1997, que institui a Política Nacional de Recursos Hídricos, elegendo como um de seus objetivos fundamentais assegurar à atual e às futuras gerações a necessária disponibilidade de água, em padrões de qualidade adequados aos respectivos usos, e a utilização racional e integrada dos recursos hídricos.

6. Transgênicos e agrotóxicos

Abstraídas as discussões e a polêmica acerca da transgenia, que giram em torno da segurança alimentar e ambiental, porque, ao que parece, a produção dos chamados OGMs representa uma realidade já consumada e sem volta, tanto que no Rio Grande do Sul 90% (noventa por cento) da soja plantada já é de sementes transgênicas, e a comercialização da safra de 2005/2006 encontra-se autorizada pela Lei n° 11.105, de 24 de março de 2.005 (Decreto n° 5.534, de 06 de setembro de 2005), cumpre suscitar uma importante questão: as culturas transgênicas irão reduzir o volume de agrotóxico empregado? Esta é mais uma incerteza que paira em torno da questão relacionada com os transgênicos. A constante necessidade de se criarem agrotóxicos com formulações mais potentes e concentradas não permite uma resposta conclusiva. Talvez o volume empregado seja de fato menor, mas a nocividade do agrotóxico é muito maior. Poderíamos dizer, sem risco de erro, que o *Raundup Ready*, por exemplo, é muito mais forte do que os agrotóxicos comuns. Também que nos EUA não houve, depois de anos de plantio, redução de agrotóxicos utilizados na soja transgênica, mas sim um aumento considerável, segundo dados do Departamento de Agricultura. Devemos lembrar que as pesquisas com transgenia são feitas pela indústria química, que tem interesse em intensificar a

---

[40] Texto extraído do *site* do Instituto Biodinâmico, *www.ibd.com.br*, acesso em 23/07/2004.

venda de agrotóxicos. De qualquer sorte, uma certeza já se tem: os alimentos transgênicos constituem contribuição para a perpetuação do uso de agrotóxicos, como é o caso da soja transgênica, adaptada a ter resistência a um certo tipo de herbicida.

David Hathanay, sobre o tema, assevera: "Lembro da época, quando eu pesquisava os agrotóxicos, a gente via quantas toneladas de produto de princípio ativo eram necessárias para fabricar determinada quantidade de veneno. Com a evolução dos anos, você tem produtos cada vez mais potentes, onde vai usar gramas em vez de quilos. Então, a comparação é difícil em termos, porque há todo um elemento qualitativo, mas o que esses dados publicados servem para mostrar é que não se pode falar em numa queda significativa no uso de agrotóxicos por conta dessas plantas transgênicas. Está havendo queda é nas vendas de herbicidas dos concorrentes da Monsanto, que é o objetivo".[41]

A conclusão a que se chega é de que apenas ocorre redução das espécies e talvez do volume de agrotóxicos empregados em cada cultura, não da nocividade. Emprega-se apenas um tipo de agrotóxico (o *Roundup Ready*, cujo princípio ativo é o glifosato), mais forte, ao qual a planta transgênica tem resistência. Assim, pode-se dizer que a planta transgênica recebe uma superdosagem de um determinado agrotóxico, que mata todas as ervas daninhas, mas não a cultura desejada. Talvez por isso a abordagem sobre o tema culturas e alimentos transgênicos não contemple o ponto fulcral. A nosso ver, a nocividade é muito maior pelo risco de contaminação por resíduos de agrotóxicos do que propriamente pelos efeitos – ainda desconhecidos – da transgenia.

Existe, ainda, um aspecto importante a ser considerado: se antes o agricultor utilizava o agrotóxico com cuidado, sob risco de prejudicar a própria lavoura, com o cultivo transgênico ele pode pulverizar o produto à vontade sobre a lavoura que todas as plantas morrerão, menos as transgênicas. Assim, o uso de sementes transgênicas incentiva o abuso do agrotóxico.

O glifosato – cujo nome comercial é Roundup – é a terceira maior causa de problemas de saúde em agricultores norte-americanos, em virtude do alto grau de alergias de vários tipos que provoca. No solo, mantém um poder residual por grandes períodos, afetando também os lençóis freáticos. Cerca de 70% dos alimentos processados têm soja ou milho entre seus ingredientes. A soja está presente em cerca de 60% dos alimentos vendidos nos supermercados.

---

[41] Entrevista à *Revista Caros Amigos*, outubro de 2001, p.31.

No Brasil, as estimativas apontam que o plantio da soja Roundup Ready representará aumento no consumo de glifosato de dois (2) milhões para vinte (20) milhões de litros por ano.

Causou espécie e refletiu o poder da empresa Monsanto o episódio envolvendo a limitação do uso do herbicida glifosato, inicialmente contra-indicado pelos órgãos governamentais competentes para aplicação posterior ao nascimento da planta. Conviveu-se com uma situação insustentável e de difícil solução para o Governo, que legalizou a plantação transgênica sem perceber que o agrotóxico indispensável não tinha o registro necessário. O glifosato (*Roundup Ready*) tinha seu registro limitado ao uso pré-emergente, ou seja, anterior ao nascimento da planta, e, portanto, não poderia ser usado na fase pós-emergente (depois do nascimento da planta). A soja transgênica, de plantio liberado, é uma modalidade de cultivar resistente ao glifosato, um herbicida de amplo espectro (um "mata-tudo"), mas sensível aos efeitos de outros herbicidas. Assim, a proibição do glifosato, que também é produzido pela Monsanto, tornava inviável a plantação transgênica, porquanto aplicar agrotóxico em desacordo com as exigências estabelecidas na legislação pertinente, além de constituir infração administrativa, é crime punido com a pena de reclusão de 2 a 4 anos e multa, nos termos do art. 15 da Lei n° 7.802/89. A Monsanto, que detém a patente das sementes transgênicas, agiu açodadamente ao tê-las disponibilizado para comercialização mesmo sendo conhecedora das limitações do registro e estando pendente de exame autorização de uso menos restrito.

A solução para o impasse somente ocorreu em 09 de dezembro de 2004, quando o MAPA, depois do parecer favorável do Comitê Técnico de Assessoramento de Agrotóxicos, aprovou o registro e liberou a aplicação do glifosato para a fase pós-emergente da soja transgênica. A solução, lamentavelmente, como se era de esperar, até porque o Poder Público não tem condições de fiscalizar o uso ilegal de agrotóxicos, novamente se deu pela via política e com violação do princípio da precaução. Técnicos da Divisão de Defesa Sanitária Vegetal da Secretaria da Agricultura do Paraná encaminharam para análise laboratorial algumas amostras de soja geneticamente modificada e foram encontrados resíduos da substância química Glifosato e de seu metabólito AMPA em 100% dos testes. Segundo os referidos técnicos, na cultura transgênica, ao contrário da cultura convencional, o herbicida é também aplicado na fase pós-emergente, ou seja, diretamente sobre a planta germinada, aumentando a probabilidade de contaminação de uma gama imensa de alimentos derivados de soja por resíduos químicos tóxicos (vide Correio Paranaense de 16/17 de julho de 2005, p. 6).

7. Manifestação do Poder Judiciário

Os sintomas de saturação dos recursos naturais e as ameaças às condições existenciais animais e vegetais justificam a maior ênfase que nas últimas décadas recaiu sobre o estudo do direito ambiental, que, em síntese, atua como regulador das relações entre as atividades humanas e o meio ambiente. A rápida ascensão do direito ambiental, situado na terceira dimensão dos novos direitos, em parte, deve-se à crescente constitucionalização destes direitos, que passaram a figurar, como verdadeiros princípios, nas Constituições de quase todos os países democráticos (a nota principal destes direitos é, dessarte, a universalidade). A inserção dos direitos ambientais nos sistemas normativos produz o efeito de incrementar as situações litigiosas que os têm como objeto. Avulta a importância da atuação do Poder Judiciário na solução dos conflitos cíveis, administrativos e penais que envolvem questões relacionadas com agrotóxicos, foco de intensa poluição ambiental. Há bastante tempo, vem o Judiciário alertando para os graves problemas decorrentes do uso indiscriminado de agrotóxicos. Trazemos à colação importante precedente do Tribunal de Justiça do Estado do Paraná, em que, nos idos de 1987, já lançava o aviso sobre a situação alarmante do setor agrícola:

MANDADO DE SEGURANCA – COMERCIALIZAÇÃO DE AGROTÓXICOS E BIOCIDAS – AUTUAÇÃO E PENALIZAÇÃO DE EMPRESAS PELA AUSÊNCIA DE CADASTRAMENTO DOS PRODUTOS NA SECRETARIA DA AGRICULTURA. PRAZO DA LEI ESTADUAL Nº 7.827, DE 29/12/83, E DECRETO ESTADUAL Nº 3.876, DE 20/09/84, TIDOS COMO VIOLADOS. SEGURANÇA CONCEDIDA EM PRIMEIRO GRAU – REEXAME NECESSÁRIO A QUE SE DÁ PROVIMENTO PARCIAL. CONTROLE E CADASTRAMENTO DE AGROTÓXICOS PELO PODER PÚBLICO TIDOS COMO LEGÍTIMOS. INCONSTITUCIONALIDADE PARCIAL DA LEI QUE NÃO IMPLICA NA ILEGALIDADE DE EXIGÊNCIAS DA ADMINISTRAÇÃO PÚBLICA ESTADUAL. 1. A destruição do homem, pela ganância do poder econômico, precisa ter um basta imediato e urgente, sob pena de sermos co-responsáveis pelo perecimento progressivo de nossos semelhantes, que estão já, nas lavouras, morrendo aos poucos, envenenados por ingestão de doses diárias de agrotóxicos, presentes em seu trabalho, na alimentação, na água e até mesmo no ar que todos respiramos. 2. A Lei Estadual nº 7.827/83 apresenta-se com as características de auto-aplicabilidade, resultando, por conseguinte, que sua regulamentação era despicienda, tendo sido editada não como requisito para a eficácia do texto legal, mas como mero expediente explicitador de alguns dispositivos pelo que a exigência do prazo de cadastramento prévio dos pesticidas a serem comercializados no Paraná, teve início com a vigência da lei. 3. A distribuição e comercialização dos pesticidas – catalogados como agrotóxicos e biocidas – estão, no Paraná, condicionadas ao seu prévio cadastramento nas secretarias de estado da agricultura e interior, nos termos do art. 1º, *caput*, da Lei Estadual nº 7.827/83, cujo texto não foi alcançado pela decisão declaratória de inconstitucionalidade parcial proclamada pelo Excelso e Supremo Tribunal Federal. 4. Quando apenas alguns dos dispositivos de uma lei são declarados inconstitucionais, permanecendo o seu arcabouço, seu esqueleto de sustentação em vigor, cabe ao magistrado interpretá-la, posto que a interpretação das leis é de interesse público e "nenhuma lei se faz senão pela utilidade pública", como já acentuava Paula Baptista, em seu "Compêndio de Hermenêutica Jurídica" (reedição com apresentação do Min. Alfredo Buzaid). Por isso, o elemento fático da interpretação deve ser entendido com relação ao bem-estar geral e permanente da sociedade e do indivíduo. 5. Impondo o texto legal, como norma cogente, a obrigatoriedade do cadastramento prévio do produto agrotóxico a ser comercializado nos limites do estado do Paraná, a desatenção ao preceito, independentemente de sanção pecuniária, acarretará uma conseqüência lógica: a impossibilidade de sua distribuição pela proibição expressa de sua comercialização. 6. Olvidar a ação maléfica dos agrotóxicos colocados no mercado sem prévio controle do poder público, para permitir uma maior lucratividade no campo econômico, é postergar o alto sentido da preservação do bem-estar da coletividade, abandonando o cidadão humilde que lavra a terra, em posição de servilidade a um mecanismo industrial que acabará por lhe ceifar a vida, de forma lenta, pelo surgimento de enfermidades insuperáveis e até incuráveis, em face da acumulação no tecido adiposo humano e na penetração na corrente sangüínea de substâncias químicas que, no exterior têm a sua fabricação proibida, e que, no Brasil, integram os pesticidas livremente comercializados. Remessa necessária a que se dá provimento parcial (TJPR, AMS 104, 1ª Câmara Cível, rel. Des. Oto Luiz Sponholz, j. 18.03.1987).

Capítulo III

Aspectos sobre o registro de produtos agrotóxicos, seus componentes e afins

1. Considerações acerca do registro

Dispõe a Constituição que incumbe ao Poder Público controlar a produção, a circulação, a comercialização e o emprego de técnicas, métodos e substâncias que comportem risco para a vida, a qualidade de vida e o meio ambiente (art. 225, § 1º, V). Este preceptivo constitucional, considerando que os agrotóxicos são substâncias que, por natureza, acarretam os citados riscos, impõe ao Poder Público a adoção de um sistema eficaz de registro e de controle da respectiva produção, comercialização e utilização dos produtos.

"Registro de produto é o ato privativo de órgão federal competente, que atribui o direito de produzir, comercializar, exportar, importar, manipular ou utilizar um agrotóxico, componente ou afim" (art. 1º, inciso XLII, do Decreto nº 4.074/02).

É condição *sine qua non* para produção, exportação, importação, comercialização e utilização de agrotóxicos o prévio registro do produto nos órgãos e entidades federais do Ministério da Saúde (Agência Nacional de Vigilância Sanitária – ANVISA), do Meio Ambiente (IBAMA) e do Ministério da Agricultura, da Pecuária e do Abastecimento (Secretaria Nacional de Defesa Agropecuária), nos termos do art. 3º da Lei nº 7.802/89.

Por sugestão do GMC do Mercosul, o Decreto nº 4.074, de 04.01.2002, que regulamentou a Lei nº 7.802/89, instituiu o sistema de registro por equivalência, concebendo uma modalidade de registro simplificado para produtos equivalentes ou similares. Este sistema de registro atendeu as exigências do Mercosul, nos termos do princípio da equivalência preconizado pela FAO (Organização das Nações Unidas para Agricultura e Alimentação). Por problemas técnicos, não foi possível a implementação do sistema. É que as empresas registrantes dos produtos paradigmas recusaram-se a fornecer os dados indispensáveis à comparação, sob o argumento de que estariam protegidos. Precisou o Poder Executivo editar a Medida Provisória nº 69, de 26.09.2002, posteriormente convertida na Lei nº 10.603, de 17 de dezembro de 2002, estabelecendo prazos de proteção às informações prestadas à Administração Pública para obtenção dos registros de agroquímicos, que, até então, gozavam de proteção *ad eternum*. Somente em 2005, vencidos os prazos de proteção fixados, é que pôde ser implantado o sistema de registro por equivalência.

O registro, que tem caráter eminentemente público, é imposto como medida de segurança social e individual nas áreas de alimentação, saúde e meio ambiente, tendo como escopo imediato impedir a produção, a manipulação, o comércio, o transporte e a aplicação de produtos agrotóxicos e afins que se revelem vetores de riscos inaceitáveis à saúde e ao meio ambiente.

O Decreto nº 4.074, de 04 de janeiro de 2002, que regulamenta a Lei nº 7.802/89, disciplina as exigências a serem observadas pelo pretendente de registro, renovação e extensão de uso de agrotóxicos. E o faz tomando em conta três aspectos: fitossanitário, sanitário e de periculosidade ambiental, cada qual a ser analisado por órgãos e entidades específicas da Administração, vinculadas, respectivamente, aos Ministérios da Agricultura, Pecuária e Abastecimento, Saúde e do Meio Ambiente.

O registro de agrotóxicos é ato complexo. Somente depois de autorizado por todos os órgãos encarregados do registro é que o produto agrotóxico poderá ser produzido, comercializado e consumido. É de ser afastada, pois, a possibilidade de exercício de qualquer destas condutas quando ausente a chancela das três esferas administrativas, seja porque pendente de apreciação o requerimento em uma delas ou mesmo porque recusado o registro. Essa a intenção inequívoca do legislador, conforme se pode observar da leitura do art. 3º da Lei nº 7.802/89, que subordina a produção, exportação, importação, comercialização e utilização dos agrotóxicos ao prévio registro em órgão federal, obedecidas as "diretrizes e exigências dos órgãos federais responsáveis pelos setores da saúde, meio ambiente e da agricultura". O regulamento, portanto, ao prever a intervenção necessária dos órgãos vinculados aos Ministérios da Saúde, da Agricultura e do Meio Ambiente, não fez mais do que dar cumprimento fiel ao comando legal.

O deferimento ou indeferimento do pedido de registro ou renovação de registro deve ser fundamentado, ou seja, deve possibilitar, de um lado, ao requerente, no caso de indeferimento, aviar seu inconformismo, e de outro, à sociedade, por meio dos legalmente legitimados, fiscalizar o ato deferitório, impugnando-o. Vale citar, a propósito, a expressão de nossa jurisprudência:

> ADMINISTRATIVO E CONSTITUCIONAL. PEDIDO DE REGISTRO OU DE RENOVAÇÃO DE REGISTRO DE PRODUTO AGROTÓXICO. COMPETÊNCIA. DECRETO Nº 98.816/90. MOTIVAÇÃO DO ATO E EXERCÍCIO DO DIREITO DE DEFESA. CONSTITUIÇÃO FEDERAL. MANDADO DE SEGURANÇA. CONCESSÃO. 1 – Compete ao Ministério da Agricultura deferir ou indeferir pedido de registro ou renovação de registro de produto agrotóxico de uso nos setores de produção, no armazenamento e beneficiamento de produtos agrícolas e nas pastagens (Dec. nº 98.816/90, art. 3º, III). 2 – O deferimento ou indeferimento de pedido de registro ou de renovação de registro

de produto agrotóxico, como todo ato administrativo, deve ser motivado, assegurada ao interessado ampla defesa, com os meios e recursos a ela inerentes (CF, art. 5º, LV). 3 – Apelo provido. 4 – Segurança concedida. 5 – Sentença reformada (TRF1, AMS nº 01.02604-94/DF, 1ª Turma, DJU 04-12-95, p. 83.968).

Uma questão importante e polêmica diz respeito ao excedimento dos prazos previstos para o exame do pedido de registro ou de renovação de registro, tal como previstos no art. 15 do Decreto nº 4.074/02. Indaga-se: a omissão administrativa, não analisando o requerimento dentro do prazo legal, autorizaria a produção, a comercialização e o consumo do produto não registrado? Por certo que não. Não se ousaria colocar em risco a saúde humana e todo o meio ambiente, consoante assevera a jurisprudência:

ADMINISTRATIVO. MANDADO DE SEGURANÇA. LIBERAÇÃO DE PRODUTO AGROTÓXICO. INDEFERIMENTO DA LIMINAR NA INSTÂNCIA MONOCRÁTICA. NÃO INTERPOSIÇÃO DE AGRAVO DE INSTRUMENTO. CARÊNCIA DA AÇÃO MANDAMENTAL. *PERICULUM IN MORA.* INEXISTÊNCIA. 1 – (...). 2 – Caso, ademais, em que se permitida a comercialização do defensivo agrícola, sem o exame necessário por parte dos órgãos competentes, poderá haver dano irreversível ao meio ambiente, enquanto o oposto não, porquanto a empresa fabricante disporá de ação própria para a reparação dos prejuízos financeiros que eventualmente venha a sofrer (TRF1, j. 02-09-1992, MS nº 01.12128-92/DF, 1ª Seção, Des. Federal Aldir Passarinho Júnior, DJU 23-11-92, p. 38943).

A hipótese desafia a impetração do mandado de segurança a fim de que se reconheça a ilegalidade por omissão da Administração, que pode ser compelida, pela expedita via mandamental, a examinar o pedido. Neste sentido o precedente do TRF da 1ª Região:

ADMINISTRATIVO. MANDADO DE SEGURANÇA. PEDIDO DE RENOVAÇÃO DE REGISTRO DE PRODUTO AGROTÓXICO. PRAZO. LEI Nº 7.802/89 E DECRETO Nº 98.816/90. 1. Estabelecendo o art. 11 do Decreto nº 98.816/90 – Regulamento da Lei nº 7.802/89 – que o prazo para tramitação do pedido de renovação de registro de produto agrotóxico é de 180 (cento e oitenta) dias, evidencia-se a omissão administrativa, em prejuízo do direito subjetivo da impetrante, se não analisado dentro do período legal o referido pleito. 2. Hipótese em que se caracteriza a incúria administrativa, que constitui inequívoca ilegalidade por omissão. 3. (...). 4. Apelação provida. 5. Segurança concedida (1ª Turma, AMS nº 01.36360/93-DF, Rel. Juiz Amilcar Machado, DJU 02.09.96).

No § 6º do art. 3º da Lei nº 7.802/89 (e no art. 31 do Decreto nº 4.074/02) estão listadas as situações de proibição do registro de agrotóxicos, seus componentes e afins. Busca-se evitar o ingresso no mercado de produtos nocivos à saúde humana e ao meio ambiente. O elenco de situações é meramente exemplificativo. Portanto, outras razões, desde que relevantes, poderão desautorizar o registro. O fato de um produto ter seu uso cancelado em países desenvolvidos deveria pesar mais no exame do pedido, ainda que não houvesse a recomendação de organizações internacionais responsáveis pela saúde (§ 4º do art. 3º). A conclusão a que se chega, diante dos precedentes e registros de doenças, mortes e degradação ambiental, é no sentido de impor às autoridades competentes maior rigor no procedimento de registro, especialmente em relação a produtos que causem dano ao meio ambiente (alínea *f* do § 6º do art. 3º).[42]

Nota-se um atraso injustificável, uma verdadeira letargia das nossas autoridades públicas ambientais – fruto talvez de pressão econômica, política ou mesmo de inconsciência ambiental – no sentido de se implantar uma política séria de registro de agrotóxicos.[43] Uma frase que jamais poderia ser dita é a seguinte: "este produto já teve seu registro cancelado nos EUA ou na Europa, porque se revelou nocivo à saúde humana e ao meio ambiente, mas no Brasil ainda é permitido". Será que o brasileiro, o nosso meio ambiente, a nossa biodiversidade, são imunes aos efeitos do agrotóxico considerado nocivo em outros países?[44] Na prática, quando um produto é cancelado nos EUA e na Europa, as multinacionais da indústria química se obrigam a intensificar as campanhas de seu uso nos países subdesenvolvidos ou em desenvolvimento, a fim de não reduzirem seus faturamentos e justificarem o investimento para a produção do "veneno".[45]

Se apenas se admite a poluição que é socialmente tolerada, vale dizer, aquela que não é abominada pela norma científica e que não se encontra tipificada na norma jurídica (portanto, que não configura dano ambiental, nem crime ambiental), e se o dano ambiental é exatamente o estágio de poluição que extrapola o limite da tolerância social, qualquer produto tóxico que, em contato com o meio ambiente, lhe impusesse o chamado "dano ambiental" deveria ter seu registro indeferido, ou cancelado, se já deferido.

---

[42] Segundo dispõe a alínea *f* do § 6º do art. 3º da Lei 7.802/89, é proibido o registro de agrotóxicos, seus componentes e afins cujas características possam causar dano ao meio ambiente. A regra é repetida pelo art. 31 do Decreto nº 4.074/02: É proibido o registro de agrotóxicos, seus componentes e afins: (...) VIII – cujas características causem danos ao meio ambiente.

[43] O Brasil é o terceiro maior consumidor de agrotóxicos do mundo. Segundo pesquisas do IBGE, os agrotóxicos movimentaram, no país, um volume de 2,3 bilhões de dólares em 1999. No ano de 2001, segundo dados do Sindicato Nacional da Indústria de Produtos para Defesa Agrícola – SINDAG, as vendas chegaram a 2,287 bilhões de dólares, e, em 2002, a 1,951 bilhão de dólares. A retração deveu-se à instabilidade cambial, segundo o SINDAG.

[44] Os perigosos fungicidas Maneb, Zineb e Dithane, embora proibidos em vários países, são muito usados no Brasil em culturas de tomate e pimentão. Os dois primeiros podem provocar doença de Parkinson. O Dithane pode causar câncer, mutações e malformações no feto. O Gramoxone (mata-mato), cujo princípio ativo é o Paraquat, é proibido em diversos países. No Brasil, é largamente usado no combate a ervas daninhas. A contaminação pode provocar fibrose pulmonar, lesões no fígado e intoxicações, principalmente em crianças.

[45] José Prado Alves Filho noticia que a Alemanha utiliza-se de expediente mais eficaz para banir tipos de produtos tóxicos, sem ter que provar o risco ou recorrer ao Poder Judiciário. "Atualmente, colocando em prática tal regulamento, o Parlamento alemão baniu 44 princípios ativos considerados de alto risco" (*Uso de Agrotóxicos no Brasil*. São Paulo: Annablume/FAPESP, 2002, p. 168).

Dados científicos, estatísticas e a literatura especializada emprestam sustentação às conclusões de que a maioria dos agrotóxicos em uso no país têm propriedades carcinogênicas, mutagênicas e teratogênicas. Talvez fosse o caso de intensificar estudos técnicos para evidenciar estas propriedades, a fim de que se pudesse implementar, porque não há direito adquirido contra a saúde ambiental, uma revisão dos registros deferidos, tal como recomenda o Decreto nº 4.074/02 (que regulamenta da Lei nº 7.802/89), ao estabelecer competência concorrente aos três ministérios responsáveis pelo registro para reavaliação de agrotóxicos que se revelem nocivos à saúde ambiental.

O art. 5º da Lei nº 7.802/89 elenca as pessoas legitimadas a requerer o cancelamento ou impugnação, em nome próprio, do registro de agrotóxicos, seus componentes e afins, argüindo prejuízos ao meio ambiente, à saúde humana e aos animais. São elas: I. as entidades de classe, representativas de profissões ligadas ao setor (associações dos agrônomos, dos biólogos, dos engenheiros florestais, dos sanitaristas, dos ecólogos, dos botânicos, p.ex.); II. partidos políticos com representação no Congresso Nacional; III. entidades legalmente constituídas para a defesa dos interesses difusos relacionados à proteção do consumidor, do meio ambiente e dos recursos naturais, como, por exemplo, o Instituto de Defesa do Consumidor (IDEC),[46] as Organizações não-governamentais (ONGs). Não se exige o prazo mínimo de um ano de existência, tal como ocorre para a propositura da ACP. Também o Ministério Público, enquanto instituição a que a Constituição conferiu a atribuição de zelar pelos direitos e interesses coletivos, tem legitimidade para impugnar o registro. Quanto a este, pensamos que lhe devesse ser encaminhada cópia do processo de registro de agrotóxicos, a fim de que possa melhor avaliar o cumprimento das exigências legais e evitar violações dos direitos e interesses que lhe compete tutelar.

A propósito da atuação do Ministério Público, devemos lembrar que o insucesso na tentativa de obter o cancelamento do registro de produtos agrotóxicos na via administrativa impõe que seja buscado o cancelamento na via judicial, através da Ação Civil Pública. Exemplo desta situação ocorreu no Rio Grande do Sul. O Ministério Público Federal gaúcho, tomando conhecimento de um caso em que mais de

---

[46] Em agosto de 2003, o IDEC (Instituto de Defesa dos Consumidores) encaminhou aos ministérios da Agricultura e do Meio Ambiente e à ANVISA resultados de análises que a entidade realizou em carne de frango e em adubos à base de esterco de frangos, visando a esclarecer uma denúncia de que a maravalha, um subproduto do beneficiamento de madeiras tratadas com agrotóxicos cancerígenos, era usada como "cama de aviário" na produção de aves, especialmente frangos. As análises feitas no Instituto Adolfo Lutz, a pedido do MAPA, confirmaram a presença de Pentaclorofenol com valores de 0,04 a 0,27 mg/kg para as amostras do Paraná e de 0,96 até 1,28 mg/kg para as amostras do Estado de Santa Catarina.

uma centena de funcionários do Grupo Hospitalar Conceição sofreu intoxicação (Síndrome Colinérgica Aguda) pelo uso do organofosforado clorpirifós em desinsetização realizada em uma de suas unidades de saúde, em 1999, instalou Inquérito Civil e, reunindo dados técnicos, propôs, administrativamente, à ANVISA a suspensão do registro do produto para uso domissanitário. Passados mais de nove meses, sem resposta, o MPF ajuizou Ação Civil Pública, na Justiça Federal, evidenciando os sérios e irreversíveis riscos que o produto oferecia à saúde pública e o descaso emprestado ao caso pela ANVISA. Postulou antecipação de tutela e, ao final, a procedência da ação para que a ANVISA se abstivesse de deferir futuros registros e cancelar os registros vigentes para produtos à base de clorpiripós. A tutela antecipada foi deferida pelo ilustrado Juiz Federal Cândido Alfredo Silva Leal Júnior em despacho com o seguinte teor:

> 4. Depois da contestação da ANVISA, percebe esse Juízo que as partes discutem tão-somente o alcance do princípio da precaução. De um lado, o MPF pretende a aplicação extrema do princípio, proibindo provisoriamente a produção, comercialização e utilização de um ingrediente que se mostrou lesivo e danoso à saúde pública. De outro lado, a ANVISA reconhece que há risco e que o produto não atende as melhores regras aplicáveis, mas buscando cautela na utilização extremada do princípio da precaução, para que os outros estudos e procedimentos sejam adotados antes de decidir pela proibição do produto.
>
> 5. Não parece, entretanto, que a postura da ANVISA seja a mais apropriada à defesa da saúde pública no caso presente. Efetivamente, a ANVISA mostra na sua contestação que adotou várias providências no tocante à reavaliação dos produtos à base de clorpirifós. Mas essas providências perecem sempre posteriores às iniciativas do MPF, em relação ao mesmo produto. Vejamos. Em 23 – 24/07/03 (fls. 388 – 392), a ANVISA fez reavaliação toxicológica do ingrediente ativo e determinou alterações na utilização do produto. Mas o MPF já havia adotado providências em 07/04/03 (fls. 18 – 19), instaurando inquérito civil público e solicitando informações à ANVISA em 10/04/03 (fls. 20 e 24). Em 24/06/04 (fls.78), a ANVISA teria realizado nova reunião para reavaliar a utilização do ingrediente ativo clorpirifós em produtos saneantes domissanitários, adotando inclusive postura muito semelhante àquela do MPF nessa ação. Entretanto, a ação civil pública fora ajuizada pelo MPF em 05/05/04 e a ANVISA fora citada em 13/05/04 (fls. 261 – verso). Ou seja, essas datas e esses acontecimentos mostram a esse Juízo que há inequívoca verossimilhança nos fatos alegados pelo MPF nessa ação civil pública, parecendo que as providências burocrático-administrativas a cargo da ANVISA somente são adotadas quando há impulsionamento oficial por parte do MPF, seja instaurando inquérito civil público, seja utilizando ação civil pública.
>
> 6. Ora, embora a intoxicação coletiva ocorrida no Grupo Hospitalar Conceição em 1999 possa ser um fato isolado (como alega a ANVISA em sua contestação), é certo que ela ocorreu e que mais de uma centena de empregados do Hospital restou atingida pela intoxicação, mostrando que a utilização do produto não vinha sendo devidamente controlada e fiscalizada pelos órgãos responsáveis. Não seria prudente da parte desse Juízo – e nisso o MPF está coberto de razão –, aguardar que outro incidente dessa espécie ocorresse e que tivéssemos, quem sabe, alguns mortos e outros tantos feridos, para que houvesse uma efetiva proibição do produto suspeito. É preciso que aqui

seja aplicado o princípio da precaução, prevenindo-se o que depois pode ser irreparável. Evitando mortos e feridos. Evitando intoxicados. Evitando danos sérios à saúde da população, ao bem-estar da coletividade. Evitando que terceiros sejam comprometidos ou prejudicados por algo que sequer tinham condições de saber que poderia ocorrer (os empregados do hospital, intoxicados, que certamente não contavam nem podiam contar com o resultado danoso que sofreram). É preciso que o princípio da precaução socorra à saúde pública e evite que terceiros-inocentes venham a ser prejudicados. E aqui não se admite uma utilização "prudente" do princípio da precaução, porque tal utilização "prudente" não se justifica no caso concreto: não é possível que o órgão da fiscalização sanitária adote providências somente depois das iniciativas do MPF. É preciso que seja forçado a antecipar-se aos fatos e evitar que ocorram novas intoxicações, como aquela ocorrida no Grupo Hospitalar Conceição em 1999. Os procedimentos burocrático-administrativos, embora essenciais a um Estado de Direito Democrático, não podem constituir obstáculo a deixar a saúde da população desguarnecida. Se o MPF não tivesse instaurado o inquérito civil público, será que a ANVISA teria adotado a revisão da utilização do princípio ativo tóxico, como feito? Se o MPF não tivesse ajuizado a ação civil pública, será que a ANVISA teria feito a reunião de 26/06/04, cujas conclusões não vieram integralmente aos autos, mas que constam no corpo da contestação (fls. 278)? Se nada disso for feito, será que uma nova contaminação "acidental" não poderá ocorrer, prejudicando terceiros-inocentes e lesando a saúde da população? Na dúvida, não pode esse Juízo nem os órgãos da vigilância sanitária hesitarem: precisam adotar providências imediatas e eficazes. Precisam prevenir, evitando. Precisam prevenir, proibindo.

7. A única questão que sobra nos autos, portanto, é saber se existe uma dúvida razoável contra a utilização do clorpirifós como ingrediente ativo de saneante domissanitário. Ainda não se realizou perícia nessa ação civil pública e desse Juízo não se exige conhecimento técnico a respeito do assunto, senão naquilo que diga respeito com a adequada aplicação do direito aos fatos. O Juiz é especialista em questões de direito e, sempre que necessita, recorre a um especialista em questões de fato. Ainda não houve perícia nos autos e, portanto, não se teria uma condenação conclusiva da utilização dos clorpirifós. Entretanto, um dado novo é relevantíssimo no caso dos autos, que não existia ao tempo do ajuizamento da ação: agora existe nos autos, mesmo que de forma ainda incompleta, uma manifestação clara e inequívoca da Gerência-Geral de Toxicologia da ANVISA, trazida na própria contestação da ANVISA (fls. 278), dando conta de que aquele órgão técnico, especializado e competente da ANVISA segue – com exceção apenas para o uso em porta-isca – o mesmo entendimento do MPF quanto aos riscos da utilização atual do clorpirifós em uso domissanitário, sendo que *"a reavaliação apontou a necessidade de restrições severas ou mesmo cancelamento do uso domissanitário para o referido IA, com exceção do porta-isca desde que seguro para crianças"* (fls. 278). Portanto, isso evidencia que existe a dúvida razoável na forma como o produto vem sendo utilizado, tendo se passado mais de 15 dias desde que a reunião foi realizada (em 24/06/04) até a data do protocolo da contestação em juízo (em 13/07/04) sem que nenhuma providência efetiva fosse comprovada nos autos.

8. Ora, a própria manifestação da ANVISA confirma as suspeitas do MPF com o ajuizamento dessa ação, evidenciando que há um manifesto risco à saúde da população pela demora em se adotarem providências no tocante à utilização de clorpirifós em uso domissanitário. Há inequívoca verossimilhança no direito alegado, sendo que é a postura preventiva do MPF que deve ser priorizada no tocante ao princípio da

precaução e à utilização de produto que comprovadamente oferece risco à saúde da população e de terceiras pessoas (fls. 278). Há também riscos de prejuízos de difícil reparação, como foi o caso da contaminação "acidental" de mais de uma centena de pessoas em 1999 nas dependências do Grupo Hospitalar Conceição.

9. Por essas razões, com base na contestação da ANVISA, reconsidero a decisão de fls. 259 e defiro parcialmente a antecipação de tutela para: (a) determinar à ANVISA que suspenda os registros vigentes e não conceda novos registros para produtos sanenates formulados à base do organofosforado clorpirifós para utilização domissanitária, exceto apenas para o uso em iscas para baratas com porta-iscas (desde que os porta-iscas sejam testados à prova de criança); (b) adote os procedimentos, providências e medidas técnicas cabíveis para tornar efetiva a antecipação de tutela; (c) comprove nos autos, em 30 dias, as providências e medidas que adotou; (d) fixar multa diária de R$ 5.000,00, na forma do item VIII-E de fls. 16.

A decisão do Juiz Federal Cândido Alfredo, a nosso pensar, invocando com percuciência o princípio da precaução, vetor do direito ambiental, revela que o Poder Judiciário tem demonstrado sensibilidade e preparo no trato das questões que dizem respeito à saúde humana e ambiental.

Conforme dispõe o § 1º do art. 5º da Lei nº 7.802/89, para efeito de registro e pedido de cancelamento ou impugnação de agrotóxicos e afins, todas as informações toxicológicas de contaminação ambiental e comportamento genético, bem como os efeitos no mecanismo hormonal, são de responsabilidade do estabelecimento registrante ou da entidade impugnante e devem proceder de laboratórios nacionais ou internacionais.

Este dispositivo disciplina a questão do ônus da prova quanto às informações necessárias ao registro, cancelamento ou impugnação de agrotóxicos. É evidente e acertado, dispensando maiores considerações, que o ônus da prova das informações técnicas necessárias ao registro deva recair sobre o registrante, cabendo ao poder público a contraprova. O registrante, ademais, responde objetivamente pelos danos causados aos consumidores em decorrência do registro obtido por meio de informações mendazes que prestar (CDC, art. 12).

Pensamos, dessarte, no que concerne ao cancelamento ou impugnação, que se deveria abrir espaço para exceções à regra legal do ônus da prova, autorizando-se a inversão a que alude o art. 6º, inciso VIII, do CDC. Primeiro, porque a matéria é inerente à relação de consumo; segundo, porque as informações técnicas sobre potencialidades lesivas dos agrotóxicos à saúde ambiental muitas vezes estão em poder do fabricante do produto, de forma a caracterizar a hipossuficiência técnica da entidade impugnante do registro.[47]

---

[47] Consoante leciona Paulo Affonso Leme Machado, "não só o usuário do produto agrotóxico é consumidor, como os usuários potenciais e as vítimas que consumirem alimentos contaminados, como todos os que forem atingidos pelos efeitos do produto em sua fabricação, manipulação, comércio, transporte e aplicação" (*Direito Ambiental Brasileiro*. 5. ed., São Paulo: Malheiros, p. 372).

Segundo dispõe o art. 86, § 6º, do Decreto nº 4.074/02, o cancelamento de registro, licença, ou autorização de funcionamento de estabelecimento, enquanto sanção administrativa, será aplicado nos casos de impossibilidade de serem sanadas as irregularidades ou quando constatada fraude.

Os Estados podem, *a latere* do registro federal, impor cadastramento de produtos agrotóxicos como pressuposto de distribuição, comercialização e consumo no âmbito de seu território. No Estado do Paraná, por exemplo, a distribuição e a comercialização de produtos agrotóxicos e outros biocidas estão disciplinadas pela Lei nº 7.827/83, que exige também o cadastro prévio nas Secretarias Estaduais de Agricultura e Interior. No Rio Grande do Sul, a Lei nº 7.742/82 condiciona a prévio cadastramento o produto agrotóxico e outros biocidas no Departamento de Meio Ambiente da Secretaria de Estado da Saúde e Meio Ambiente. No Estado de Minas Gerais, para que o agrotóxico possa ser comercializado, armazenado e utilizado, deve estar previamente cadastrado no IMA – Instituto Mineiro de Agropecuária.

Do professor Paulo Affonso Leme Machado, o apropriado escólio: "O procedimento e o conteúdo do registro, no qual intervêm órgãos ligados à agricultura, meio ambiente e à saúde, não estão inseridos no rol das competências privativas enumeradas no art. 22, CF, mas inequivocamente fazem parte das matérias de competência concorrente do art. 24, V, VI, VIII, XII, CF. Assim sendo, nada impede os estados de criar um sistema de registro ou cadastro de agrotóxicos e seus componentes, observando as normas gerais existentes na legislação federal. *Os estados poderão exigir mais e nunca menos do que a legislação federal,* suplementando aquela que existir, ou inovar nas áreas em que a legislação federal for inexistente ou lacunosa".[48]

No mesmo sentido, a eminente colega Maria de Fátima Labarrère, ilustrada Desembargadora Federal do TRF da 4ª Região, acertadamente, sustentou que "em face da competência legislativa concorrente, quanto à produção e consumo, a proteção do meio ambiente e controle da poluição e proteção e defesa da saúde, é facultado aos Estados criar um sistema de registro de agrotóxicos no qual poderão ser feitas *mais exigências e nunca menos que a legislação federal,* suplementando ou suprimindo lacuna da legislação federal, conforme já decidido pelo STF no julgamento da ADIn 384-4, onde foi revisor o Min. Moreira Alves (LEX 152, p. 9-11)".[49]

A resistência à duplicidade de registros tem suscitado discussão judicial sobre a matéria. O entendimento dominante é no sentido de

---

[48] *Direito Ambiental Brasileiro.* 5. ed. São Paulo: Malheiros, p. 367.

[49] A atual legislação de biossegurança no Brasil. *Boletim dos Procuradores da República,* ano IV, set. 2001, p. 16.

reconhecer a licitude do cadastramento estadual. Neste talvegue, é elucidativo o aresto do STJ assim ementada:

MEIO AMBIENTE. CADASTRAMENTO. COMPETÊNCIA SUPLETIVA. PODER DE POLÍCIA. PRESERVAÇÃO DA SAÚDE E DA VIDA. A obrigatoriedade de registro no Ministério da Agricultura dos agrotóxicos para a sua distribuição e comercialização não veda o registro nos departamentos das secretarias estaduais e meio ambiente. A competência da União não exclui a dos Estados, que utilizam seu poder de polícia e o princípio federativo em proteção à população. Os Estados têm o dever de preservar a saúde e a vida das pessoas. Recurso provido" (1ª Turma, REsp. 19274/92-RS, Rel. Min. Garcia Vieira, DJU 05.04.93, p. 5810).

Consulte-se, a propósito, o precedente do egrégio TJPR:

AGROTÓXICOS – PROIBIÇÃO DE COMERCIALIZAÇÃO DO PRODUTO *BUD NIP* NO ESTADO DO PARANÁ, POR FALTA DE REGISTRO CADASTRAL ESTADUAL – PRODUTO CLASSIFICADO PELAS NOVAS ESPECIFICAÇÕES E DECORRENTES DA LEI FEDERAL 7.802/89, COMO AGROTÓXICO – SUJEIÇÃO À REAVALIAÇÃO DO SEU REGISTRO – MANDADO DE SEGURANÇA IMPETRADO POR EMPRESA QUE FABRICA E COMERCIALIZA O PRODUTO *BUD NIP*, SEM APRESENTAR DOCUMENTAÇÃO INEQUÍVOCA QUANTO ÀS EXATAS CARACTERÍSTICAS DAQUELE PRODUTO – SEGURANÇA DENEGADA E LIMINAR CASSADA – REEXAME NECESSÁRIO E APELAÇÃO DO ESTADO DO PARANÁ PROVIDOS PARA ESSES FINS. A falta de registro inviabiliza a produção e o comércio de agrotóxicos, seus componentes e afins, cuja aplicação ou uso inadequado comprometem a malha hídrica e os mananciais de captação de água potável, trazendo graves conseqüências à saúde e ao bem estar da população. Superior Tribunal de Justiça, Agravo de Instrumento nº 53.989-0/PR. RE (TJPR, 4ª Câmara Cível, AMS 019424900, j. 23/12/92, Rel. Des. RONALD ACCIOLY).

Discute-se acerca da possibilidade de os Municípios proibirem, no âmbito de seus territórios, a produção, a comercialização e o uso de produto agrotóxico registrado e, por conseqüência, autorizado pelos órgãos e entidades estaduais e federais competentes. O Município pode legislar, em matéria ambiental, em caráter supletivo, a fim de dispor sobre assuntos de interesse local, tal como prevêem os incisos I e II do art. 30 da Constituição. Todavia, como sua competência se opera em caráter suplementar à legislação federal e à estadual, não poderá dispor contrariamente ao texto destas, sob pena de tornar suas disposições inócuas e reflexamente trespassar ao controle municipal mister que a lei federal – art. 3º da Lei 7.802/89 – conferiu à esfera federal. A propósito, vale citar precedente do STJ:

CONSTITUCIONAL. MEIO AMBIENTE. LEGISLAÇÃO MUNICIPAL SUPLETIVA. POSSIBILIDADE. Atribuindo, a Constituição Federal, a competência comum à União, aos Estados e aos Municípios para proteger o meio ambiente e combater a poluição em qualquer de suas formas, cabe aos Municípios legislar supletivamente sobre a proteção ambiental, na esfera do interesse estritamente local. A legislação municipal, contudo, deve se constringir a atender as características próprias do território em que as questões ambientais, por suas particularidades, não contem com o disciplinamento consignado na lei federal ou estadual. A legislação supletiva, como é cediço, não pode ineficacizar os efeitos da lei que pretende suplementar. Uma vez autorizada pela União a produção e deferido o registro do produto, perante o ministério competente, é defeso aos Municípios vedar, nos respectivos territórios, o uso e o armazenamento de substâncias agrotóxicas, extrapolando o poder de suplementar, em desobediência à lei federal. A proibição de uso e armazenamento, por decreto e em todo o município, constitui desafeição à lei federal e ao princípio da livre iniciativa, campo em que as limitações administrativas hão de corresponder às justas exigências do interesse público que as motiva, sem o aniquilamento das atividades reguladas. Recurso conhecido e improvido. Decisão indiscrepante (1ª Turma, REsp. 29299/92-RS, Rel. Min. Demócrito Reinaldo, DJU 17.10.94, p. 27.861).

Como é lícito ao Município disciplinar sobre o uso e o armazenamento de agrotóxicos, para adaptar estas atividades aos seus interesses locais, não fica impedido de impor limitações de uso e armazenamento em determinados locais considerados de risco, como, por exemplo, nas áreas próximas ao perímetro urbano, escolas, nascentes de cursos d'água etc.

Além do registro do produto agrotóxico, necessário se faz o registro no Estado ou no Município das pessoas, físicas ou jurídicas, que produzam, importem, exportem, comercializem ou que atuem como prestadoras de serviços na aplicação de agrotóxicos, seus componentes ou afins, atendidas as diretrizes e exigências dos órgãos federais. Daí poder-se afirmar que o Estado e o Município não poderão, ao dispor sobre o registro, no âmbito de seus territórios, abolir exigências federais.

2. Registro e licenciamento ambiental

Segundo nosso entendimento, é indispensável o prévio Estudo de Impacto Ambiental (EIA) e o respectivo Relatório de Impacto Ambiental (RIMA), tal como exige o art. 225, § 1°, inciso IV, da CF e está disciplinado na Lei n° 6.938/81, para as atividades agroeconômicas que, potencialmente, em razão da espécie ou do volume de agrotóxicos empregado, possam causar *significativa degradação ambiental*, sendo inequívoca a insuficiência do processo de registro disciplinado pela Lei dos Agrotóxicos.[50]

---

[50] "A obrigação dos poderes Públicos de vincularem a conduta do homem à realização de juízo de previsibilidade de anulação de impacto ambiental insere-se através da referibilidade do instrumento de proteção (EIA) com o direito protegido (meio ambiente), na tendência contemporânea eleita pelos instrumentos internacionais de relacionarem o direito à salubridade ambiental como espécie discriminada de direito fundamental da pessoa humana, que encerra em seu conteúdo feixe de destacada riqueza de valores e direitos de proteção derivada, sobretudo o direito à vida, ao bem-estar, o direito à saúde, o direito à dignidade da pessoa humana, tal qual previsto já na primeira parte do Princípio 1 da Declaração de Estocolmo (1972)" (Patryck de Araújo Ayala, *O princípio da precaução como impedimento constitucional à produção de impactos ambientais*, www.jus.com.br/doutrina/texto.asp?id=1689).

O referido dispositivo constitucional consagra os princípios da *prevenção* e da *precaução*. O princípio da prevenção diz respeito ao *perigo de dano concreto*, enquanto o princípio da precaução refere-se ao *perigo de dano abstrato*. Este último teve suas linhas orientadoras definidas na Conferência das Nações Unidas sobre Meio Ambiente e Desenvolvimento, Rio-92:

> Princípio 15 – De modo a proteger o meio ambiente, o princípio da precaução deve ser amplamente observado pelos Estados, de acordo com suas capacidades. Quando houver ameaça de danos sérios ou irreversíveis, a ausência absoluta de certeza científica não deve ser utilizada como razão para postergar medidas eficazes e economicamente viáveis para prevenir a degradação ambiental.
>
> Princípio 17 – A avaliação de impacto ambiental, como instrumento internacional, deve ser empreendida para as atividades planejadas que possam vir a ter impacto negativo considerável sobre o meio ambiente, e que dependam de uma decisão de autoridade nacional competente.

Embora não existam muitas dúvidas científicas acerca da nocividade inerente ao uso de agrotóxicos, é preciso avaliar o impacto ambiental que poderá ocasionar um empreendimento que demande o emprego de volume grande deste produto. E é exatamente a potencialidade de causar significativa degradação ambiental, enquanto alteração prejudicial às características naturais do meio ambiente, que torna exigível o licenciamento ambiental. Somente se ficar comprovado, no estudo de impacto ambiental, que os efeitos nocivos do uso do agrotóxico serão neutralizados ou mitigados adequadamente é que o licenciamento deverá ser concedido. Obviamente que a exigência do licenciamento deverá levar em conta, a critério do órgão ambiental competente, o porte do empreendimento, a sua natureza, a localização e demais particularidades, podendo ser dispensada a apresentação dos Estudos de Impacto Ambiental – EIA – e respectivo RIMA nos casos em que, indubitavelmente, inexista a potencialidade de *significativa degradação ambiental*.

Poder-se-ia argumentar que o processo de registro do agrotóxico, no que diz respeito ao aspecto ambiental, a cargo do IBAMA, representaria o licenciamento ambiental, tornando dispensável outros estudos de impacto ambiental. Ocorre que o processo de registro, tal como previsto na Lei dos Agrotóxicos e no seu decreto regulamentar, embora não possa ser abolido, porque específico e em certos aspectos mais completo e abrangente do que o licenciamento ambiental previsto nas disposições da Lei n° 6.938/81 e nas respectivas resoluções do CONAMA, não atende, sobretudo, aos princípios constitucionais da precaução, da publicidade, da informação e da participação popular. Precisaria ser modificado para que outras exigências previstas para o licenciamento ambiental fossem inseridas, especialmente para que se possibilite a ampla participação popular no processo. A toda evidência, não se equipara à audiência pública, com divulgação na imprensa comum local, a mera publicação na imprensa oficial do resumo do pedido de registro do produto agrotóxico.

A Declaração do Rio de Janeiro, da Conferência das Nações Unidas para o Meio Ambiente e o Desenvolvimento, de 1992, em seu art. 10, diz: "o melhor modo de tratar as questões de meio ambiente é assegurando a participação de todos os cidadãos interessados, no nível pertinente". Se a atividade que envolva a manipulação de agrotóxicos em volume elevado deve ser considerada uma atividade de risco, a aceitabilidade do próprio processo deverá corresponder à aceitabilidade do resultado – risco. Em outras palavras, funciona a integração do público, na análise dos riscos, como garantia da aceitabilidade destes riscos.

Ana Carolina Papacosta Conte e Inês Virgínia Prado Soares sustentam que a atribuição da publicidade do licenciamento ambiental dos agrotóxicos passaria pela adequação das disposições da Lei nº 7.802/89 e do Decreto nº 98.816/90 (sobre o registro) aos arts. 31 e 32 da Lei nº 9.784/99, que trata do processo administrativo no âmbito da Administração Federal, impondo-se a abertura de período de consulta e audiência pública para debates sobre a matéria do processo, quando de interesse geral.[51]

A lei da Política Nacional do Meio Ambiente (Lei nº 6.938/81) dispõe que o licenciamento ambiental dar-se-á no âmbito dos órgãos ambientais dos Estados e apenas supletivamente no IBAMA (art. 10). Assim, o IBAMA somente atuará, em termos de licenciamento ambiental, em caráter supletivo, ou seja, em caso de o órgão ambiental estadual deixar de cumprir sua atribuição ou quando o empreendimento agrícola abranja o território de dois ou mais Estados.

Uma questão importante, por fim, diz respeito às atividades agrícolas que se iniciaram antes do advento da Lei da Política Nacional do Meio Ambiente (6.938/1981), que foi recepcionada pela CF-88. Haveria o direito adquirido de poluir? Parece-nos que não. Helita Barreira Custódio, em profundo artigo sobre agrotóxicos, defende "a necessidade de aplicar-se o instrumento de estudo e da respectiva avaliação de impacto ambiental não somente a novos projetos de atividades em vias de licenciamento inicial, mas também a *todas as atividades* que, legal e regulamentarmente autorizadas, ocasionam comprovados perigos e danos ao meio ambiente e à saúde pública (Agenda 21, Caps, 15, 35)".[52]

Neste mesmo talvegue, Édis Milaré, depois de tecer considerações acerca do princípio do direito adquirido em direito ambiental, sustenta constituir equívoco concluir-se que, "uma vez autorizada adminis-

---

[51] Registro de Agrotóxicos e Controle Social, *Boletim Científico da Escola Superior do Ministério Público da União*, ano 1, nº 1, out/dez de 2001, p. 9-21.

[52] Agrotóxicos no Sistema Legal Brasileiro, *Revista de Direito Ambiental* nº 08, RT, p. 161.

trativamente determinada obra ou atividade, que se revelasse prejudicial ao meio ambiente, nenhuma alteração se lhe poderia impor posteriormente, em homenagem àquele princípio e ao exercício da livre iniciativa. Criado estaria, por assim dizer, o direito adquirido de poluir". E, adiante, esgrimindo com a natureza das normas ambientais, pondera: "Por outro lado, cumpre ressaltar que as normas editadas com o escopo de defender o meio ambiente, por serem de ordem pública, têm aplicação imediata, vale dizer, aplicam-se não apenas aos fatos ocorridos sob sua vigência, mas também às conseqüências e efeitos dos fatos ocorridos sob a vigência da lei anterior (*facta pendentia*). Essas normas só não atingirão os fatos ou relações jurídicas já definitivamente exauridos antes de sua edição (*facta praeterita*)".[53]

3. A burla às proibições legais pela prática do contrabando de agrotóxicos oriundos de países do Mercosul

A pirataria com agrotóxicos é prática comum nos Estados do sul do país. Contrabando, furto, roubo[54] e falsificação possibilitam o uso e a venda de agrotóxicos[55] sem o necessário receituário agronômico. Burlando as exigências legais e sem controle técnico, o produto é utilizado com prejuízo à saúde pública e ao meio ambiente. Segundo noticiou o Jornal Zero Hora (edição de 30/06/2002, p. 36), os piratas das lavouras agem principalmente entre os 28 municípios gaúchos situados na fronteira com o Uruguai e a Argentina. Denuncia a reportagem que produtos proibidos no Brasil são internalizados de forma ilegal (sem registro nos Ministérios da Agricultura, Meio Ambiente e Saúde) vindos da Argentina e do Paraguai. Relatório elaborado pelo Programa das Nações Unidas para o Meio Ambiente informa que um dos mais letais venenos já fabricados pelo homem, o DDT – inseticida proibido no Brasil desde 1985 –, continua sendo aplicado em lavouras brasileiras. Parte estaria sendo contrabandeada do Paraguai e parte seria fruto de desvio de estoques do póprio governo brasileiro (o Brasil importou 3 mil toneladas desse produto para uso contra a malária na Amazônia, entre 1990 e 1995). O DDT afeta os sistemas imonológico e neurológico de seres humanos e, por isso, está proibido

---

[53] *Direito do Ambiente*. São Paulo: Revista dos Tribunais, 2000, p. 239.

[54] Um dos maiores roubos de agrotóxicos ocorreu em Londrina-PR. Um grupo de 15 homens, armado com pistolas, revólveres e escopetas, atacou a distribuidora de produtos agrícolas Luftuma, roubando 2,8 toneladas de herbicidas. A quantia roubada, avaliada em R$ 2,8 milhões, equivale a 5% do total de agrotóxicos consumidos no Paraná.

[55] Comprovando a existência de falsificação, A BASF S.A., indústria química, publicou, no Jornal Zero Hora de Porto Alegre, em 15.09.2004, um alerta sobre a falsificação do agrotóxico Regent no Rio Grande do Sul. Este produto falsificado pode ser adquirido por telefone ou pela internet.

em 40 países. Na Suíça, por exemplo, desde 1939. Nos EUA, desde 1972.

Consoante a citada reportagem, é comum na região da fronteira gaúcha, especialmente com o Uruguai, nas cidades de Chuy, Rivera, Jaguarão e Livramento, a aquisição de agrotóxicos proibidos no Brasil. No Chuy, basta que se atravesse a rua para adquirir (contrabandear), sem qualquer problema, herbicidas de várias marcas desprovidos do tríplice registro e, portanto, ilegais no Brasil.

Estima o Sindicato Nacional da Indústria de Produtos para a Defesa Agrícola (SINDAG), que a comercialização de agrotóxicos pirateados movimenta no Brasil, por ano, cerca de US$ 20 milhões. Os produtos falsificados, de origem desconhecida e alguns deles com princípio ativo banido no Brasil, provêm dos países vizinhos, como Paraguai, Uruguai, Argentina e Bolívia.

A prática ilícita é estimulada pelo baixo custo dos agrotóxicos de origem estrangeira em relação aos similares nacionais. Márcio Adriano Anselmo atesta a discrepância: "A título de exemplificação, o agrotóxico Chloryl 25 WP, embalagem de 100g, é vendido no mercado paraguaio a aproximadamente US$ 3,50, enquanto no Brasil, seu similar, o Classic 250-25 WP, embalagem com 300 gramas, é vendido ao consumidor ao preço aproximado de R$ 185,00. Efetuadas as devidas proporções, pode-se constatar que o valor no Brasil é 100% mais caro que seu similar no exterior. Quanto ao produto Pilarking Imidacloprid, a diferença é absurdamente maior: o produto, fabricado em Taiwan, é vendido por aproximadamente US$ 40,00 no mercado paraguaio, enquanto no Brasil, seu similar, o Confidor 700GRBA, produzido pela Bayer AS, é vendido ao preço aproximado de R$ 1,00 o grama. Ou seja, um valor superior em mais de 300% (dados extraídos em consulta à estabelecimentos comerciais brasileiros e paraguaios). A abissal diferença entre os valores, aliada a facilidade da aquisição dos produtos no mercado internacional, sobretudo no Paraguai, tendo em vista a fiscalização quase que inexistente, motivam o crescimento do contrabando de agrotóxicos no país" (*in* Contrabando e aplicação do art. 15 da Lei nº 7.802/89, site *jus navegandi*, consulta em 31.08.2005).

O problema do contrabando de agrotóxicos ocorre e tende a agravar-se porque existe um desnível legislativo na área da proteção ambiental e da saúde pública entre os países que compõem o Mercosul, notadamente no concernente aos agrotóxicos. Se analisarmos comparativamente as legislações sobre agrotóxicos dos quatro países que formam o bloco regional do Mercosul, vamos constatar que o Brasil é o país que possui a normatividade interna mais avançada e protetora da saúde humana e do meio ambiente. Na Argentina, a regulamentação dos agrotóxicos é feita por Resolução que delega o registro, o controle e a fiscalização ao Ministério da Agricultura e Pecuária daquele país. A avaliação da toxidade para a saúde humana para ingredientes ativos novos é feita com base em um parecer emitido por um especialista *ad hoc* credenciado, sendo adotado o sistema de registro por equivalência. No Uruguai, o sistema é precário. As avaliações são feitas com base no Decreto nº 149, de 15 de março de 1977, que estabelece a necessidade de registro e quais as informações devem ser prestadas. Não há avaliação ecotoxicológica e sobre a toxidade para os seres humanos, as informações solicitadas, a serem avaliadas pelo Centro de Información y Asesoramiento Toxicologico – CIAT –, são insuficientes. No Paraguai, o sistema de registro é ineficaz e feito com base na RES/MAG 1000/94, que admite o registro do produto no local de origem, sem qualquer ressalva quanto à utilização no país.[56] É certo que a assinatura do Tratado de Assunção, que instituiu o chamado "Mercosul", impõe um repensar da matéria e o dever de harmonização das leis internas pelos países membros.

Existe um movimento, de iniciativa dos grandes produtores rurais, no sentido de que se flexibilize o sistema de registro de agrotóxicos no âmbito dos países que compõem o Mercosul, possibilitando-se a aquisição de forma menos burocratizada. Parece-nos que a chamada "flexibilização" constitui sério risco à saúde ambiental, representando também um retrocesso inominável à política de produção, comércio e uso de substâncias tóxicas adotada no Brasil e, sobretudo, padeceria do vício insanável da inconstitucionalidade.

O IBAMA tem realizado operações de fiscalização e autuado inúmeros produtores rurais, mas a imensidão de nossas fronteiras e também das zonas rurais não permite uma fiscalização mais efetiva. Da mesma forma, a Polícia Federal e as Polícias Civil e Militar dos Estados do Sul têm efetuado apreensões, sem, no entanto, conter a prática delituosa, que encontra campo fértil para proliferar.

No último dia 15 de agosto, a Polícia Federal desmantelou uma organização criminosa que falsificava e contrabandeava agrotóxicos, atuando em Rio Grande do Sul, Santa Catarina, Paraná e Goiás. A operação, nominada de Caá-Ete (nomenclatura indígena que, em guarani, significa Mata Nativa), prendeu 28 (vinte e oito) suspeitos, entre eles policiais civis, funcionários públicos e empresários, em decorrência de mandados de busca e apreensão expedidos pela Justiça Federal, Subseção de Carazinho/RS. Segundo se suspeita, o grupo comercializava mensalmente cerca de cinco toneladas de agrotóxicos, movimentando R$ 1,5 milhão, aproximadamente. Boa parte dos produtos era introduzida no país por Ciudad Del Este, no Paraguai, ou por Rivera, no Uruguai.

---

[56] Neste sentido o expressivo artigo de Aurélio Veiga Rios sob o título O Mercosul, os Agrotóxicos e o Princípio da Precaução, *Revista de Direito Ambiental* nº 28, Ed. RT, p. 47/57.

4. A problemática dos agrotóxicos no âmbito do Mercosul

Discussões profundas são observadas no âmbito dos países que compõem o Mercosul em torno da pretensa implantação, no bloco, do *livre comércio* para agrotóxicos. Consoante já apontamos, existe um desnível abissal entre as normativas internas do países membros do bloco do Mercosulista. Este nos parece ser o principal óbice. Para situar a problemática, lembramos que o Anexo V do Tratado de Assunção prevê que, dentro dos trinta dias da instalação do Grupo Mercado Comum – GMC –, seriam constituídos dez Subgrupos de Trabalho para coordenação das políticas macroeconômicas e setoriais, dentre eles, o Subgrupo n° 08, *Política Agrícola*, visando à harmonização da política agropecuária e agroindustrial e registro comum de agroquímicos. A Resolução GMC n° 62, de 15.12.92, resultante de sugestão deste Subgrupo n° 08, expressou a conveniência de os Estados membros do Mercosul harmonizarem as normas sobre resíduos de praguicidas (agrotóxicos). Nada mais do que isto.

De fato, a implantação do regime de livre comércio pressupõe a harmonização das legislações dos Estados-partes, sem o que as disparidades existentes atuariam como impeditivo intransponível, máxime quando se trata de produto reconhecidamente nocivo à saúde pública e ao meio ambiente, que exige um controle efetivo e eficaz por parte do Poder Público, como é o caso dos agrotóxicos.

De forma no mínimo imprevidente, editaram-se Resoluções/GMC de n°s 48/96, 156/96 e 71/98, que tornam de livre comercialização substâncias ativas e formulações entre os Estados-partes do Mercosul. Dentre estas substâncias ativas estão algumas que são proibidas ou severamente restritas (Monocrotofós) e outras que já tiveram o registro cancelado para uso domissanitário, por decisão judicial, tal como ocorreu com o *Clorpirifós* (sentença proferida em 13.07.2005, pelo Juiz Federal Cândido Alfredo Leal Júnior, da Vara Federal Ambiental e Agrária de Porto Alegre, RS, em Ação Civil Pública ajuizada pelo MPF, processo 2004.71.00020735-2/RS), que comprovadamente se revelou nocivo à saúde humana, e foi reavaliado e contra-indicado pela ANVISA. Por ausência de registro, o Brasil tem se recusado a considerar de livre circulação os agrotóxicos.

A Argentina, interessada no livre comércio destes produtos, submeteu a questão ao Tribunal Arbitral do Mercosul, que reconheceu o descumprimento, por parte do Brasil, da obrigação de incorporar à sua normativa interna as disposições contidas nas Resoluções GMC n°s 48/96, 87/96, 149/96, 156/96 e 71/98. Foi também o Brasil exortado a criar o sistema de registro de agrotóxicos por equivalência.

Infelizmente, o fundamento invocado pela Argentina, uma vez criado o precedente pelo Tribunal Arbitral (e aqui não pretendemos enfocar a polêmica acerca da eficácia dos acordos internacionais e sobre a aceitação de uma instância supranacional no Brasil)[57], tem

---

[57] Consulte-se, a propósito, o elucidativo julgado do STF: "EMENTA: MERCOSUL – CARTA ROGATÓRIA PASSIVA – DENEGAÇÃO DE EXEQUATUR – PROTOCOLO DE MEDIDAS CAUTELARES (OURO PRET0/MG) – INAPLICABILIDADE, POR RAZÕES DE ORDEM CIRCUNSTANCIAL – ATO INTERNACIONAL CUJO CICLO DE INCORPORAÇÃO, AO DIREITO INTERNO DO BRASIL, AINDA NÃO SE ACHAVA CONCLUÍDO À DATA DA DECISÃO DENEGATÓRIA DO EXEQUATUR, PROFERIDA PELO PRESIDENTE DO SUPREMO TRIBUNAL FEDERAL – RELAÇÕES ENTRE O DIREITO INTERNACIONAL, O DIREITO COMUNITÁRIO E O DIREITO NACIONAL DO BRASIL – PRINCÍPIOS DO EFEITO DIRETO E DA APLICABILIDADE IMEDIATA – AUSÊNCIA DE SUA PREVISÃO NO SISTEMA CONSTITUCIONAL BRASILEIRO – INEXISTÊNCIA DE CLÁUSULA GERAL DE RECEPÇÃO PLENA E AUTOMÁTICA DE ATOS INTERNACIONAIS, MESMO DAQUELES FUNDADOS EM TRATADOS DE INTEGRAÇÃO – RECURSO DE AGRAVO IMPROVIDO. A RECEPÇÃO DOS TRATADOS OU CONVENÇÕES INTERNACIONAIS EM GERAL E DOS ACORDOS CELEBRADOS NO ÂMBITO DO MERCOSUL ESTÁ SUJEITA À DISCIPLINA FIXADA NA CONSTITUIÇÃO DA REPÚBLICA. A recepção de acordos celebrados pelo Brasil no âmbito do MERCOSUL está sujeita à mesma disciplina constitucional que rege o processo de incorporação, à ordem positiva interna brasileira, dos tratados ou convenções internacionais em geral. É, pois, na Constituição da República, e não em instrumentos normativos de caráter internacional, que reside a definição do iter procedimental pertinente à transposição, para o plano do direito positivo interno do Brasil, dos tratados, convenções ou acordos – inclusive daqueles celebrados no contexto regional do MERCOSUL – concluídos pelo Estado brasileiro. Precedente: ADI 1.480-DF, Rel. Min. CELSO DE MELLO. Embora desejável a adoção de mecanismos constitucionais diferenciados, cuja instituição privilegie o processo de recepção dos atos, acordos, protocolos ou tratados celebrados pelo Brasil no âmbito do MERCOSUL, esse é um tema que depende, essencialmente, quanto à sua solução, de reforma do texto da Constituição brasileira, reclamando, em conseqüência, modificações de *jure constituendo*. Enquanto não sobrevier essa necessária reforma constitucional, a questão da vigência doméstica dos acordos celebrados sob a égide do MERCOSUL continuará sujeita ao mesmo tratamento normativo que a Constituição brasileira dispensa aos tratados internacionais em geral. PROCEDIMENTO CONSTITUCIONAL DE INCORPORAÇÃO DE CONVENÇÕES INTERNACIONAIS EM GERAL E DE TRATADOS DE INTEGRAÇÃO (MERCOSUL). A recepção dos tratados internacionais em geral e dos acordos celebrados pelo Brasil no âmbito do MERCOSUL depende, para efeito de sua ulterior execução no plano interno, de uma sucessão causal e ordenada de atos revestidos de caráter político-jurídico, assim definidos: (a) aprovação, pelo Congresso Nacional, mediante decreto legislativo, de tais convenções; (b) ratificação desses atos internacionais, pelo Chefe de Estado, mediante depósito do respectivo instrumento; (c) promulgação de tais acordos ou tratados, pelo Presidente da República, mediante decreto, em ordem a viabilizar a produção dos seguintes efeitos básicos, essenciais à sua vigência doméstica: (1) publicação oficial do texto do tratado e (2) executoriedade do ato de direito internacional público, que passa, então – e somente então – a vincular e a obrigar no plano do direito positivo interno. Precedentes. O SISTEMA CONSTITUCIONAL BRASILEIRO NÃO CONSAGRA O PRINCÍPIO DO EFEITO DIRETO E NEM O POSTULADO DA APLICABILIDADE IMEDIATA DOS TRATADOS OU CONVENÇÕES INTERNACIONAIS. – A Constituição brasileira não consagrou, em tema de convenções internacionais ou de tratados de integração, nem o princípio do efeito direto, nem o postulado da aplicabilidade imediata. Isso significa, *de jure constituto*, que, enquanto não se concluir o ciclo de sua transposição, para o direito interno, os tratados internacionais e os acordos de integração, além de não poderem ser invocados, desde logo, pelos particulares, no que se refere aos direitos e obrigações neles fundados (princípio do efeito direto), também não poderão ser aplicados, imediatamente, no âmbito doméstico do Estado brasileiro (postulado da aplicabilidade imediata). O princípio do efeito direto (aptidão de a norma internacional repercutir, desde logo, em matéria de direitos e obrigações, na esfera jurídica dos particulares) e o postulado da aplicabilidade imediata (que diz respeito à vigência automática da norma internacional na ordem jurídica interna) traduzem diretrizes que não se acham consagradas e nem positivadas no texto da Constituição da República, motivo pelo qual tais princípios não podem ser invocados para legitimar a incidência, no plano do ordenamento doméstico brasileiro, de qualquer convenção internacional, ainda que se

sido usado pela indústria agroquímica transnacional de agrotóxicos para burlar as disposições protetivas internas, sob o argumento de que a Resolução GMC n° 48/96 impõe regra de inscrição dos produtos agrotóxicos, para terem livre comércio no Mercosul, mediante a simples apresentação de um "laudo", elaborado pela própria empresa de agrotóxicos, como ocorreu com os produtos argentinos constantes da lista de produtos considerados de livre circulação pelo Tribunal Arbitral.

Quanto ao sistema de registro por equivalência ou semelhança, foi a sugestão do GMC incorporada ao Decreto n° 4.074, de 04.01.2002, que regulamentou a Lei n° 7.802/89, sendo criado o registro simplificado para produtos equivalentes ou similares, compatibilizando-se o sistema de registro com as exigências do Mercosul, nos termos do princípio da equivalência preconizado pela FAO (Organização das Nações Unidas para Agricultura e Alimentação).

Sendo necessária a harmonização das normas técnicas de registro de agrotóxicos no âmbito do Mercosul, para a implantação da *zona de livre comércio*, dever-se-ia tomar como paradigma o sistema brasileiro. Não é possível que se torne inócuo o nosso sistema legal de registro. O registro por equivalência, que já se encontra incorporado à normativa brasileira, constitui uma forma racional para a solução do problema, e representa, sem dúvida, flexibilização da nossa legislação para atender às necessidades cogentes do bloco econômico.

O que não se admite é a *livre circulação* de produtos tóxicos em território nacional, sem qualquer precaução e controle, sob pena de colocar-se em risco a saúde pública e ambiental, violando também os valores elencados na Constituição brasileira. Consoante tem assentado a doutrina, no sistema pátrio, havendo conflito entre norma constitucional e tratado, deve preponderar aquela.

A legislação mais avançada e protetiva da saúde pública e do meio ambiente, no âmbito do Mercosul, é a brasileira, constituindo a disciplina do registro, fabrico, transporte, comercialização, uso e destinação das embalagens, um modelo de padrões avançados, verdadeiro paradigma, que não deve sofrer retrocessos.

Vale lembrar que um dos princípios prestigiados pelo Tratado de Assunção, que instituiu o Mercosul, é o de que a ampliação dos

---

cuide de tratado de integração, enquanto não se concluírem os diversos ciclos que compõem o seu processo de incorporação ao sistema de direito interno do Brasil. Magistério da doutrina. Sob a égide do modelo constitucional brasileiro, mesmo cuidando-se de tratados de integração, ainda subsistem os clássicos mecanismos institucionais de recepção das convenções internacionais em geral, não bastando, para afastá-los, a existência da norma inscrita no art. 4°, parágrafo único, da Constituição da República, que possui conteúdo meramente programático e cujo sentido não torna dispensável a atuação dos instrumentos constitucionais de transposição, para a ordem jurídica doméstica, dos acordos, protocolos e convenções celebrados pelo Brasil no âmbito do MERCOSUL" (CR 8279 AgR/AT – ARGENTINA, AG.REG. NA CARTA ROGATÓRIA, Relator Min. Celso de Mello, Tribunal Pleno, DJU 10-08-2000, p. 6).

mercados nacionais, por meio da integração, deve ser alcançada com base na *preservação do meio ambiente e com vistas a melhorar as condições de vida de seus habitantes*.

A liberação indiscriminada do comércio de agrotóxicos em território nacional, para além do risco ambiental, constitui séria ameaça à saúde humana, culminado também por violar as normas protetivas do consumidor, que goza de especial tutela no sistema legal brasileiro. Embora o Tratado de Assunção não contenha regras expressas de proteção ao consumidor, o Protocolo de Las Leñas (PLL), celebrado em 27.07.1992, na Argentina, ao estabelecer as regras de cooperação e assistência jurisdicional em matéria civil, trabalhista, comercial e administrativa, cuidou de garantir igualdade de tratamento processual e livre acesso à justiça no âmbito do bloco do Mercosul. Consoante seu art. 3º, "Os cidadãos e os residentes permanentes de um dos Estados Partes gozarão, nas mesmas condições dos cidadãos e residentes permanentes do outro Estado Parte, do livre acesso à jurisdição desse Estado para a defesa de seus direitos e interesses".

Capítulo IV
Observações pontuais sobre o receituário agronômico

1. A ineficácia do receituário agronômico como instrumento de preservação da saúde ambiental

O receituário agronômico constitui a "prescrição técnica formalizada" indispensável, nos termos do art. 13 da Lei nº 7.802/89, para a aquisição de agrotóxicos. É, em outras palavras, uma metodologia utilizada para diagnóstico do problema fitossanitário que está atacando a lavoura e prescrição do agrotóxico, quando se faça necessário. Esta metodologia consiste em visita à propriedade para diagnóstico do problema, conversa com o produtor rural, levantamento de todas as informações relacionadas com disponibilidade de equipamentos, nível tecnológico da exploração agrícola, proximidade de mananciais de águas e matas etc. As providências preliminares visam a oferecer as condições para a prescrição do agrotóxico e de medidas de controle eficientes, evitando o comprometimento da saúde ambiental. O produtor rural deve ser esclarecido sobre o período de carência ou intervalo de segurança (tempo entre a última aplicação do agrotóxico e a colheita) e o período de reentrada de pessoas e animais (tempo após o qual se pode entrar na área após a aplicação do agrotóxico).

As orientações serão condensadas em um documento chamado receita agronômica, em que estarão contidas todas as informações necessárias, tais como: nome do produto, dosagem, condições a serem observadas antes, durante e após a aplicação do agrotóxico, medidas de manejo integrado e cuidados e equipamentos de proteção individual que devem ser usados.

Paulo Affonso Leme Machado realça a importância e o caráter público da receita, observando que a "aplicação de agrotóxico pode contaminar alimentos e o meio ambiente, atingindo pessoas indeterminadas e bens ambientais de uso comum do povo (art. 225, *caput*, da CF)". Em razão dessa natureza pública, propõe maior abertura e transparência no processo de emissão do receituário, asseverando que, "para uma eficaz fiscalização da execução da lei, qualquer pessoa e qualquer entidade privada ou pública poderá dirigir-se ao órgão público onde estiver a receita, com a finalidade de examiná-la, podendo pedir cópias ou certidão de seu inteiro teor".[58]

---

[58] *Op. cit.*, 5. ed., p. 414-415.

Sucede que a ausência de controle e fiscalização por parte dos poderes públicos tornou a exigência de receituário agronômico letra morta da lei. Mesmo nos casos em que preexistente à aquisição, a ausência do necessário acompanhamento por parte do profissional responsável faz com que o desconhecimento técnico por parte do produtor rural e do aplicador coloque em risco a saúde pública e o meio ambiente.

A inobservância dos preceitos técnicos concebidos na Lei n° 7.802/89 e no Decreto n° 4.074/02 revela-se flagrante: é prática comum a emissão do receituário sem a visita prévia à propriedade rural, a receita assinada em branco, a emissão de um número excessivo de receitas por um único profissional. É de conhecimento geral que uma pessoa pode adquirir uma receita e comprar qualquer tipo de agrotóxico, mesmo os mais letais, sem a mínima dificuldade, em face do despreparo dos profissionais e da inoperância, tanto dos CREAs, como das autoridades sanitárias e ambientais.

Assim, o receituário agronômico, concebido para reduzir os problemas nas áreas de saúde pública e de meio ambiente, em decorrência do uso indiscriminado de agrotóxicos, não logrou atingir estes objetivos. Vale trazer à colação a opinião de José Prado Alves Filho: "O modelo de intermediação técnica proposto pelo instrumento de receituário agronômico, a partir de modelo inspirado nas relações do tipo *médico-paciente-medicamento*, não se mostrou aplicável ao contexto da atividade agronômica. A inexistência de pressupostos relacionados à cultura ética profissional a aspectos estruturais consistentes a permear a relação entre produtores rurais e os atores responsáveis pela assistência técnica e extensão rural, no contexto de aplicação da prática do receituário, ao longo de seu período de implantação, indicam a impropriedade de aplicação, por via legislativa, de dispositivo que viesse a garantir a validação de uma relação de necessidade, acesso e confiança entre os técnicos e produtores, para o enfrentamento dos problemas decorrentes do manejo de pragas e doenças nas atividades agropecuárias e florestais". E arremata o citado engenheiro agrônomo: "Nos atuais moldes em que vem sendo praticado, o receituário agronômico somente pode interessar aos setores de produção e comercialização de agrotóxicos, tendo em vista que sua manutenção representa na prática a abolição dos sistemas de controle".[59]

Paulo Affonso Leme Machado destaca um aspecto de extrema relevância, que diz respeito à ausência de obrigação legal e regulamentar de o profissional que emite o receituário agronômico acompanhar a aplicação do agrotóxico. "A lei e a regulamentação pararam no

---

[59] *Uso de Agrotóxicos no Brasil*. São Paulo: Annablume/FAPESP, 2002, p. 177.

meio do caminho da inovação do receituário, pois deixaram de exigir claramente que o profissional autor da receita acompanhasse a aplicação da receita e controlasse notadamente as dosagens, a época e o intervalo de segurança". E sugere o renomado jurista: "Os conselhos de classe a que estão ligados os profissionais poderão complementar as exigências da legislação, aperfeiçoando o desempenho dos profissionais habilitados".[60]

Vê-se, pois, que o receituário agronômico, que poderia representar um avanço na gestão dos problemas fitossanitário e ambiental, à míngua de capacitação dos profissionais e de políticas públicas sérias e eficazes de controle, fiscalização e responsabilização, não atingiu os desideratos legais. É fundamental, por isso, a implantação de programas de educação ambiental no campo e o estímulo à busca de soluções alternativas para o controle de pragas e doenças agropecuárias, em substituição aos agrotóxicos. É importante que o CREAA, que disciplina e fiscaliza o exercício profissional de engenheiros agrônomos e técnicos agrícolas, intensifique as medidas disciplinares e fiscalizatórias, coibindo as práticas abusivas dos profissionais responsáveis pela emissão da receita de agrotóxicos.

2. Sobre a competência para a emissão do receituário agronômico

Alega-se que uma das causas da nocividade dos agrotóxicos está na inabilitação dos técnicos agrícolas para a emissão do receituário agronômico.

A questão das atribuições para a emissão de receituário agronômico tem sido discutida com freqüência nos tribunais. Ora a jurisprudência pende por não reconhecer competência aos técnicos agrícolas, ora a admite.

Particularmente, consideramos que o regulamento, ao conferir tão importante tarefa aos profissionais de nível médio, extrapolou suas funções meramente regulamentares, dispondo mais do que a lei previa. A propósito, transcrevemos os seguintes precedentes jurisprudenciais no sentido da vedação:

ADMINISTRATIVO. TÉCNICOS AGRÍCOLAS. RECEITUÁRIO AGRONÔMICO. 1. A legislação existente sobre as atividades a serem exercidas pelos técnicos agrícolas não autoriza que eles possam emitir receituário agronômico. 2. A Lei n° 5.524/68 e o Decreto n° 90.922/85 (norma regulamentadora da referida lei) são exaustivos na fixação dos limites das atribuições profissionais dos técnicos agrícolas. 3. A expressão "dar assistência na compra e venda", posta no art. 2°, IV, da Lei n° 5.524, de 05.11.68, há de ser interpretada com sentido que lhe é próprio, isto é, de uma posição consubs-

---

[60] *Op. cit.*, 8. ed., p. 589.

tanciada no ato de intervenção para o fim de assistir, ajudar, socorrer, orientar a alguém quando da prática de determinado ato. Não há como se compreender, em tal composição de vocábulos, autorização para se emitir receituário, por ser função caracterizada por ação própria, individual e responsabilidade exclusiva e definida em lei. 4. O regulamento não agasalha interpretação que se ponha acima da mensagem da lei. 5. Recurso improvido (STJ, 1ª Turma, REsp. 279168/SC, Rel. Min. Humberto de Barros Monteiro, DJU 09.04.2001, p. 335).

ADMINISTRATIVO E PROCESSUAL CIVIL. ANOTAÇÃO NOS REGISTROS PROFISSIONAIS. PRESCRIÇÃO DE RECEITUÁRIO AGRONÔMICO. RECEITAS DE AGROTÓXICOS. IMPOSSIBILIDADE. 1. Modificada a sentença que concedeu a ordem determinando as anotações profissionais, permitindo que os impetrantes fossem habilitados a prescrição de agrotóxicos, pois a Lei 7.802/89 e o Dec. 98.816/90 estabelecem condições para o exercício dessa atividade, permitindo inclusive a análise dos currículos dos interessados. Ademais, seria um atentado a saúde pública e a ecologia permitir que técnico receite, por exemplo, herbicidas, sem que tenha conhecimentos na área da toxicologia e da entomologia (TRF4, 3ª Turma, AMS nº 0433370-2, relatora Desembargadora Federal Marga Barth Tessler, 04.04.99).

Mais recentemente, a jurisprudência do STJ pacificou-se no sentido de admitir a emissão de receituário agronômico por técnicos agrícolas:

ADMINISTRATIVO – PROFISSÃO REGULAMENTADA – TÉCNICO AGRÍCOLA DE NÍVEL MÉDIO – EXPEDIÇÃO DE RECEITUÁRIO PARA VENDA DE AGROTÓXICO – A Lei nº 5.254, de 1968, prevê, entre as atividades próprias do técnico agrícola de nível médio, a de dar assistência na compra, venda e utilização de produtos especializados da agricultura (art. 2º, II), nos quais se consideraram incluídos os produtos agrotóxicos. Assim, tais técnicos possuem habilitação legal para expedir o receituário exigido pelo art. 13 da Lei nº 7.802, de 1989. É expresso, nesse sentido, o art. 6º, XIX, do Decreto 90.922/85, com a redação dada pelo Decreto 4.560/2002 (STJ, 1ª Seção, EREsp.265636/SC, Rel. Min. Teori Albino Zavascki, DJU 04.08.2003, p. 00213).

RECURSO ESPECIAL – ADMINISTRATIVO – TÉCNICOS AGRÍCOLAS DE SEGUNDO GRAU. Prescrição de receituário agronômico. Venda de agrotóxicos. Possibilidade. A egrégia Primeira Seção desta colenda Corte consolidou o entendimento segundo o qual os técnicos agrícolas podem prescrever receituário agronômico, inclusive produtos tóxicos. "A Lei nº 5.254, de 1968, prevê, entre as atividades próprias do técnico agrícola de nível médio, a de dar assistência na compra, venda e utilização de produtos especializados da agricultura (art. 2º, II), nos quais se consideraram incluídos os produtos agrotóxicos. Assim, tais técnicos possuem habilitação legal para expedir o receituário exigido pelo art. 13 da Lei nº 7.802, de 1989. É expresso, nesse sentido, o art. 6º, XIX, do Decreto nº 90.922/85, com a redação dada pelo Decreto nº 4.560/2002 (ERESP nº 265.636/SC, Rel. Min. Teori Albino Zavascki, j. em 25.06.2003). Recurso Especial provido (STJ, REsp. 269275/SC, 2ª Turma, Rel. Min. Franciulli Netto, DJU 06.10.2003, p. 00243).

3. Sobre a competência para autuação de empresas por falta de receituário agronômico

O Conselho Regional de Engenharia, Arquitetura e Agronomia – CREAA –, Autarquia federal criada para a disciplina e fiscalização das atividades profissionais de engenheiros, arquitetos e agrônomos, em sua rotina fiscalizatória, autua empresas que vendem produtos agrotóxicos sem a emissão do respectivo receituário agronômico. Não obstante a gravidade desta prática ilegal, tem-se considerado que a ingerência do CREAA nesta seara extrapola suas atribuições legais, que dizem respeito ao exercício das citadas profissões. Ainda que seja atribuição do CREAA o registro e a fiscalização das empresas que utilizem serviços de profissionais obrigados à inscrição no Conselho, como pressuposto para o exercício da profissão (como é o caso das empresas agroveterinárias), não se pode confundir a ausência do profissional responsável técnico pela atividade com a ausência da formalidade que a lei impõe para a venda do produto agrotóxico, ou seja, o receituário agronômico.

Dessarte, a ausência do profissional responsável técnico poderá ensejar a autuação pelo CREAA, mas a prática de venda de agrotóxicos – atividade fim – sem receituário agronômico, que constitui infração à Lei nº 7.802/89 e seus decreto regulamentar, somente poderá ensejar autuação a cargo das autoridades sanitárias.

Vale citar, a propósito, precedente do Tribunal Regional Federal da 3ª Região, refletido na seguinte ementa:

ADMINISTRATIVO. EMBARGOS À EXECUÇÃO FISCAL. CONSELHO REGIONAL DE ENGENHARIA, ARQUITETURA E AGRONOMIA. INAPLICAÇÃO DA LEI Nº 5.194/66. I – A empresa voltada à comercialização de produtos agrotóxicos não está sujeita à fiscalização pelo CREAA. II – Tendo a apelada comprovado que a recomendação de seus produtos é feita por engenheiros-agrônomos, devidamente registrados naquela autarquia, resta prejudicado saber se esta atividade é privativa da profissão. III – O não-fornecimento de receituário na venda da mercadoria em questão constitui infração às Leis nº 4.785/65 e 7.802/89, não à Lei nº 5.194/66, pelo que, sem efeito a execução sob este fundamento, sendo ainda, incompetente o conselho apelante para atuar no âmbito da matéria ali regulada. IV- Remessa oficial e recurso voluntário improvidos (TRF3, AC nº 91030240495/MS, 3ª Turma, Rel. Des. Federal João Baptista Pereira, DJU 05-03-97, p. 11953).

No mesmo sentido, a decisão do TRF da 4ª Região:

ADMININISTRATIVO. CONSELHO REGIONAL DE ENGENHARIA, ARQUITETURA E AGRONOMIA. MULTA. Ao CREAA cabe fiscalizar o exercício da atividade profissional de engenheiro agrônomo, mas não a atividade de comercialização de produtos agronômicos (TRF4, AC nº 04.523852-94/RS, 3ª Turma, j. 02-05-1996, Des. Federal Teori A. Zavascki, DJU 29-05-96, p. 35847).

Ainda, o precedente do TRF da 5ª Região:

AÇÃO CAUTELAR. CONSELHO REGIONAL DE ENGENHARIA, ARQUITETURA E AGRONOMIA. MULTA. EMPRESA DE COMÉRCIO VAREJISTA. VENDA DE AGROTÓXICOS. EMPRESAS DO RAMO DE COMÉRCIO VAREJISTA QUE NÃO PRESTA SERVIÇOS PROFISSIONAIS DE ENGENHARIA, ARQUITETURA OU AGRONOMIA A TERCEIROS. A atividade comercial de venda de produtos agrotóxicos e afins não se confunde com as atividades específicas das profissões assistidas pelo CREA, em face da Lei 5.194/66. Presença dos pressupostos autorizativos da cautelar: plausibilidade do direito invocado e perigo da demora. Apelação improvida (TRF5, AC nº 05.15.0154-94/RN, j. 23-06-1994, 3ª Turma, Rel. Des. Federal Ridalvo Costa, DJU 15-07-94, p. 38025).

Capítulo V

A destinação final das embalagens vazias de agrotóxicos

1. Nova disciplina legal sobre a destinação final das embalagens vazias de agrotóxicos

Um dos grandes problemas advindos do uso de agrotóxicos diz respeito ao destino final das embalagens vazias, isto porque contêm resíduos e são fonte de contaminação para o homem e o meio ambiente. Geralmente, são abandonadas no local de uso, sem qualquer precaução. Nem mesmo a *tríplice lavagem*, que é fundamental antes do descarte, é realizada. O problema se agrava porque as embalagens descartadas são utilizadas para a falsificação de agrotóxicos, fomentando uma prática ilícita que tende a aumentar.

Depois de utilizado o agrotóxico, as embalagens rígidas normalmente retêm quantidades de produto em seu interior, variáveis de acordo com a sua superfície interna, formato e a formulação. A quantidade média estimada de resíduos no interior da embalagem é 0,3% do volume da mesma após o seu esvaziamento, consoante atestam pesquisas realizadas. Daí a importância fundamental para o meio ambiente e para a saúde humana da tríplice lavagem, que é uma prática simples cujo desiderato primordial é reduzir significativamente os níveis de resíduos internos nas embalagens vazias de agrotóxico. Deve ser feita imediatamente após o seu esvaziamento, para evitar que venha a secar, dificultando assim a sua retirada. As embalagens devem ser lavadas e enxaguadas 3 (três) vezes do seguinte modo: encher com água até atingir o total do volume, tampar e agitar por 30 segundos; colocar essa água dentro do pulverizador junto com a calda que será aplicada na lavoura. Após a tríplice lavagem, a embalagem deve ser devolvida ao estabelecimento vendedor.

A disciplina da matéria relacionada com a destinação final das embalagens vazias de agrotóxicos, um dos grandes focos de risco de contaminação, já o dissemos, depois de muito tempo de descaso, recebeu especial atenção da Lei n° 9.997/00, do Decreto n° 4.074/02 e da Resolução CONAMA n° 334, de abril de 2003, que dispõem sobre os procedimentos de licenciamento ambiental de estabelecimentos destinados ao recebimento de embalagens vazias de agrotóxicos. Esta nova disciplina legal, que coloca o Brasil na vanguarda da luta mundial para pôr fim ao foco de poluição que representa a deposição indiscriminada de embalagens de agrotóxicos, é bem-vinda e deverá atenuar um dos problemas mais graves relacionados com os agrotóxicos. Restou a responsabilidade dividida entre os usuários, os comerciantes, os fabricantes do produto e o poder público, a quem cumpre orientar e fiscalizar. Ao usuário incumbe devolver a embalagem ao estabelecimento vendedor, no prazo de um ano, contado a partir da compra, salvo se houver autorização expressa do órgão registrante ou se remanescer produto na embalagem, dentro do prazo de validade (art. 53, § 1º, do Decreto nº 4.074/02), segundo verificação dos órgãos de fiscalização.

As embalagens deverão ficar, por prazo não superior a um ano, contado da entrega pelo usuário, em uma central ou posto de recebimento licenciado pelo órgão ambiental competente, até serem recolhidas pelas empresas produtoras. Evidentemente, este local, que deve ser acessível aos usuários, para funcionar, deverá atender a todas as normas de controle de poluição ambiental. Antevê-se, no cumprimento desta exigência, onerosa e complexa, problemas sérios. Estarão os comerciantes, responsáveis pelo recebimento das embalagens, dispostos ao cumprimento de todas as exigências legais e terão condições financeiras de implementá-las? Isto só o tempo dirá! Consoante adverte o Promotor de Justiça Paulo da Silva Cirne, o "que se pode imaginar é que os comerciantes, responsáveis pelo recebimento das embalagens e armazenamento por 1 (um) ano, deverão buscar, entre eles, uma forma de construir postos que sirvam a várias empresas, diminuindo custos. Mas e os usuários? Na Lei nº 7.802/89 nada consta em defesa dos usuários, no sentido de limitar a distância a percorrer para a entrega das embalagens. No decreto, consta no art. 54, § 1º, que os comerciantes devem disponibilizar unidades de recebimento, ...*cujas condições de funcionamento e acesso não venham a dificultar a devolução pelos usuários*. Mas o que seria 'dificultar o acesso'? Qual a distância em quilômetros que estaria fora desta previsão? 5 (cinco), 30 (trinta) ou 70 (setenta) km?".[61] O Conselho do Meio Ambiente do Ministério Público do Rio Grande do Sul, presidido pela ilustrada Procuradora de Justiça Sílvia Cappelli, apresentou uma proposição de disposição a ser inserida no decreto regulamentar da Lei do Agrotóxicos, que, lamentavelmente, não foi acolhida, com a seguinte redação: "Na hipótese da unidade de recebimento situar-se em município diverso da sede do compromitente, em que o produto foi adquirido pelo usuário, deverá este se encarregar do transporte da embalagem até a unidade de recebimento, devendo recolher a mesma na propriedade do usuário, no prazo de 5 (cinco) dias, a contar da ciência por parte deste de

---

[61] A destinação final das embalagens de agrotóxicos: recentes modificações. *Revista do Ministério Público* nº 47, p. 280.

que a embalagem está disponível para ser encaminhada para a unidade de recebimento".

O citado Promotor de Justiça, em seu brilhante artigo, manifesta preocupação com a questão da responsabilização pela destinação final das embalagens apreendidas em ação fiscalizatória:

> A empresa produtora adotará as medidas cabíveis, mas quem arcará com os custos é o infrator (que, em regra, deverá ser o usuário), conforme redação do art. 59 e parágrafo único do Decreto n° 4.074/02. Somente para exemplificar, caso ainda não licenciados outros locais, o único destino para as embalagens plásticas é a cidade de Louveira, em São Paulo, local em que são submetidas a um processo de fusão, a 190º, e transformadas em conduíte corrugado (utilizado na construção civil, para condutor elétrico, no interior das paredes de residências e prédios). Como seria imputado este custo ao infrator? E se apenas uma embalagem fosse apreendida? Seria ela armazenada (com os custos cobrados do infrator), até que outras fossem apreendidas, para serem encaminhadas em conjunto? Ou seria ela transportada, solitária, em um veículo adequado, até a referida cidade, saindo de qualquer ponto do país? No parágrafo único do mencionado art. 59, consta que, se não houver possibilidade de identificação ou responsabilização da empresa produtora ou comercializadora, o infrator assumirá a responsabilidade e os custos dos procedimentos definidos pela autoridade fiscalizadora. A regra é perfeita para os casos de usuários que adquiram produtos oriundos de furto ou roubo e produtos que adentram no país de forma clandestina. Mas se a empresa tiver encerrado suas atividades? Para evitar um ônus injusto ao usuário, foi encaminhada a seguinte proposta pela comissão antes referida, também não acolhida: "A responsabilidade pelas embalagens oriundas de empresa produtora de agrotóxicos e afins que, por qualquer razão, tenha encerrado suas atividades e não possa efetuar o recebimento e destinação das embalagens, pertencerá à empresa que a tiver absorvido ou, se não implementada esta hipótese, a uma outra empresa que opere com produto idêntico ou similar, a ser definida pelo órgão federal competente, em um prazo máximo de 30 (trinta) dias, contados da ciência desta situação pelo estabelecimento comercial que efetuou a venda do produto, por um dos órgãos fiscalizadores ou pelo Ministério Público".[62]

O certo é que a novel disciplina da matéria está apresentando resultados muito positivos. O Instituto Nacional de Processamento de Embalagens Vazias (INPEV) apresentou ao Ministério da Agricultura, Pecuária e Abastecimento (MAPA) um balanço de suas atividades. Nos últimos doze meses, foram retiradas do meio ambiente 12.200 toneladas de embalagens vazias de agrotóxicos. Neste período, Bahia, Paraná e Mato Grosso se destacaram ao apresentar percentuais elevados de produto consumido *versus* embalagem recolhida. Os três Estados conseguiram retirar, respectivamente, 85%, 84% e 80% das embalagens de agrotóxicos que foram utilizados. No acumulado de janeiro a maio de 2004, os agricultores do País devolveram 6.702 toneladas vazias de agrotóxicos, um aumento de 189,6% na comparação com igual período de 2003, quando foram retiradas do meio am-

---

[62] A destinação final das embalagens de agrotóxicos: recentes modificações. *Revista do Ministério Público* nº 47, p. 283.

biente 2.314 toneladas. Nos primeiros cinco meses deste ano, os Estados líderes do recolhimento foram Mato Grosso, com 1.552 toneladas, Paraná, com 1.455, e São Paulo, com 1.102 toneladas. Somente no mês de maio, foram devolvidas 1.381 toneladas de embalagens de agrotóxicos em todo o Brasil. Mato Grosso, São Paulo e Paraná foram os Estados que mais recolheram no período e representam quase 70% do que foi retirado do meio ambiente em todo o País. A evolução do recolhimento é evidente quando comparados os resultados obtidos de janeiro a maio de 2003 e igual período de 2004. O Estado de Minas Gerais, por exemplo, aumentou seus índices de recolhimento em 697,7% (passou de 78 para 622 toneladas retiradas do meio ambiente), o Rio Grande do Sul recolheu 677,2% a mais em relação ao mesmo período de 2003 (passou de 62 para 487,7 toneladas) e Alagoas conseguiu aumentar seus índices de recolhimento em 520% (passou de 8 para 59,7 toneladas). Segundo o INPEV, os resultados são conseqüência do comprometimento e da integração dos esforços de todos os agentes da cadeia: agricultores, distribuidores, cooperativas, fabricantes e poder público. A disseminação das informações junto aos produtores rurais também contribuiu significativamente no processo de conscientização quanto à importância da preservação ambiental e seus efeitos sobre a saúde humana (Fonte: Ministério da Agricultura).

2. Licenciamento ambiental de unidades de recebimento de embalagens vazias

A exigência do licenciamento ambiental encontra-se prevista no art. 56 do Decreto n° 4.074/02: "Os estabelecimentos destinados ao desenvolvimento de atividades que envolvam embalagens vazias de agrotóxicos, componentes ou afins, bem como produtos em desuso ou impróprios para utilização, deverão obter licenciamento ambiental". A Resolução CONAMA n° 334/03 disciplina, sem prejuízo de outras normas aplicáveis à espécie, os requisitos e critérios técnicos mínimos necessários para o licenciamento ambiental, pelos órgãos competentes, de unidades de recebimento de embalagens vazias de agrotóxicos e afins, definindo, no seu art. 2°, posto (I), central (II), unidade volante (III) e estabelecimento comercial (IV). No seu art. 3°, estabelece que localização, construção, instalação, modificação e operação de posto e central de recebimento de embalagens vazias de agrotóxicos e afins dependerão de prévio licenciamento do órgão ambiental competente, nos termos do Anexo I, sem prejuízo de outras licenças legalmente exigíveis.

As licenças ambientais serão as seguintes: Licença Prévia (LP), Licença de Instalação (LI) e Licença de Operação (LO), conforme dispõe o art. 4°.

Nos termos do art. 5°, o órgão ambiental competente exigirá para o licenciamento ambiental de posto e central, no mínimo, os itens relacionados abaixo, exigindo-os, a seu critério, em cada uma de suas etapas:

I – projeto básico que deverá seguir, no mínimo, as especificações de construção que constam do Anexo II, destacando o sistema de drenagem;

II – declaração da Prefeitura Municipal ou do Governo do Distrito Federal, de que o local e o tipo de empreendimento estão de acordo com o Plano Diretor ou similar;

III – croqui de localização dos postos e centrais, locando o mesmo dentro da bacia hidrográfica, ou sub-bacia, com rede de drenagem, áreas de preservação permanente, edificações, vegetação, em um raio mínimo de quinhentos metros;

IV – termo de compromisso firmado pela empresa registrante de agrotóxicos e afins, ou por sua entidade representativa, garantindo o recolhimento, transporte e destinação final das embalagens vazias recebidas, com previsão de multa diária, conforme legislação pertinente;

V – identificação de possíveis riscos de contaminação e medidas de controle associadas;

VI – programa de treinamento dos funcionários;

VII – programa de monitoramento toxicológico dos funcionários, com exames médicos periódicos, com pesquisa de agrotóxicos no sangue;

VIII – programa de monitoramento de solo e da água nas áreas de postos e centrais de recebimento;

IX – programa de comunicação social interno e externo alertando sobre os riscos ao meio ambiente e à saúde;

X – sistema de controle de recebimento e de destinação de embalagens vazias; e

XI – responsável técnico pelo funcionamento dos postos e centrais de recebimento.

Não será permitida a instalação de galpões em áreas de mananciais (art. 6°). A proibição é necessária e por demais óbvia. As áreas de mananciais são legalmente protegidas e não poderiam ficar sujeitas aos riscos de contaminação que são inerentes aos resíduos de agrotóxicos. Neste aspecto, a vedação está afinada com o que dispõe a Lei n° 9.433, de 08 de janeiro de 1997, que instituiu a Política Nacional dos Recursos Hídricos e criou o Sistema Nacional de Gerenciamento de Recursos Hídricos.

O art. 8° trata da responsabilidade pelo descumprimento das disposições da Resolução n° 334/03, nos termos e condicionantes das licenças expedidas, e de eventual Termo de Ajustamento de Conduta, dispondo que o infrator ficará sujeito, entre outras penalidades cabíveis, àquelas previstas na Lei n° 9.605, de 12 de fevereiro de 1998, em especial nos artigos 54, § 3°, e 56, sem prejuízo do dever de recuperar os danos ambientais causados, na forma do art. 14, § 1°, da Lei n° 6.938, de 31 de agosto de 1981.

Além das sanções penais e administrativas cabíveis, bem como da multa diária e outras obrigações previstas no Termo de Ajustamento de Conduta e na legislação vigente, o órgão ambiental competente, mediante decisão motivada, poderá exigir a imediata reparação dos danos causados, bem como a mitigação de riscos, desocupação, isolamento e/ou recuperação da área do empreendimento (art. 9°).

Capítulo VI

Responsabilidade civil por dano ambiental causado por agrotóxicos, seus componentes e afins

1. Noções básicas necessárias ao estudo da responsabilidade civil por dano ambiental

A preocupação da humanidade com a preservação do meio ambiente é uma questão de *sobrevivência*, de garantir *sobrevida* às gerações presentes e de possibilitar *vida* às gerações futuras. A séria ameaça à vida no planeta desencadeou uma série de ações, de caráter multidisciplinar, tendentes à preservação do meio ambiente, máxime a partir de 1972, quando se realizou a Conferência das Nações Unidas sobre Meio Ambiente Humano, donde resultou a Declaração sobre o Meio Ambiente Humano – Declaração de Estocolmo –, refletida em vinte e seis princípios que constituíram os postulados da proteção ambiental à época. Mais recentemente realizou-se no Brasil, Rio de Janeiro, a ECO-92, sobre Meio Ambiente e Desenvolvimento, resultando em vinte e um princípios voltados à proteção do meio ambiente.

As advertências da comunidade científica internacional, em especial da Organização das Nações Unidas, repousam, dentre outros fatores irrelevantes ao presente estudo, sobre os elevados níveis de poluição no ar, nas águas, no solo e nos seres vivos em geral e sobre a destruição e o esgotamento dos recursos naturais.

A expressão *meio ambiente* tem sido entendida como a interação entre os elementos naturais, artificiais e culturais que propiciam o desenvolvimento equilibrado da vida do homem. A Lei nº 6.938, de 31 de agosto de 1981 (que dispõe sobre a Política Nacional do Meio Ambiente), assim previu em seu art. 3º: "Para os fins previstos nesta Lei, entende-se por: I – Meio ambiente, o conjunto de condições, leis, influências e interações de ordem física, química e biológica, que permite, abriga e rege a vida em todas as suas formas". Em outras palavras, e de maneira mais acessível, pode-se dizer que meio ambiente é o espaço onde se desenvolvem as atividades humanas e a vida dos animais e vegetais. O meio ambiente natural é composto pelos seres humanos, solo, subsolo, recursos hídricos (superficiais e subterrâneos), atmosfera, fauna e flora, enfim, pela interação dos seres vivos e seu meio. Temos também o meio ambiente artificial, constituído pelo espaço urbano construído, ou seja, o conjunto de edificações e os equipamentos públicos (espaços, ruas, praças etc.); o meio ambiente cultural, integrado pelo patrimônio histórico, artístico, arqueológico, paisagístico e turístico, que pode ser muitas vezes construído como obra humana que adquire valor especial. Um exemplo disso são as Missões Jesuíticas, ou, na Ilha de Santa Catarina, suas fortalezas, seus prédios históricos. Necessário ressaltar que não constituem os vários tipos de meio ambiente espécies estanques entre si e nem devem estar em situação de antagonismo, pois todos eles cumprem a função de preservar a qualidade da vida humana.

A Constituição Federal, no seu art. 225, apresenta um conceito jurídico novo para o meio ambiente, deixando este de ser um ente abstrato, sem dono, para ser um bem de uso comum do povo, constitucionalmente protegido. Assim, confere a Constituição, a todo o cidadão, direito subjetivo público ao meio ambiente ecologicamente equilibrado, oponível contra todos, inclusive ao Estado, que responderá pelos danos causados ao meio ambiente, isolada ou solidariamente, em caso de dano causado por pessoa privada que decorra de omissão regulamentadora, disciplinar ou fiscalizatória (falta de zelo pela higidez ambiental).

A responsabilidade civil por dano ao meio ambiente é tratada pelo direito ambiental, que pode ser definido como sendo o "conjunto de princípios e regras impostos coercitivamente pelo Poder Público competente e disciplinadores de todas as atividades direta e indiretamente relacionados com o uso racional dos recursos naturais (ar, águas superficiais e subterrâneas, águas continentais ou costeiras, solo, espaço aéreo e subsolo, espécies animais e vegetais, alimentos, bebidas em geral, luz e energia), bem como com a promoção e proteção dos bens culturais (de valor histórico, artístico, arquitetônico, urbanístico, monumental, paisagístico, turístico, arqueológico, paleontológico, ecológico e científico), tendo por objetivo a defesa e a preservação do patrimônio ambiental (natural e cultural) e por finalidade a incolumidade da vida em geral, tanto a presente como a futura".[63]

Deste importante novo ramo do direito, no concernente ao presente trabalho, interessa destacar a principiologia que norteia suas concepções. Com efeito, encontrando-se as leis que dispõem sobre o meio ambiente dispersas em nosso ordenamento jurídico, revela-se impraticável sua aplicação sem que o intérprete lance mão dos princípios gerais que orientam a matéria. Os princípios não se prestam apenas a orientar o aplicador e intérprete das leis ambientais, cumprindo também o papel de ordenar as disposições normativas pertinentes, conferindo-lhes sentido lógico e sistematizado. Destarte, são

---

[63] Cf. Helita Barreira Custódio, Legislação Ambiental no Brasil, *Boletim de Direito Administrativo* – Abril/97, p. 245.

os princípios que irão direcionar a atuação legislativa, a exegese das normas e suprir eventuais lacunas do direito positivo. Constituem, em outras palavras, as bases de sustentação, os fundamentos de validade do direito ambiental. A doutrina não é unânime ao elencar os princípios fundamentais que regem e informam as relações jurídicas atinentes ao meio ambiente. Feita a ressalva, destacamos aqueles que nos parecem mais relevantes:[64]

1.1. Princípio da supremacia do interesse público sobre o privado

Não há dúvida de que a proteção ambiental é medida de interesse coletivo. O direito ao meio ambiente sadio, aliás, situa-se entre os interesses difusos da sociedade. Não podem ser fruídos por nenhum cidadão de modo particular, senão que por todos de forma indistinta. Sendo de interesse eminentemente público, prevalecem sobre os interesses de natureza privada, quando mais não fosse porque a preservação ambiental é fator essencial para, em última instância, assegurar a existência da vida em sociedade. Por essa razão, orienta-se a doutrina no sentido de elencar entre os princípios basilares do direito ambiental aquele que propugna a primazia dos interesses públicos. Havendo dúvida sobre a aplicação de normas a um caso concreto, deve prevalecer aquela que proteja os interesses da sociedade. Da mesma forma, havendo dúvida de interpretação, deverá prevalecer a exegese que melhor atenda aos interesses coletivos. Situação muito comum nos dias de hoje, por conta dos altos índices de desemprego, é o argumento de que o empreendimento produtivo, ainda que prejudicial ao meio ambiente, deve ser autorizado. Tal raciocínio não vem, felizmente, obtendo êxito junto ao Judiciário, que, na análise do problema, tem levado em conta muito mais os interesses gerais da sociedade do que o do grupo teoricamente favorecido pelo empreendimento poluente.

---

[64] Consulte-se, a propósito de princípios, o excelente artigo de Álvaro Luiz Valery Mirra, nominado Princípios Fundamentais do Direito Ambiental (*Revista Direito Ambiental* n° 02, 1996, p. 51-66), onde estão elencados os seguintes princípios: Princípio da supremacia do interesse público na proteção do meio ambiente em relação aos interesses privados; princípio da indisponibilidade do interesse público na proteção do meio ambiente; princípio da intervenção estatal obrigatória na defesa do meio ambiente; princípio da participação popular na proteção do meio ambiente; princípio da garantia do desenvolvimento econômico e social ecologicamente sustentado; princípio da função social e ambiental da propriedade; princípio da avaliação prévia dos impactos ambientais das atividades de qualquer natureza; princípio da prevenção de danos e degradações ambientais; princípio da responsabilização das condutas e atividades lesivas ao meio ambiente; princípio do respeito à identidade, cultura e interesses das comunidades tradicionais e grupos formadores da sociedade; e princípio da cooperação internacional em matéria ambiental.

1.2. Princípio da indisponibilidade do interesse público

Por ser tratar de bem de uso comum do povo (art. 225 da CF), o meio ambiente ecologicamente equilibrado não se inscreve entre os bens suscetíveis de disponibilidade pelo Estado. Ao Estado não é somente vedado dispor em matéria ambiental. Antes, constitui dever indeclinável seu agir em defesa do meio ambiente, evitando agressões que lhe façam os particulares ou mesmo quaisquer das entidades de direito público. Ao dever constitucionalmente previsto se somam as prerrogativas da Administração Pública, entre as quais destacamos o Poder de Polícia, configurando verdadeiro poder-dever que deve orientar o Estado na defesa do meio ambiente. Nesse ponto, é preciso notar que a Constituição distribuiu o dever de proteção ambiental nas três esferas governamentais, dele não se eximindo, portanto, nem a União, nem os Estados e nem os Municípios. Na órbita das relações estatais, temos ainda como função institucional do Ministério Público a propositura de Ação Civil Pública para defesa do meio ambiente.

Aqui vale anotar que a possibilidade de as entidades públicas legalmente legitimadas celebrarem termos de ajustamento de conduta com agentes de degradação ambiental, com nítido caráter de transação, versando sobre interesses e direitos de natureza indisponível, representa mitigação dos postulados do princípio em comento. A mitigação, obviamente, deve obedecer ao critério da razoabilidade e se apresenta como medida que melhor atende aos interesses do meio ambiente. Os termos de ajuste de conduta, que constituem instrumento importante para a tutela do meio ambiente, não aperfeiçoam direito adquirido de poluir, servindo, ao contrário, para evitar o prosseguimento de condutas lesivas ao meio ambiente, com nítida vantagem para a sociedade, que dispõe de tutela preventiva, inibitória e reparatória sem a necessidade de ação judicial.

1.3. Princípios da precaução e da prevenção

Aludimos aos princípios da *prevenção* e da *precaução* sem desconhecer a diferença entre eles. O princípio da *prevenção* diz respeito ao *perigo de dano concreto*, enquanto o princípio da *precaução* refere-se ao *perigo de dano abstrato*. Por isso, em atenção ao princípio da precaução, a incerteza quanto à lesividade e a dúvida científica militam em favor da sociedade. No caso de atividades como extração, refino e transporte de petróleo, mineração, uso e transporte de agrotóxicos, por exemplo, seria mais apropriado falar em princípio da prevenção, porquanto se cuida de evitar que atividades indubitavelmente perigosas produzam os efeitos danosos não desejados.

O princípio da precaução, hoje erigido à condição de princípio fundamental de direito internacional, é, sem dúvida, um dos mais importantes para a preservação do meio ambiente. Resultante da ECO-92, foi inserido como resultado da Conferência das Nações Unidas sobre Meio Ambiente e Desenvolvimento – RIO/92 –, nos seguintes termos:

> Princípio 15 – De modo a proteger o meio ambiente, o princípio da precaução deve ser amplamente observado pelos Estados, de acordo com suas capacidades. Quando houver ameaça de danos sérios ou irreversíveis, a ausência absoluta de certeza científica não deve ser utilizada como razão para postergar medidas eficazes e economicamente viáveis para prevenir a degradação ambiental.

O princípio da precaução assenta-se sobre dois pressupostos principais: a tendência natural de as atividades humanas causarem dano ao meio ambiente e a incerteza científica acerca desta potencialidade e dos efeitos que dela decorrerão. O princípio da prevenção, por sua vez, está intimamente relacionado com a necessidade de estabelecer mecanismos que possam evitar ou, pelo menos, minorar a intensidade destes danos, atuando preventivamente.

Para o Professor Paulo Affonso Leme Machado, "o princípio da precaução, para ser aplicado efetivamente, tem que suplantar a pressa, a precipitação, a rapidez insensata e a vontade de resultado imediato... O princípio da precaução não significa prostração diante do medo, não elimina a audácia saudável, mas eqüivale à busca da segurança do meio ambiente, indispensável para a continuidade da vida".[65]

Em matéria ambiental, prevenir é mais importante do que reconstituir e obter indenização futura por dano já ocorrido. Os prejuízos ao meio ambiente nem sempre são mensuráveis, uma vez que têm repercussões em vários campos da atividade humana. A rigor, pode-se dizer que muitas vezes as lesões ao meio ambiente, conforme o recurso atingido, são irreversíveis, a despeito da possibilidade de condenação do agressor ao ressarcimento do dano causado. Por isso, afigura-se imprescindível a prevenção, como medida que se antecipe às agressões potenciais à natureza. Em vista do perigo iminente ou potencial de dano ambiental, deve o Poder Público, assim também como o particular, agir, evitando o surgimento da agressão, ou, ao menos, estancando desde logo seus efeitos deletérios, se já iniciados. A Administração está habilitada a agir preventivamente, fazendo uso de seu Poder de Polícia. O cidadão tem a seu dispor a Ação Popular, que lhe garante eficácia no papel de prevenir o prejuízo ambiental através de provimento liminar que suste imediatamente a atividade lesiva. O Ministério Público, de sua vez, pode propor Ação Civil Pública e obter, também liminarmente, a paralisação do empreendi-

---
[65] *Direito Ambiental Brasileiro*. 8.ed. São Paulo: Malheiros, p. 57.

mento agressor. Esses instrumentos existem para garantir a atividade de prevenção ao meio ambiente antes da ocorrência definitiva do dano, sinalizando inequivocamente que a sociedade tem mais proveito quando se antecipa ao prejuízo do que quando espera a ocorrência dele, para se ver ressarcida somente muito tempo depois.

O princípio da precaução traz na inversão do ônus da prova, tanto na fase administrativa de estudos de viabilidade, como na esfera judicial, a sua mais importante função prática. Cabe a quem pretende exercer uma atividade comprovar que os riscos a ela associados são aceitáveis. Incumbe ao degradador do meio ambiente comprovar que a sua atividade, questionada em juízo, não é efetiva ou potencialmente poluidora.

Vale destacar, por fim, a importante consagração do princípio da precaução no campo da tutela penal do meio ambiente. O § 3º do art. 54 da Lei nº 9.605/98 criminaliza a não-adoção, quando assim o exigir a autoridade competente, de medidas de precaução em caso de risco de dano ambiental grave ou irreversível. Assim que o descumprimento de determinações administrativas concretas (para um caso específico e concreto) ou abstratas (genéricas) passa a constituir conduta criminosa e punida com a mesma pena do delito de poluição (art. 54).

1.4. Princípio do desenvolvimento sustentável

O princípio do desenvolvimento sustentável, que encontra assento no art. 170, VI, da CF, impõe que toda a atividade econômica, conquanto possa ser exercida com liberdade, se desenvolva condicionada e vinculada à preservação do meio ambiente, sendo-lhe, pois, vedado colocar em risco os recursos naturais.

Em nível infraconstitucional, o princípio do desenvolvimento sustentável encontra-se expressamente reconhecido na Lei nº 6.938/81: "Art. 4º. A Política Nacional do Meio Ambiente visará: I. à compatibilização do desenvolvimento econômico-social com a preservação da qualidade do meio ambiente e do equilíbrio ecológico;".

Trata-se de um princípio (nº 4) que foi encampado pela Declaração do Rio (ECO-92), com o seguinte teor: "A fim de alcançar o desenvolvimento sustentado, a proteção ao meio ambiente deve constituir parte integrante do processo de desenvolvimento e não pode ser considerada de forma isolada".

Traduzindo-se seu enunciado, formulado em termos genéricos, pode-se dizer que "o desenvolvimento sustentável é um desenvolvimento que atende às necessidades do presente sem comprometer a capacidade das gerações futuras de responder as suas próprias necessidades".⁶⁶ Isto eqüivale a dizer que o citado princípio impõe, de forma inarredável e coercitiva, que se considere a variável ambiental no processo decisório de políticas públicas e iniciativas econômicas privadas ou públicas, com vistas à preservação dos recursos naturais do meio ambiente.

1.5. Princípio do poluidor-pagador (ou usuário-pagador)

O princípio do poluidor-pagador (ou usuário-pagador), nos termos em que definido por Herman Benjamin, "é aquele que impõe ao poluidor o dever de arcar com as despesas de prevenção, reparação e repressão da poluição. Ou seja, estabelece que o causador da poluição e da degradação dos recursos naturais deve ser o responsável principal pelas conseqüências de sua ação (ou omissão)".⁶⁷

Decomposto em termos práticos, está o princípio do poluidor-pagador dirigido para a redistribuição dos custos da degradação ambiental e internalização das externalidades ambientais negativas, impondo ao sujeito econômico os custos da deterioração do meio ambiente e das medidas preventivas de sua ocorrência.

Para o Professor Paulo de Bessa Antunes, o "fundamento do PPP é inteiramente diferente dos fundamentos do princípio da responsabilidade. Seu desiderato é o de evitar dano ao meio ambiente ou, pelo menos, de diminuir-lhe o impacto, e faz isto por meio da imposição de um custo ambiental à aquele que se utiliza do meio ambiente em proveito econômico, na proporção em que ele se utilize de maior ou menor quantidade de recursos. A idéia básica que norteia o PPP é que a sociedade não pode arcar com os custos de uma atividade que beneficia um único indivíduo ou um único grupo de indivíduos. Busca-se, portanto, a aplicação de uma medida de justiça que se funde não na responsabilidade, mas, isto sim, na solidariedade".⁶⁸

Impõe-se obtemperar que o princípio do usuário-pagador abrange não só o aspecto reparatório, mas também o sentido de prevenção de futuros danos, impondo ao empreendedor também o custo das medidas necessárias a evitar que ocorra o dano ambiental. Com efeito, a reparação do dano, obviamente, atua como elemento que sugere a maximização de medidas preventivas. Não convalida a ilicitude, nem torna desinfluentes as ações de prevenção. Se o mal já ocorreu, restam dois caminhos: o da indenização e o da prevenção de repetição. É

---

66 Relatório "Nosso Futuro Comum" da Comissão Mundial sobre Meio Ambiente e Desenvolvimento (1987).

67 O princípio do poluidor-pagador e a reparação do dano ambiental, *Dano Ambiental: Prevenção, reparação e repressão*, São Paulo: Ed. Revista dos Tribunais, 1993, p. 236.

68 *Dano ambiental: uma abordagem conceitual*, p. 222.

neste binômio que repousa o enunciado do princípio do poluidor-pagador.

Vale aqui lembrar, observada a perspectiva eminentemente preventiva do princípio em exame, a total adequação da criação de tarifas, preços públicos, taxas e contribuições de domínio econômico que tenham suas receitas vinculadas a objetivos de proteção do meio ambiente, seja para subsidiar políticas de educação ambiental e para custear campanhas de conscientização, seja para o incremento de medidas fiscalizatórias e punitivas, seja para a constituição de fundos de reparação de recursos naturais degradados etc. É caso da CIDE, instituída pela Lei nº 10.336, de 19/12/2001, que tem exatamente a função de incrementar, com fundamento no princípio do poluidor-pagador, o aspecto preventivo de possível ausência de reparação do dano, pois que, internalizando as externalidades nocivas, trabalha com reparação prévia. Uma das destinações da CIDE é o financiamento de projetos ambientais relacionados com a indústria do petróleo e do gás (art. 1º, § 1º, inciso II). De igual feitio, em termos de "tributação antipoluição", temos a TCFA (Taxa de Controle e Fiscalização Ambiental), instituída pela Lei nº 10.165/2000, que acrescentou o art. 17-B à Lei nº 6.938/81. A TCFA tem como fato gerador o exercício regular do poder de polícia conferido ao IBAMA para controle e fiscalização das atividades potencialmente poluidoras e utilizadoras de recursos naturais. O STF, diga-se de passagem, reconheceu a constitucionalidade da TCFA (RE nº 416601/SC, Rel. Ministro Carlos Velloso, j. 10.08.2005).

Consoante assinala Paulo Affonso Leme Machado, o "investimento efetuado para prevenir o dano ou o pagamento do tributo ou tarifa ou do preço público não isentam o poluidor ou predador de ter examinada e aferida a sua responsabilidade residual para a reparação do dano".[69]

O princípio em análise, embora atribua a responsabilidade pela prevenção, repressão e reparação da poluição prioritariamente ao agente causador direto do dano, a toda evidência, não o faz ao extremo de desonerar o causador indireto do dano, até mesmo, o Estado, enquanto omisso em suas atribuições constitucionais de zelar pela higidez ambiental (art. 225 da CF) e de responder pela parcela de responsabilidade que lhe cabe de impor a internalização das externalidades ambientais. Não é sem sentido que a Lei nº 6.938/81 (Lei da Política Nacional do Meio Ambiente), em seu art. 3º, IV, define poluidor como sendo "a pessoa física ou jurídica, *de direito público* ou privado, responsável, direta ou *indiretamente*, por atividade causadora de degradação ambiental" (grifamos).

---

[69] Op. cit., p. 46.

A Declaração do Rio (ECO-92) também agasalhou o princípio do poluidor-pagador, em seu enunciado nº 16: "Tendo em vista que o poluidor deve, em princípio, arcar com o custo decorrente da poluição, as autoridades nacionais devem procurar promover a internalização dos custos ambientais e o uso dos instrumentos econômicos, levando na devida conta o interesse público, sem distorcer o comércio e os investimentos internacionais".

1.6. Princípio da participação ou colaboração (ou princípio democrático)

Este princípio, extraído do art. 225, *caput*, da Constituição, que impõe o dever conjunto, da sociedade e do Poder Público, de proteção do meio ambiente, traduz-se na necessidade de se organizarem, sociedade civil e Estado, para a adoção de iniciativas e políticas públicas tendentes à proteção do meio ambiente. *Participação* e *colaboração* são expressões que compreendem dupla significação. A primeira, com o sentido de impor atuação conjunta no centro das decisões que digam respeito ao meio ambiente; a segunda, de sua vez, exige ações (comissivas ou omissivas) que se reflitam em favor da proteção ambiental. Assim, é dever de todo o cidadão, que se obriga a ajustar seu agir neste sentido, a preservação do meio ambiente. Ao Poder Público, a quem incumbe, com a mesma ou maior intensidade, o dever de proteção ao meio ambiente, cumpre adotar políticas públicas e propor normatização tendentes à proteção do meio ambiente, franqueando a ampla participação popular. A participação da sociedade deve se manifestar também na via judicial. Seja de forma isolada ou por meio de entidades associativas ou entidades não-governamentais, a participação ativa da sociedade na busca de tutela jurisdicional para o meio ambiente constitui um dos pilares da proteção ambiental exigida pela Constituição. É inerente ao próprio conceito de cidadania.

A participação popular nas questões atinentes à proteção do meio ambiente está intimamente vinculada ao direito fundamental de ingerência positiva na vontade do Estado (além da partilha de responsabilidades). É também componente essencial do Estado Democrático de Direito Ecológico. A sociedade tem o direito de exigir do Estado a edição de leis e atos normativos que constituam instrumento de disciplina de sua participação no procedimento e na organização das questões ambientais.

A Declaração do Rio de Janeiro, da Conferência das Nações Unidas para o Meio Ambiente e o Desenvolvimento, de 1992, proclamando a necessidade da participação popular nas questões ambientais, em seu art. 10, dispõe: "O melhor modo de tratar as questões do meio ambiente é assegurando a participação de todos os cidadãos interessados, no nível pertinente".

Vale destacar as disposições da Lei nº 10.257, de 10 de julho de 2001, o chamado "Estatuto da Cidade", instrumento legal que consagra o princípio democrático na gestão os assuntos ambientais de interesse da política urbana. No inciso II do art. 2º, dispõe que esta obedecerá, dentre outras, a seguinte diretriz: "gestão democrática por meio da participação da população e de associações representativas dos vários seguimentos da comunidade na formulação, execução e acompanhamento de planos, programas e projetos de desenvolvimento urbano.

2. Noções sobre "poluição" e "dano ambiental"

Poluição, nas palavras do saudoso Hely Lopes Meirelles, "é toda alteração das propriedades naturais do meio ambiente, causada por agente de qualquer espécie, prejudicial à saúde, à segurança e ao bem-estar da população sujeita aos seus efeitos".[70]

O dano ao meio ambiente, segundo Helita Barreira Custódio, "compreende todas as lesões ou ameaças de lesões prejudiciais à propriedade (privada ou pública) e ao patrimônio ambiental, com todos os recursos naturais ou culturais integrantes, degradados, descaracterizados ou destruídos individualmente ou em conjunto".[71]

Vê-se, pois, que o conceito de *dano ambiental* está relacionado com a definição de *poluição*, tal como se depreende da regra insculpida no inciso III do art. 3º da Lei 6.938/81:

Art. 3º. Para os fins previstos nesta lei, entende-se por:

(...).

III – Poluição: A degradação da qualidade ambiental resultante de atividade que direta ou indiretamente:

a) prejudiquem a saúde, a segurança e o bem-estar da população;

b) criem condições adversas às atividades sociais e econômicas;

c) afetem desfavoravelmente a biota;

d) afetem as condições estéticas ou sanitárias do meio ambiente;

e) lancem matérias ou energias em desacordo com os padrões ambientais estabelecidos.

---

[70] *Direito Administrativo Brasileiro*. São Paulo: Malheiros, 1993, p. 485.

[71] A questão constitucional: propriedade, ordem econômica e dano ambiental. Competência legislativa concorrente (*Dano Ambiental*, cit., p. 130).
Dano ambiental, no dizer de Édis Milaré, "é a lesão aos recursos ambientais, com conseqüente degradação – alteração adversa ou *in pejus* – do equilíbrio ecológico e da qualidade de vida" (Tutela Jurídico-Civil do Ambiente, *Revista de Direito Ambiental* nº 0, São Paulo: RT, p. 29).

Consoante observa Paulo de Bessa Antunes, a poluição "é uma categoria genérica que se desenvolve em três níveis: (i) a poluição em sentido estrito (desprezível); (ii) o dano ambiental, e (iii) o crime ambiental.[72]

Dessarte, toda a alteração negativa ao meio ambiente pode ser considerada poluição, mas nem toda poluição pode ser qualificada como dano ambiental. Para que se caracterize o dano ambiental é necessário um grau de relativa *anormalidade*, presente na alteração das propriedades físicas e químicas dos elementos naturais, fazendo com que estes fiquem desprovidos, no todo ou em parte, de suas propriedades normais de utilização. A poluição (em sentido estrito), quando sejam desprezíveis as alterações que provoca, não é relevante para o direito. O dano ambiental ocorre quando a poluição excede o limite do desprezível, acarretando uma transformação gravosa ao meio ambiente.

O dano ambiental pode ser classificado segundo os seguintes critérios:[73]

1. *quanto à amplitude do bem protegido*: a) dano ambiental ecológico puro – atinge apenas os componentes naturais do ecossistema; b) dano ambiental em sentido amplo – abrange todos os componentes do meio ambiente, inclusive o patrimônio cultural; c) dano ambiental individual – quando a agressão ao meio ambiente atinge reflexamente ao particular;

2. *quanto à reparabilidade*: a) dano ambiental diretamente reparável (individual) e b) dano ambiental indiretamente reparável (coletivo), conforme afete direitos e interesses individuais ou coletivos, devendo, respectivamente, a indenização beneficiar o patrimônio individual ou o macrobem de interesse coletivo;

3. *quanto à natureza do dano*: a) dano patrimonial e b) dano moral, conforme afete o patrimônio material ou moral (sentimental) do lesado;

4. *quanto ao interesse tutelado*: a) difusos – transindividuais e indivisíveis, afetando a uma quantidade de pessoas não identificada; b) coletivos – atingem a uma coletividade unida por um vínculo jurídico base; c) individuais – afetam reflexamente o patrimônio individual, e d) individuais homogêneos – decorrem de fato comum e atingem o interesse disponível individual de forma homogênea.

O sujeito passivo do *dano ambiental difuso* é toda a coletividade. Os direitos e interesses ambientais afetados são difusos ou transindividuais, vale dizer, insuscetíveis de personificação em sujeitos identificáveis e indivisíveis (não podem ser lesados ou satisfeitos senão de forma que afete a todos os titulares). Desta forma, sendo impossível a individualização, tem-se que o dano ambiental coletivo, porque o meio ambiente é bem de uso comum do povo (art. 225 da CF), atinge um número indeterminado de pessoas ligadas entre si por uma mera circunstância de fato (p. ex.: residir em determinado local ou região).

---

[72] *Op. cit.* p. 243.

[73] Ver José Rubens Morato Leite. *Dano ambiental: do individual ao coletivo extrapatrimonial*. São Paulo: Ed. Revista dos Tribunais, 2000.

3. Responsabilidade civil objetiva por dano ambiental

Em razão da limitação temática, deixamos de tecer considerações acerca do que vem a ser responsabilidade civil, conceito de conhecimento geral e que não oferece maior complexidade. Parece-nos mais interessante sublinhar a sua função preventiva e pedagógica. É certo que a responsabilização civil inibe a ação agressiva sobre o meio e impõe a internalização de seus custos ambientais, atuando como incentivo ao desenvolvimento de tecnologias voltadas à proteção do meio e incutindo, por assim dizer, o temor das medidas reparatórias que advirão do mau uso dos recursos naturais.

O Direito Ambiental disciplina de forma própria a responsabilidade por dano ao meio ambiente. Suas regras e princípios são derrogatórios da disciplina da teoria clássica da culpa. A responsabilidade por dano ambiental é objetiva, respondendo o agente independentemente de ter agido ou não com culpa. O nexo de imputação, pois, que preside a responsabilidade do agente degradador é tão-somente a idéia de risco integral (ou criado), oriundo do exercício de atividade potencialmente lesiva ao ambiente hígido, direito consagrado constitucionalmente, sendo irrelevante a causa da degradação.

A teoria da responsabilidade objetiva já estava prevista na Lei n° 6.938, de 31.08.81, dispondo, no § 1° de seu art. 14, que o poluidor está obrigado ao ressarcimento do dano, *independentemente da existência de culpa*. Tal orientação foi mantida integralmente pelo legislador constituinte, conforme se verifica da leitura do § 3° do art. 225 da Constituição Federal, que dispõe sobre a responsabilidade do agente pelas condutas lesivas ao meio ambiente, sujeitando-o à reparação do dano causado, sem prejuízo das demais responsabilidades nas esferas criminal e administrativa.[74]

A esse propósito já discorremos no trabalho Meio Ambiente e Mineração:

> A teoria da responsabilidade objetiva já estava prevista na Lei nº 6.938, de 31/08/81, que, no § 1º de seu art. 14, dispunha que o poluidor estava obrigado ao ressarcimento do dano, independentemente da existência de culpa. Tal orientação foi mantida integralmente pelo legislador constitucional, conforme se verifica da leitura do § 3º do art. 225

---

[74] Nesta linha, a jurisprudência: "ADMINISTRATIVO E PROCESSUAL CIVIL. RESPONSABILIDADE ADMINISTRATIVA POR DANO AMBIENTAL. APURAÇÃO DE CULPA. IRRELEVÂNCIA. PROVAS PERICIAL E TESTEMUNHAL. INDÍCIOS. IDONEIDADE E SUFICIÊNCIA. CORREÇÃO MONETÁRIA. JUROS DE MORA. ÔNUS DE SUCUMBÊNCIA. 1. (...). 2. Tratando-se de dano ambiental, que tem especial proteção constitucional, a apuração da culpa é irrelevante. A hipótese é de responsabilidade objetiva, a obrigação de indenizar decorre do parágrafo 1º do art. 14 da Lei 6.938/81. Também é objetiva a responsabilidade em relação ao bem exterminado, não havendo necessidade da perfeita identificação da vítima. 3. A prova indiciária tem idoneidade como fator de convencimento para um juízo condenatório. 4. (...)" (TRF4, 3ª Turma, AC nº 04.083783-96/RS, j. 31-10-1996, Rel. Desembargadora Federal MARGA INGE BARTH TESSLER).

da Constituição Federal, que dispõe sobre a responsabilidade do agente pelas condutas lesivas ao meio ambiente, sujeitando-o à reparação do dano causado, sem prejuízo das demais responsabilidades nas esferas criminal e administrativa. A falta de menção expressa do texto constitucional à expressão independentemente de culpa tem levado alguns doutrinadores a conjecturar sobre a real intenção do constituinte. Não nos parece, porém, possa haver dúvida a respeito da adoção, pela Constituição Federal, da teoria da responsabilidade objetiva em matéria de dano ambiental. O legislador constituinte, em verdade, ampliou as garantias de defesa ambiental, promovendo a consolidação das normas especiais e gerais vigentes anteriormente à promulgação da Carta Magna. Prova disso é que a defesa do meio ambiente figura como um dos princípios norteadores da ordem econômica, a dizer que o exercício das atividades produtivas deve estar condicionado à observância dos cuidados indispensáveis que deve ter o empreendedor para evitar a degradação ambiental. Conforme averbou José Afonso da Silva, "tendo-a elevado (a defesa do meio ambiente) ao nível de princípio da ordem econômica, isso tem o efeito de condicionar a atividade produtiva ao respeito do meio ambiente e possibilita ao Poder Público interferir drasticamente, se necessário, para que a exploração econômica preserve a ecologia". Portanto, a Constituição Federal, a par de recepcionar a legislação sobre meio ambiente vigente antes de sua promulgação, dispensou ao problema tratamento especial em termos de garantias oferecidas à sociedade, tanto no que respeita ao ressarcimento dos prejuízos causados como nos casos de intervenção preventiva do Poder Estatal.[75]

A teoria da responsabilidade objetiva baseada no risco integral justifica-se em razão da importância que o ordenamento legal, por seus princípios e regras, dedica à preservação do meio ambiente, com imperativo para a sobrevivência das gerações presentes e futuras. Embora esteja intimamente relacionada com a idéia de "risco-proveito", impondo que sejam debitados os prejuízos ambientais a quem se lance no empreendimento de risco a fim de obter lucro, de forma a evitar-se a máxima da "privatização dos lucros e socialização dos prejuízos", inaplicável ao direito ambiental, devemos lembrar que não é relevante ou essencial para a caracterização do dever indenizatório a existência da vantagem ou proveito. Caio Mário da Silva Pereira, com acerto, sem negar a utilidade da teoria do risco-proveito, quanto à sua aplicabilidade, é crítico: "De outro lado, muito embora a idéia de proveito haja influenciado de maneira marcante a teoria do risco, a meu ver é indispensável eliminá-la, porque a demonstração, por parte da vítima, de que o mal foi causado não porque o agente empreendeu uma atividade geradora do dano, porém porque desta atividade ele extraiu um proveito, é envolver, em última análise, uma influência subjetiva na conceituação da responsabilidade civil".[76]

Para o direito ambiental, *poluidor*, nos termos dos arts. 3º, IV, e 14, § 1º, da Lei nº 6.938/81, não é apenas quem diretamente deflagra

---

[75] *Direito Ambiental em Evolução*. Curitiba: Juruá, 1998, p. 251/2.

[76] *Responsabilidade Civil*. Rio de Janeiro: Forense, 1999, p. 287.

o processo degradador do meio ambiente (causa imediata), mas também quem mantém a atividade que lhe deu origem (causa mediata).

O nexo de causalidade, elemento objetivo que compõe a teoria da responsabilidade indenizatória, consubstanciado na relação de causa e efeito entre a conduta da pessoa ou da coisa e o dano, no caso da responsabilidade objetiva baseada no risco, deve ser visualizado a partir do empreendimento, da exploração da atividade, econômica ou não, não da conduta ativa ou omissiva, mas da mera atividade. É o risco decorrente da exploração de uma atividade, seja ela perigosa ou não, que norteia o dever de reparação, devendo-se, portanto, considerá-lo intrínseco ao processo produtivo. A propósito da vinculação da responsabilidade à exploração de atividade, observando que o nexo de causalidade não leva em conta a ação específica, mas apenas a atividade desenvolvida, destaco aresto do Colendo Superior Tribunal de Justiça:

> ADMINISTRATIVO. DANO AO MEIO AMBIENTE. INDENIZAÇÃO. LEGITIMAÇÃO PASSIVA DO NOVO ADQUIRENTE. 1. A responsabilidade pela preservação e recomposição do meio ambiente é objetiva, mas exige nexo de causalidade entre *a atividade do proprietário* e o dano causado (Lei 6.938/81). 2. Em se tratando de reserva florestal, com limitação imposta por lei, o novo proprietário, ao adquirir a área, assume o ônus de ter que manter a preservação, tornando-se responsável pela reposição, mesmo que não tenha contribuído para devastá-la. 3. Responsabilidade que independe de culpa ou nexo causal, porque imposta por lei. 4. Recurso Especial provido (REsp. nº 282.781/PR, Rel. Ministra Eliana Calmon, DJU 27.05.2002).

Postas estas premissas, podemos afirmar, no talvegue pioneiramente engendrado pelo ilustrado Sérgio Ferraz,[77] que são cinco os corolários da adoção da responsabilidade objetiva fundada no risco integral:

> a) *irrelevância da intenção danosa*: na modalidade responsabilidade objetiva, o que interessa é a ocorrência do dano que possa ser vinculado à atividade do agente, descabendo indagar-se acerca de eventual intenção no seu cometimento;
>
> b) *irrelevância da licitude da atividade*: a responsabilização do agente causador do dano funda-se no risco da atividade por ele desempenhada, de modo que, mesmo se lícita sua atuação, não poderá ser eximido de ressarcir à sociedade os prejuízos causados. Assim, ainda que devidamente registrado o produto agrotóxico, se vier a causar dano à saúde ambiental, deverá responder o agente;[78]

---

[77] Responsabilidade Civil por Dano Ecológico. *Revista de Direito Público*, nº 49-50, jan/jun –1979, Ed. Revista dos Tribunais, p. 39-40.

[78] José Afonso da Silva assim aborda o tema: "Não exonera, pois, o poluidor ou degradador a prova de que sua atividade é normal e lícita, de acordo com as técnicas mais modernas. Lembra Helli Alves de Oliveira a doutrina da *normalidade da causa e anormalidade do resultado*, que fundamenta a reparação, no caso da responsabilidade objetiva. Não libera o responsável nem mesmo a prova de que a atividade foi licenciada de acordo com o devido processo legal, já que as autorizações e licenças são outorgadas com a inerente ressalva de direitos de terceiros, nem que exerce a atividade poluidora dentro dos padrões fixados, pois isso não exonera o agente de verificar, por si mesmo, se sua atividade é ou não prejudicial, está ou não causando dano" (*Direito Ambiental Constitucional*. 2. ed. São Paulo: Malheiros, 1995, p. 216).

c) *irrelevância do caso fortuito, da força maior e do fato de terceiro*: não afastam a responsabilidade a contribuição de fatores imprevisíveis – fatos da natureza (raio, enchente) ou humanos (greve ou fato de terceiro). Assim, se o evento nocivo à saúde ambiental ocorre em razão da propagação do produto agrotóxico causada por ventos fortes ou chuvas, isto é irrelevante na atribuição da responsabilidade de quem o manipule; quanto ao fato de terceiro, fica, obviamente, ressalvado o direito de regresso do empreendedor contra o verdadeiro causador do dano ambiental;

d) *inversão do ônus da prova*: na responsabilidade objetiva fundada no risco integral, à exclusão de responsabilidade, só resta ao agente acionado a hipótese de provar a inexistência de nexo causal entre a sua atividade e o dano à saúde ambiental;

e) *redimensionamento do nexo causal e atenuação de sua importância*: o nexo causal não é considerado em relação à ação ou omissão, mas sim à atividade desenvolvida pelo agente, que tem o ônus da prova de que sua atividade não é potencialmente poluidora, resolvendo-se a dúvida científica em favor da sociedade, consoante recomenda o princípio da precaução, vigente no direito ambiental.

Vale lembrar que a jurisprudência também reconhece a inteira aplicabilidade da teoria da responsabilidade objetiva baseada no *risco integral* nas ações que têm por objeto reparação de dano ambiental. Consulte-se, a propósito, elucidativo aresto do colendo Superior Tribunal de Justiça no REsp.2002.0075602-3/SP, 1ª Turma, j. 26/11/2002, DJU 24/02/2003, p.196, em que figurou como relator o Ministro Luiz Fux, que, em seu voto, parafraseando Sérgio Cavalhiere Filho e Nélson Néry Júnior, assevera: "Se fosse possível invocar o caso fortuito e a força como causas excludentes da responsabilidade por dano ecológico, ficaria fora da incidência da lei a maior parte dos casos de poluição ambiental".

O então Des. Federal Arnaldo Lima, do TRF da 2ª Região, em voto memorável, deixou assentado que: "A obrigação de reparação do dano ambiental é objetiva (baseada no risco integral), solidária e imprescritível. Havendo relação direta ou indireta entre o dano ambiental e a atividade do poluidor deve ser este considerado sujeito passivo de eventual responsabilidade civil ambiental, sendo também irrelevante a licitude da atividade, pois na ação civil pública ambiental não se discute, necessariamente, a legalidade do ato" (TRF da 2ª Região, Agravo de Instrumento nº 104105 (2002.02.01.0439345/ES), 4ª Turma, j. 03/09/2003).

Impõe-se discorrer brevemente acerca da distinção entre a responsabilidade fundada no *risco integral* e a responsabilidade fundada no *risco criado*, que se encontra prevista no novo Código Civil, no art. 927, parágrafo único: "Haverá obrigação de reparar o dano, independentemente de culpa, nos casos especificados em lei, ou quando a atividade normalmente desenvolvida pelo autor do dano implicar, por sua natureza, risco para os direitos de outrem".

O principal traço distintivo é o seguinte: na responsabilidade fundada no *risco integral*, o caso fortuito, a força maior e o fato de terceiro ou da própria vítima são circunstâncias que, ao contrário do que ocorre na teoria do *risco criado*, não desoneram o empreendedor do dever de reparar o dano.

A professora Judith Martins-Costa explica que, no parágrafo único do art. 927, o "Código institui uma espécie de *cláusula geral de responsabilidade objetiva* ao determinar o nascimento do dever de indenizar, independentemente de culpa, não apenas nos casos especificados em lei, mas também 'quando a atividade normalmente desenvolvida pelo autor do dano implicar, por sua natureza, risco para os direitos de outrem'. No substrato dessa norma está a noção de estrutura social, tão cara para Miguel Reale, entendendo-se por esta 'um todo de valorações, determinado pela polarização de uma valorização-matriz', *incompreensível 'em termos de mera causalidade, ou de puras relações formais'*. E prossegue a eminente jurista: "Assim é que, transposta ao plano da dogmática da responsabilidade civil, esta noção permite afirmar: 'Se aquele que atua na vida jurídica desencadeia uma estrutura social que, por sua própria natureza, é capaz de pôr em risco os interesses e direitos alheios, a sua responsabilidade passa a ser objetiva e não mais subjetiva'. Em outras palavras, é a noção metajurídica de 'atividade normalmente exercida pelo autor do dano, que implique risco' a ser necessariamente concretizada pelo intérprete, que definirá qual o regime aplicável à responsabilidade, constituindo essa norma, ao meu ver, a projeção, neste domínio, da diretriz da solidariedade social" (grifamos).[79]

Sem embargo de conter a teoria do *risco integral* elementos constitutivos das teorias do *risco proveito* e do *risco criado*, revela-se ela mais abrangente. A adoção da teoria do *risco proveito*, em sede de dano ao meio ambiente, levaria à desoneração de atividades que não se destinam a qualquer vantagem econômica ou que não se revistam da conotação empresarial. A teoria do *risco criado*, nos moldes em que concebida pela doutrina, é também modalidade de responsabilidade que não tem integral aplicabilidade à responsabilidade por dano ambiental, que, como já o dissemos, baseia-se em regras e princípios próprios, derrogatórios das regras do direito civil. A doutrina do direito ambiental, aliás, tem como certa a adoção da teoria da responsabilidade fundada no risco integral, e não no risco criado, para a disciplina da responsabilidade civil por dano ambiental.[80] "Mas há de se observar que a teoria do risco criado deixa à margem da responsabilidade os acidentes causados em empresas, e que venham a agredir o meio ambiente e que sejam fruto de uma conjunção de causas, parte delas vinculadas ao caso fortuito ou à força maior. A prosperar esse

---

[79] Diretrizes Teóricas do Novo Código Civil Brasileiro. *O Novo Código Civil Brasileiro: em busca da "ética da situação"*. São Paulo: Saraiva, 2002, p. 128.

[80] A propósito, consulte-se o escólio de Édis Milaré. *Direito do Ambiente*, p. 427/428.

entendimento, os grandes acidentes que lesam o meio ambiente, causados por forças da natureza ou terceiros, sequer seriam minorados por atitudes reparadoras dos proprietários do estabelecimento. Interessante notar que a partir do instante em que uma empresa passa a lidar com materiais potencialmente causadores de ofensa ao meio ambiente, o que existe é um 'contrato de risco' com os ecossistemas e com a população. A atividade econômica pode ser desenvolvida, mas o risco de um dano ao meio ambiente é suportado por aquele que aufere lucros com a atividade".[81]

Para a teoria do risco integral é irrelevante, no que concerne à ação de reparação, o concurso de causas. Havendo mais de uma atividade potencialmente causadora do dano, todas serão consideradas aptas a produzi-lo, sendo, pois, despiciendo distinguir-se entre causa principal e causa secundária. A *irrelevância da causa adequada*, noção aplicável à teoria do risco integral, entretanto, não é aplicável à teoria do *risco criado*. Segundo Annelise Monteiro Steigleder, "diferentemente do que ocorre na teoria do risco criado, que resolve os problemas causais a partir da teoria da causalidade adequada, em que se seleciona 'entre as diversas causas que podem ter condicionado a verificação do dano, aquela que, numa perspectiva de normalidade e adequação sociais, apresente sérias probabilidades de ter criado um risco socialmente inaceitável, risco esse concretizado no resultado danoso', na teoria da equivalência das condições basta que o dano possa estar vinculado à existência do fator risco, o qual é reputado 'causa' do dano, pelo que qualquer evento condicionante é equiparado à causa do prejuízo, sem a exigência de que este seja uma conseqüência necessária, direta e imediata do evento. Fundamentam a adoção do mero fator risco, em substituição ao requisito de uma causa adequada perfeitamente identificada, vinculada a uma atividade perigosa, a percepção de que a atividade é realizada no interesse da pessoa ou empresa e o princípio do *alterum neminem laedere*".[82]

Não dispensa a teoria do risco integral, senão que apenas a atenua, a existência da relação de causalidade. Sempre será necessário definir-se um nexo de causalidade entre o dano decorrente e a atividade criada pelo agente. A obrigação de indenizar é decorrência do indispensável liame entre a atividade e o dano. Da natural relação de causa e efeito entre ambos. Do contrário, não se aperfeiçoará. A atenuação decorre do fato de que a relação de causalidade é perseguida entre a atividade, e não em condutas (omissivas ou comissivas) específicas.

---

81 Nicolao Dino de Castro e Costa Neto *et al*, *Crimes e Infrações Administrativas Ambientais*. Brasília: Brasília Jurídica, 2000, p. 32/3.

82 Considerações sobre o nexo de causalidade na responsabilidade civil por dano ao ambiente. *Direito, Água e Vida*, vol. 2, org. Antônio Herman Benjamin, São Paulo: Imprensa Oficial, p. 41.

É nesta perspectiva que devemos reconhecer que o caso fortuito, a força maior, o fato da vítima e o fato de terceiro não excluem a responsabilidade daquele que, com a sua atividade, cria o risco. Somente o rompimento da relação da causalidade é hábil à desoneração. Se um agricultor armazena agrotóxicos, e as chuvas imprevisíveis e inevitáveis fazem ruir o seu depósito, levando o produto tóxico a escoar em um rio, causando mortandade de peixes, evidentemente que a responsabilidade persiste. Não fosse a atividade desenvolvida, risco não haveria. A toda evidência, não estamos diante de hipótese de total ruptura do nexo de causalidade. Então, é possível afirmar que para o dano houve a concorrência do responsável pela atividade, o que impede incida a causa excludente do dever reparatório.

O regime de responsabilidade objetiva por dano ao meio ambiente, excepcionalmente, poderá admitir variação quanto à modalidade de risco. A teoria do risco integral é a regra geral, por força do sistema. Eventualmente, consoante interpretação judicial, poderá incidir a teoria do risco criado, nos termos da lei adjetiva civil, e até mesmo a teoria do risco-proveito. Não se trata de um sistema ou regime fechado. Diante do caso concreto, abre-se oportunidade para que o intérprete encontre a melhor regra a ser considerada, a que traduz a solução mais justa. Casos existem em que a adoção de responsabilidade baseada no risco integral, tomada na sua essência, poderá não ser socialmente recomendável, implicando decisão injusta.

4. Responsabilidade civil solidária

A solidariedade na responsabilidade civil por dano ambiental deve receber um tratamento um tanto diferenciado. A necessidade de se atribuir maior efetividade à tutela jurídica do meio ambiente impôs a ampliação das possibilidades subjetivas e materiais de se obter a reparação dos danos infligidos ao meio ambiente. Dessarte, criou-se um aparato legislativo de proteção ao meio ambiente, que, se não dispõe expressamente acerca da solidariedade passiva em matéria de dano ambiental, não deixa nenhuma dúvida sobre a sua consagração. A começar pela Constituição Federal, que, no § 3º do art. 225, dispõe sobre a responsabilidade do agente pelas condutas lesivas ao meio ambiente, sujeitando-o à reparação do dano causado, sem prejuízo das demais responsabilidades nas esferas criminal e administrativa, passando pela Lei nº 6.938, de 31/08/81, que, no § 1º de seu art. 14, diz que o poluidor está obrigado ao ressarcimento do dano, independentemente da existência de culpa.

Desta forma, se a solidariedade não se presume, resulta de lei ou da vontade das partes (art. 265 do CC), podemos afirmar que, longe de ser presunção, a solidariedade, em sede de ação reparatória de dano ambiental, decorre da interpretação sistemática das referidas normas protetivas do meio ambiente.

Dessarte, além de objetiva, a responsabilidade em matéria de dano ambiental é solidária. Tratando-se de solidariedade passiva, segundo dispõe o art. 275 do Código Civil, a dívida comum pode ser exigida, por inteiro, de apenas um dos co-devedores, de alguns ou de todos. Dispõe o art. 942 do Código Civil que os bens do responsável pela ofensa ou violação de direito de outrem ficam sujeitos à reparação do dano causado, e, se tiver mais de um autor a ofensa, todos responderão solidariamente pela reparação (art. 942 do Código Civil).

Rodolfo Camargo Mancuso adverte que "se justifica a aplicação do princípio da solidariedade por danos aos interesses difusos, quando se considere: a) que igual regime é aplicado na ação popular, também utilizada na defesa destes interesses; b) a atual Carta Magna prevê que 'as condutas e atividades consideradas lesivas ao meio ambiente sujeitam os infratores, pessoas físicas ou jurídicas, a sanções penais e administrativas, independentemente da obrigação de reparar os danos causados (art. 225, § 3º); c) o regime da solidariedade está na base da estrutura dos interesses difusos".[83]

Importante também o escólio de Nelson Nery Júnior, falando sobre responsabilidade civil na ACP: "É curial que deve responder pelo prejuízo experimentado pelo meio ambiente o causador do dano. Não raras vezes, torna-se difícil a identificação perfeita daquele que deu causa ao dano ambiental. Resolve-se este problema com o instituto da solidariedade, instituto que informa a responsabilidade pelo dano ecológico. Não importa para a sociedade, em que proporção a indústria x poluiu o ambiente de determinada região, se mais ou menos que a indústria y. Basta alguma delas haver dado causa, por intermédio de sua atividade, à poluição ambiental, circunstância ensejadora de prejuízo ao meio ambiente, para que exista a obrigação de indenizar, havendo legitimidade passiva *ad causam* para a ação a que estamos tratando".[84]

O colendo Superior Tribunal de Justiça, refletindo a orientação pretoriana dominante, reconhece a solidariedade que caracteriza a obrigação de reparação do dano ambiental:

AÇÃO CIVIL PÚBLICA. RESPONSÁVEL DIRETO E INDIRETO PELO DANO CAUSADO AO MEIO AMBIENTE. SOLIDARIEDADE. HIPÓTESE EM QUE SE CONFIGURA LITISCONSÓRCIO FACULTATIVO E NÃO LITISCONSÓRCIO NECESSÁRIO. I – A ação civil pública pode ser proposta contra o responsável direto, contra o responsável

---

83 *Ação Civil Pública: em Defesa do Meio Ambiente, Patrimônio Cultural e dos Consumidores*. 2. ed. São Paulo: Revista dos Tribunais, 1992, p. 191.

84 Responsabilidade Civil por Dano Ecológico e a Ação Civil Pública, *Revista de Processo* nº 38, São Paulo: RT, p. 138.

indireto ou contra ambos, pelos danos causados ao meio ambiente. Trata-se de caso de responsabilidade solidária, ensejadora do litisconsórcio facultativo (CPC, art. 46, I) e não do litisconsórcio necessário (CPC, art. 47). II – Lei nº 6.938, de 31.8.81, arts. 3º, IV, 14, par. 1º, e 18, parágrafo único. Código Civil, arts. 896, 904 e 1.518. Aplicação. III – Recurso Especial não conhecido (STJ, REsp. nº 37354-93/SP, 2ª Turma, DJU 18-09-95, p. 29954, Rel. Ministro ANTONIO DE PÁDUA RIBEIRO).

Da mesma forma o egrégio Tribunal Regional Federal da 4ª Região, tal como ilustra o precedente de sua 3ª Turma:

AÇÃO CIVIL PÚBLICA. RESPONSABILIDADE POR DANO AMBIENTAL. SOLIDARIEDADE.

I. A ação civil pública pode ser proposta contra o responsável direto, o responsável indireto ou contra ambos, pelos danos causados ao meio ambiente, por se tratar de responsabilidade solidária, a ensejar o litisconsórcio facultativo.

2. A omissão do Poder Público no tocante ao dever constitucional de assegurar proteção ao meio ambiente não exclui a responsabilidade dos particulares por suas condutas lesivas, bastando, para tanto, a existência do dano e nexo com a fonte poluidora ou degradadora. Agravo parcialmente provido (Agravo de Instrumento nº 96.04.63343-0/SC, DJU 29/09/1999, p. 640, Relatora Juíza Federal VIVIAN JOSETE PANTALEÃO CAMINHA).

Com isso, pode-se afirmar que qualquer um dos intervenientes na cadeia de produção, comercialização e consumo de agrotóxicos, seus componentes e afins, que tenha de algum modo contribuído para a ocorrência do dano à saúde ambiental, poderá ser acionado individualmente, cabendo-lhe discutir, depois, na via regressiva, em relação aos demais, o seu grau de culpa, a fim de reaver o que eventualmente seja compelido a pagar.

Conseqüência da adoção da responsabilidade solidária é a irrelevância da mensuração da participação, ou contribuição, para o evento danoso, seja em docorrência do concurso de causas ou do concurso de agentes. Não importa que A, B e C (três agricultores a lançar resíduos de agrotóxicos em um rio) tenham contribuído para a ocorrência do dano ambiental, ou, ainda, que as atividades Z, Y ou Z (agrotóxicos na lavoura, mineração e cortumes, respectivamente) tenham influído para a degradação ambiental de determinada região. Conforme o caso, a solidariedade autoriza que qualquer um dos agentes ou atividades, alguns apenas, ou todos, sejam responsabilizados. Vale lembrar, a propósito, o escólio de Sebastião Vidal Gomes: "Tratando-se de responsabilidade objetiva com base no risco criado, a solidariedade fica estabelecida somente pela concorrência dos agentes ou do nexo causal gerador do fato danoso, sendo irrelevantes, para tanto, aspectos tais como a existência de acerto prévio entre os agentes, unidade de condutas ou finalidade de resultado diverso, que só dizem respeito à noção de culpa".[85]

---

[85] *Direito Ambiental Brasileiro*. Porto Alegre: Síntese, 1999, p. 107.

5. Responsabilidade civil da Administração Pública

Consoante o disposto no § 6º do art. 37 da Constituição Federal, responde a Administração Pública pelas condutas omissivas ou comissivas de seus agentes que causem danos a terceiros. Este comando consagra a responsabilidade objetiva do Estado, fundada no risco administrativo.

O novo Código Civil, seguindo a linha traçada pela Carta Maior, consagra, em termos legislativos infraconstitucionais, a responsabilidade objetiva da Administração Pública, no seu art. 43, assim vazado: "As pessoas jurídicas de direito público interno são civilmente responsáveis pelos atos de seus agentes que nessa qualidade causem danos a terceiros, ressalvado direito regressivo contra os causadores do dano, se houver, por parte destes, culpa ou dolo".

Dessarte, a responsabilidade do Estado, no sistema jurídico brasileiro, em regra, é objetiva e decorre do risco administrativo, bastando para aperfeiçoar-se a existência do dano e a comprovação do nexo causal entre este e a ação do Poder Público, não sendo, em regra, necessária a culpa ou o dolo. Na responsabilidade baseada no risco administrativo, o caso fortuito, a força maior e a culpa da vítima atuam como excludentes da responsabilidade estatal.

Tratando-se de dano ambiental causado pelo próprio Estado e, portanto, não resultante da ausência do exercício do poder de polícia que permita ao particular causar o dano ambiental, pensamos que a responsabilidade estatal deve adotar o regime comum da responsabilização de qualquer degradador do meio ambiente, ou seja, o da responsabilidade civil objetiva baseada no risco integral. Não teria sentido e seria mesmo antiisonômico sustentar-se que o Estado, que tem, em mesmo ou maior grau, o dever de preservação do meio ambiente, ficasse imune à responsabilização baseada no risco integral. Nem a Lei nº 6.938, em seu art. 14, § 1º, nem a Constituição, em seu art. 225, § 3º, quando disciplinam a responsabilidade civil por dano ao meio ambiente, apresentam nota excludente do Estado do regime que instituem.

Questão importante e assaz controvertida diz respeito à responsabilidade da Administração Pública por omissão. Na esteira do entendimento remansoso do Pretório Excelso, entendemos que nem o CDC nem a nova lei substantiva (CC) alteraram a disciplina da matéria. A responsabilidade do Estado por falta do serviço permanece sendo subjetiva, dependendo dos elementos culpa ou dolo. A chamada "culpa do serviço" corresponde à omissão da Administração que, não tendo agido quando o deveria ter feito, causa lesão de direito. Não obstante seja a responsabilidade pela falta do serviço subjetiva, tem a jurisprudência admitido uma espécie de presunção de culpa, que inverte o ônus da prova, incumbindo à Administração, para livrar-se da responsabilidade, provar o perfeito funcionamento do serviço, o caso fortuito, a força maior ou fato de terceiro. Neste sentido, vale destacar o seguinte precedente do egrégio STF:

CONSTITUCIONAL. ADMINISTRATIVO. CIVIL. DANO MORAL. RESPONSABILIDADE CIVIL DAS PESSOAS JURÍDICAS DE DIREITO PÚBLICO E DAS PESSOAS JURÍDICAS DE DIREITO PRIVADO PRESTADORAS DE SERVIÇO PÚBLICO. ATO OMISSIVO DO PODER PÚBLICO: MORTE DE PRESIDIÁRIO POR OUTRO PRESIDIÁRIO: RESPONSABILIDADE SUBJETIVA: CULPA PUBLICIZADA: *FAUTE DE SERVICE*. C.F., ART. 37, § 6º.
I – A responsabilidade civil das pessoas jurídicas de direito público e das pessoas jurídicas de direito privado prestadoras de serviço público, responsabilidade objetiva, com base no risco administrativo, ocorre diante dos seguintes requisitos: a) do dano; b) da ação administrativa; c) e desde que haja nexo causal entre o dano e a ação administrativa. II – Essa responsabilidade objetiva, com base no risco administrativo, admite pesquisa em torno da culpa da vítima, para o fim de abrandar ou mesmo excluir a responsabilidade da pessoa jurídica de direito público ou da pessoa jurídica de direito privado prestadora de serviço público. III – *Tratando-se de ato omissivo do poder público, a responsabilidade civil por tal ato é subjetiva, pelo que exige dolo ou culpa, numa de suas três vertentes, negligência, imperícia ou imprudência, não sendo, entretanto, necessário individualizá-la, dado que pode ser atribuída ao serviço público, de forma genérica, a faute de service dos franceses. IV – Ação julgada procedente, condenado o Estado a indenizar a mãe do presidiário que foi morto por outro presidiário, por dano moral. Ocorrência* da faute de service. V – RE não conhecido (RE 179.147-SP, 2ª Turma, Rel. Min. Carlos Velloso, DJU 27.02.98, p. 18).

Em aresto mais recente, o STF, já com sua nova composição, no RE nº 369820/RS, j. em 04/11/2003, publicado no Informativo 329, tendo como relator o Min. Carlos Veloso, entendeu, da mesma forma, que a responsabilidade da Administração Pública pela falta do serviço é subjetiva.

Celso Antônio Bandeira de Mello, sobre o tema, assim leciona: "É mister acentuar que a responsabilidade por 'falta do serviço', falha do serviço ou culpa do serviço (*faute du service*, seja qual for a tradução que se lhe dê) não é, de modo algum, modalidade de responsabilidade objetiva, ao contrário do que entre nós e alhures, às vezes, tem-se inadvertidamente suposto. É responsabilidade subjetiva porque baseada na culpa (ou dolo), como sempre advertiu o prof. Osvaldo Aranha Bandeira de Mello. Com efeito, para a sua deflagração não basta a mera objetividade de um dano relacionado com o serviço estatal. Cumpre que exista um algo mais, ou seja, culpa (ou dolo), elemento tipificador da responsabilidade subjetiva. (...) Outro fator que deve ter concorrido para robustecer este engano é a circunstância de que, em inúmeros casos de responsabilidade por *faute du service*, necessariamente haverá de ser admitida uma 'presunção de culpa', pena de inoperância dessa modalidade de responsabilização, ante a extrema dificuldade (às vezes intransponível) de demonstrar-se que o serviço operou abaixo dos padrões devidos, isto é, com negligência, imperícia ou imprudência, vale dizer, culposamente. Em face da presunção de culpa, a vítima do dano fica desobrigada de comprová-la. Tal presunção, entretanto, não elide o caráter subjetivo desta responsabilidade, pois se o Poder Público demonstrar que se comportou com diligência, perícia e prudência – antítese da culpa – estará isento da obrigação de indenizar, o que jamais ocorreria se fora objetiva a responsabilidade".[86]

Weida Zancaner, tratando de situar a responsabilidade do Estado em decorrência da falta do serviço, assim leciona: "Embora a grande maioria dos doutrinadores inclua a teoria da falta do serviço como pertencente à teoria subjetiva, este entendimento não pode restringir-se ao sentido de culpa conforme àquele aplicado às pessoas físicas. A singularidade do instituto, que deu foros publicísticos à responsabilidade do Estado, deve ser analisada de forma a diferenciar culpa do serviço de culpa pessoal. A culpa do serviço se relaciona com a anormalidade de um serviço público; haverá, assim, anormalidade quando o serviço não funcionar em conformidade com o que deveria ser considerado normal pelas leis ou regulamentos que disciplinam essa atividade afeta à Administração para a consecução do serviço público".[87]

No que diz respeito à responsabilidade civil do Estado por dano ambiental, é preciso relembrar preceptivos constitucionais: o art. 23 dispõe que é da competência comum da União, dos Estados, do Distrito Federal e dos Municípios cuidar da saúde (II), proteger o meio ambiente e combater a poluição em todas as suas formas (VI) e preservar as florestas, a fauna e a flora (VII); o art. 225, *caput*, impõe ao Poder Público o dever de preservar e defender o meio ambiente para as presentes e futuras gerações; o art. 225, § 1º, inciso V, dispõe que incumbe ao Poder Público controlar a produção, a comercialização e o emprego de técnicas, métodos e substâncias que causem risco para a vida, para a qualidade de vida e para o meio ambiente.

Vimos que incumbe às três esferas da Administração Pública o exercício do Poder de Polícia sobre atividades potencialmente causadoras de degradação ambiental. A atribuição de polícia administrativa, no caso, impõe ao Poder Público o dever de disciplinar, acompanhar, fiscalizar, e, se necessário, interditar, paralisando a atividade que porventura esteja a causar prejuízo ambiental.

Inoperante o Poder Público em exercer o *munus* que Constituição lhe impôs,[88] de atuar como gestor dos direitos e interesses metaindi-

---

[86] *Curso de Direito Administrativo.* 4. ed., São Paulo: Malheiros, 1993, p. 439-440.

[87] *Da responsabilidade Extracontratual da Administração Pública.* São Paulo: Ed. Revista dos Tribunais, 1981, p. 27.

[88] Vale frisar que, desde a Constituição de 1934 (art. 10, inciso III), passando pelas Cartas de 1937 (art. 134), 1946 (art. 175), 1967 (art. 172, parágrafo único), EC nº 01, de 1969 (art. 180 e parágrafo único), encontramos disposições que atribuem ao Poder Público o dever de zelar pelo meio ambiente.

viduais consubstanciados na higidez ambiental, adotando programas e providências idôneas e eficientes, assume o risco de sua inação.

Ao nosso entender, a responsabilização da Administração por omissão em adotar medidas concretas protetivas do ambiente por meio de entidades e órgãos adrede criados para esta finalidade, nos termos constitucionais, ocorre mesmo quando a culpa é considerada leve. No direito francês, a "culpa do serviço", segundo Jean Rivero, admite graus, podendo ser leve, grave, manifesta e de uma gravidade excepcional. Noticia o insigne administrativista que a jurisprudência do Conselho de Estado francês entende que nem toda a culpa de serviço impõe reparação de danos, mas quando se trata dos serviços de polícia, a mais leve culpa impõe a responsabilização.[89]

A regra do § 6º do art. 37 da CF é reforçada pelo art. 22 do Código de Defesa do Consumidor (Lei nº 8.078/90): "Os órgãos públicos, por si ou por suas empresas, concessionárias, permissionárias ou sob qualquer forma de empreendimento, são obrigados a fornecer serviços adequados e eficientes, seguros e, quanto essenciais, contínuos". "Parágrafo único. Nos casos de descumprimento parcial ou total, das obrigações referidas neste artigo, serão as pessoas jurídicas compelidas a cumpri-las e reparar os danos causados, na forma prevista neste código". Segundo dispõe o art. 3º do CDC, "fornecedor é toda pessoa física ou jurídica, privada *ou pública*", restando, pois, indubitável que se aplica ao Estado a regra do artigo 22 do referido diploma legal.

Vale destacar que a responsabilidade do Poder Público por dano ao meio ambiente, não sendo este o causador do dano, mas sim o particular, é também solidária, prestando-se a solidariedade a servir como instrumento de indução à atuação estatal no sentido do cumprimento do dever constitucional de proteção ao meio ambiente. Paulo Affonso Leme Machado, sobre a responsabilidade solidária da Administração, escreve o seguinte: "Para compelir, contudo, o Poder Público a ser prudente e cuidadoso no vigiar, orientar e ordenar a saúde ambiental nos casos em que haja prejuízos para as pessoas, para a propriedade ou para os recursos naturais mesmo com a observância dos padrões oficiais, o Poder Público deve responder solidariamente com o particular".[90]

O que caracteriza a responsabilidade estatal é exatamente a falta do serviço público (*faute du service public*), em uma de suas modalidades: não-funcionamento, mau funcionamento ou funcionamento tardio. Não basta, entretanto, a atribuição legal de exercer o poder de polícia sobre a atividade poluidora, nem a existência de um aparelho administrativo destinado a tal mister, para que o Estado seja solidariamente responsabilizado. Somente quando o dano ao meio ambiente

---

[89] *Direito Administrativo*. Coimbra: Almedina, 1981, p. 322-323.

[90] *Op. cit.*, p. 234.

decorrer de culpa *in omittendo* ou *in vigilando* do agente público é que nasce o dever de reparação. Segundo Toshio Mukai,[91] a "responsabilidade solidária da Administração, na espécie, dependerá de fatos que comprovem que ela teve conhecimento do iminente dano e não tomou providências; aqui, a inércia é que empenhará a responsabilidade solidária. Portanto, há necessidade de se demonstrar que a culpa existiu, pela incúria, pelo desmazelo ou pela recusa em impedir o evento danoso, evidentemente, com a condição de que o ato lesivo poderia ter sido impedido pelo Poder Público".

Note-se que, segundo o entendimento dominante na jurisprudência, o Estado responde objetiva e solidariamente com o causador direto, principalmente quando se trate de concessionária de serviço público que cause dano ao meio ambiente na execução do objeto do contrato, tal como registra o precedente do STJ assim ementado:

DIREITO ADMINISTRATIVO E AMBIENTAL. ARTIGOS 23, INCISO VI, E 225, AMBOS DA CONSTITUIÇÃO FEDERAL. CONCESSÃO DE SERVIÇO PÚBLICO. RESPONSABILIDADE OBJETIVA DO MUNICÍPIO. SOLIDARIEDADE DO PODER CONCEDENTE. DANO DECORRENTE DA EXECUÇÃO DO OBJETO DO CONTRATO DE CONCESSÃO FIRMADO ENTRE A RECORRENTE E A COMPANHIA DE SANEAMENTO BÁSICO DO ESTADO DE SÃO PAULO – SABESP (DELEGATÁRIA DO SERVIÇO MUNICIPAL). AÇÃO CIVIL PÚBLICA. DANO AMBIENTAL. IMPOSSIBILIDADE DE EXCLUSÃO DE RESPONSABILIDADE DO MUNICÍPIO POR ATO DE CONCESSIONÁRIO DO QUAL É FIADOR DA REGULARIDADE DO SERVIÇO CONCEDIDO. OMISSÃO NO DEVER DE FISCALIZAÇÃO DA BOA EXECUÇÃO DO CONTRATO PERANTE O POVO. RECURSO ESPECIAL PROVIDO PARA RECONHECER A LEGITIMIDADE PASSIVA DO MUNICÍPIO. I – O Município de Itapetininga é responsável, solidariamente, com o concessionário de serviço público municipal, com quem firmou "convênio" para realização do serviço de coleta de esgoto urbano, pela poluição causada no Ribeirão Carrito, ou Ribeirão Taboãozinho. II – Nas ações coletivas de proteção a direitos metaindividuais, como o direito ao meio ambiente ecologicamente equilibrado, a responsabilidade do poder concedente não é subsidiária, na forma da novel Lei das Concessões (Lei nº 8.987, de 13.02.95), mas objetiva e, portanto, solidária com o concessionário de serviço público, contra quem possui direito de regresso, com espeque no art. 14, § 1º, da Lei nº 6.938/81. Não se discute, portanto, a liceidade das atividades exercidas pelo concessionário, ou a legalidade do contrato administrativo que concedeu a exploração de serviço público; o que importa é a potencialidade do dano ambiental e sua pronta reparação (STJ, REsp. 28222/SP, 2ª Turma, Relª p/o Ac. Min. Nancy Andrighi, DJU 15.10.2001, p. 253).

O fato de o direito ambiental constitucional ter consagrado o princípio do poluidor-pagador, segundo o qual "o poluidor deve de arcar com as despesas de prevenção, reparação e repressão da poluição",[92] não pode ser interpretado como excludente da responsabilida-

---

[91] *Direito Ambiental Sistematizado*. 2. ed. Rio de Janeiro: Forense Universitária, 1994, p. 73.

[92] Conforme Antônio Herman Benjamin (O princípio do poluidor-pagador e a reparação do dano ambiental, *Dano Ambiental: Prevenção, reparação e repressão*. São Paulo: Ed. Revista dos Tribunais, 1993, p. 236).

de do *causador indireto* do dano, mesmo quando seja ele o Poder Público. O princípio do poluidor-pagador constitui um mecanismo de defesa do meio ambiente. Seu enunciado funciona como técnica de prevenção, repressão e reparação de danos ambientais, ao mesmo tempo em que exerce, por assim dizer, função pedagógica, dissuasória, de verdadeira pressão psicológica em relação à conduta humana, visando a inibir práticas futuras poluidoras e a incentivar a adoção de medidas preventivas de danos ambientais. Não se deve imaginar, dessarte, que possa este princípio, enquanto instrumento protetivo do meio ambiente, constituir excludente da responsabilização do causador indireto do dano, seja ele ente particular ou público, mormente, quanto a este último, na medida em que não se descura de suas atribuições constitucionais de defesa da higidez ambiental. Não esqueçamos que *poluidor*, segundo o art. 3º, inciso IV, da Lei nº 6.938/81, é a pessoa física ou jurídica, de direito *público* ou privado, responsável, *direta ou indiretamente*, por atividade causadora de degradação ambiental. E ademais, cumpre ao Poder Público, no processo de internalização das externalidades da degradação ambiental, pelo agente poluidor, exercer o controle e a fiscalização, assumindo assim papel de relevante importância.

No caso específico dos agrotóxicos, a Administração responde solidariamente com o causador direto do dano ambiental quando se omite na fiscalização e no controle que lhe atribui a Constituição e a Lei dos Agrotóxicos, especialmente quando negligencia no processo de registro e na implementação dos mecanismos de segurança previstos na lei, ensejando o ingresso no mercado de produto que venha a causar dano à saúde ambiental, o que ocorre também quando permite que os agrotóxicos sejam manipulados por quem não tem a devida formação técnica.

De outra parte, responde a Administração, na condição de causadora direta do dano à saúde ambiental, quando atua em desconformidade com a legislação, em conduta ativa, agindo como poluidora, como no caso das "capinas químicas" e dos controles epidemiológicos feitos com inseticidas (mosquito da dengue, febre amarela etc.), que são comumente realizados pelos Estados e Municípios, sem qualquer registro, receituário agronômico, precaução ou esclarecimento público, quanto aos seus efeitos deletérios à saúde pública e ao meio ambiente.

Particularmente, nos casos de responsabilidade pela falta do serviço, entendemos que se devesse, antes de partir para a execução contra o Poder Público, esgotar todas as forças do empreendedor particular, isto porque a atribuição da responsabilidade à Administração, por via reflexa, acaba penalizando toda a *sociedade* (vítima do dano ambiental). Se a solidariedade autoriza o titular da ação a exigir o cumprimento da obrigação fixada na sentença de qualquer um dos coobrigados, não temos dúvida de que a opção, preferentemente, deva recair sobre o patrimônio do causador direto do dano, em atenção ao princípio do poluidor-pagador, e apenas subsidiariamente sobre o patrimônio público.

Por derradeiro, urge lembrar que o Estado, quando compelido a ressarcir o dano, ou se o fizer espontaneamente, poderá acionar o agente que diretamente teve, por culpa, responsabilidade pela ocorrência da lesão de direito (*causa eficiente*), para obter reembolso.

6. Dano ambiental e a prescrição

A ação para reparação do dano ao meio ambiente não está sujeita a prazo prescricional. Se a prescrição fulmina o direito de ação por inércia no tempo do seu titular, não seria concebível sua aplicação em tema de direitos ambientais, que se caracterizam por apresentar titularidade difusa (*pluralidade difusa de vítimas*). Ademais, como as condutas lesivas ao meio ambiente se protraem no tempo, seria impossível determinar-se o marco inicial da contagem do prazo prescricional.

Nem a cessação da atividade danosa é motivo suficiente para afastar a tese da imprescritibilidade. Isso porque a redução ou eliminação da ação degradadora não evita que seus efeitos perdurem, protraindo-se no tempo indefinidamente, o que torna difícil – senão impossível – a fixação de um marco inicial para fins de prescrição.

Notem-se, a propósito, as observações de Ricardo Kochinski e Darlan Rodrigues Bittencourt:

> Por outro lado, o tempo que dura a inércia não pode, tampouco, ser revelado, pois o dano ambiental pode ter amplitude tal, que venha a repercurtir não só nas gerações atuais como nas futuras. Restaria severamente prejudicada a proteção constitucional das gerações futuras a um meio ambiente equilibrado, se fosse admitida a idéia de prescrição. O dano ambiental, é sabido, não se manifesta necessariamente logo após o acontecimento do sinistro. As relações jurídicas do direito ambiental flutuam em espaço e tempo diversos das relações individuais.[93]

Na seara jurisprudencial, nota-se clara tendência ao reconhecimento da imprescritibilidade da ação coletiva que verse sobre dano ambiental. No âmbito do TRF da 4ª Região, vingou a posição que sustenta a imprescritibilidade da ação que tenha por objeto a reparação de dano ambiental. A propósito, trazemos à colação bem fundamentado precedente daquela Corte:

---

[93] Lineamentos da Responsabilidade Civil Ambiental, *Revista de Direito Ambiental*, julho-setembro de 1996. São Paulo: Revista dos Tribunais, p. 146.

AÇÃO POPULAR – PRESCRIÇÃO – OBRIGAÇÃO DE REPARAR O DANO ECOLÓGICO – 1. Quanto à prescrição. O mundo ocidental, como é por todos sabido, sofreu decisiva influência das idéias liberalistas que determinaram a revolução francesa, onde o objetivo principal foi limitar o poder do Estado e exaltar o homem enquanto ser individual. Isso veio a se refletir também na ordem jurídica, salvo no que respeita à jurisdição criminal, de modo que o funcionamento do Poder Judiciário ficou na dependência da vontade do titular do "direito individual" invocado, enquanto a legislação material, como não poderia deixar de ser, passou a também regular exclusivamente relações jurídicas de ordem individual (relação de base). Sobre a matéria não se pode deixar de trazer à baila a lição de José de Albuquerque Rocha: "conclusão: A legitimação dos entes coletivos apresenta perfil singular. Por isso, exige ruptura com os critérios classificatórios clássicos, ancorados nos dogmas do liberalismo, que vê o conflito social como choque de interesses interindividuais, visão insuficiente para explicar a atual realidade sócio-jurídica, caracterizada pelo surgimento dos conflitos coletivos e difusos." (*Teoria Geral do Processo*, p. 194, São Paulo: Malheiros editores, 1996). E foi inspirado no liberalismo que também se estabeleceram os princípios que regem a prescrição e a decadência, ou, melhor dizendo, resultaram de considerações que tinham em mira as relações de natureza individual, sem embargo de já se considerar determinados interesses que, por suas nuanças próprias, eram julgados indisponíveis. O fundamento da prescrição – Instituto que faz perecer a *actio* romana (ação de direito material), um dos efeitos do fato jurídico beneficiador do credor, inviabilizando a ação processual contra seu devedor – está exatamente na necessidade de criação de mecanismos de defesa das relações jurídicas individuais, cuja eficácia não pode durar indefinidamente, pelo menos quando se tem em vista as conseqüências de ordem econômica. Ao lado dela, instituiu-se também a decadência, cuja ocorrência faz perecer o próprio 'direito subjetivo', cujo fundamento, apesar de também ter em mira a segurança das relações jurídicas, é a proteção daquelas relações jurídicas individuais cujo interesse público reclama um tratamento mais rígido na sua manutenção, razão pela qual instituiu-se um prazo diminuto para a ação visando sua desconstituição. Por fim, existem determinados direitos que, por seu interesse individual e social, não podem estar sujeitos à prescrição, como é o caso dos direitos de personalidade (vida, liberdade, etc.) e daqueles relacionados ao estado da pessoa (condição de filho, de esposo, etc.), salvo no que respeita aos efeitos econômicos deles derivados. Como se observa, até mesmo o sistema jurídico inspirado no liberalismo reconhece a existência de direitos que não podem, por razões de interesse público, estar sujeitos à prescrição. Em outras palavras, mesmo o direito oriundo das idéias que se fizeram ecoar na revolução francesa reconhece a necessidade de criar mecanismos protetivos contra a extinção de determinadas relações jurídicas, a exemplo do que se vê nos casos de decadência e de imprescritibilidade, o que era e continua sendo justificado pelo interesse social. Em tudo isso resta a certeza de que o instituto da prescrição, nos moldes como foi concebido, não teve qualquer objetivo de regular os denominados interesses difusos e coletivos de efeitos sociais. Daí a indagação: É possível sua aplicação para os interesses que reclamam a tutela por intermédio da ação popular ou da ação civil pública, excluídos os individuais homogêneos? A resposta é no sentido de que as razões que explicam a imprescritibilidade de determinados direitos individuais são inteiramente aplicáveis aos interesses que reclamam a tutela jurisdicional coletiva (interesses difusos e coletivos de efeitos sociais). A propósito, imagine-se a hipótese de o poluidor sustentar a prescrição da ação que ataca sua conduta, reclamando, assim, o direito de continuar poluindo ou fazer permanecer os efeitos da poluição. Esse exemplo singelo demonstra a impossibilidade de se aceitar a prescrição de ato violador da ordem jurídica, quando ofensivo ao interesse público. Essa forma de encarar a questão encontra respaldo na doutrina de Édis Milaré, a saber: "a ação civil pública não conta com disciplina específica em matéria prescricional. Tudo conduz, entretanto, à conclusão de que se inscreve ela no rol das ações imprescritíveis. A doutrina tradicional repete uníssona que só os direitos patrimoniais é que estão sujeitos à prescrição. Precisamente, os direitos patrimoniais é que são prescritíveis. Não há prescrição senão de direitos patrimoniais, afirma o grande Clóvis Beviláqua.... Ora, a ação civil pública é instrumento para tutela jurisdicional de bens-interesses de natureza pública, insuscetíveis de apreciação econômica, e que têm por marca característica básica a indisponibilidade. Versa, portanto, sobre direitos não patrimoniais, direitos sem conteúdo pecuniário. Qual, por exemplo, o valor do ar que respiro? Da praça onde se deleitam os velhos e crianças? Do manancial que abastece minha cidade? É claro que o direito ao meio ambiente ecologicamente equilibrado não é um direito patrimonial, muito embora seja passível de valoração, para efeito indenizatório." (*A Ação Civil Pública na nova ordem constitucional*, p. 15/16, São Paulo: Saraiva, 1990). No caso concreto, portanto, não é aceitável a aplicação da prescrição, posto que implicaria na continuidade de ocorrência de atos prejudiciais ao meio ambiente e na manutenção de toda degradação ambiental ocorrida ao longo do tempo. (...) 2. Provimento da apelação da União e improvimento dos demais recursos, inclusive a remessa oficial (TRF da 4ª Região, AC 2001.04.01045587-9/SC, 3ª Turma, Rel. Des. Fed. Carlos Eduardo Thompson Flores Lenz, DJU 04.09.2002, p. 811).

No caso do dano privado, a prescrição do direito de ação, inclusive quanto aos direitos individuais homogêneos (patrimônio privado ou a saúde das pessoas), opera-se nos termos da lei civil. O novo Código Civil, inovando sobre a matéria, reduziu consideravelmente os prazos de prescrição: no art. 205, *caput*, estabelece o prazo de 10 anos, como regra geral; no inciso V do § 3º do art. 206, prevê o prazo de 3 anos para o caso de reparação civil. Devemos lembrar que o CDC, em se tratando de relação de consumo, estabelece o prazo de 5 anos para a ação de reparação. Vale lembrar que o prazo prescricional das ações de reparação de danos que não houver atingido a metade do tempo previsto no CC de 1916 fluirá por inteiro nos termos da nova lei (art. 2.028). O STJ tem entendimento que reconhece a ocorrência de prescrição em matéria de dano ambiental privado, com marco inicial de contagem do prazo respectivo a partir da última ação lesiva ao patrimônio particular:

CIVIL. PRESCRIÇÃO. VIOLAÇÃO CONTINUADA. INOCORRÊNCIA. A continuada violação do direito de propriedade dos recorridos por atos sucessivos de poluição praticados pela recorrente importa em que se conte o prazo prescricional do último ato praticado. Recurso não conhecido (STJ, 4ª Turma, REsp. nº 20545, Rel. Min. Barros Monteiro, DJU 07/10/2002, p. 258).

7. A desconsideração da personalidade jurídica

Dentre as hipóteses de desconsideração da personalidade jurídica, instituto originário do *Common Law* (*disregard of legal entity*), encontra-se a quebra temporária ou provisória do *princípio da autonomia*, por abuso de direito, ocorrente quando, no exercício de algum direito da pessoa jurídica, ultrapassam-se os seus limites, alcançando a conduta um objetivo ilícito – no caso, a degradação ambiental –, ainda que não tenha havido o propósito de causar o prejuízo, mas havendo simplesmente um desvio do direito da sua finalidade.

Os sócios e mandatários de empresas que permitirem atividades degradadoras do meio ambiente (ilícitas) cometem abuso dos seus estatutos ou contratos sociais, violando também a lei. Esta situação, à similitude do que ocorre por disposição expressa do CTN (art. 135) e do Código de Defesa do Consumidor (Lei nº 8.078/90, art. 28), autoriza que o juiz desconsidere a personalidade jurídica da sociedade, trespassando a responsabilidade que a princípio seria a esta imputada para os seus sócios.

O novo Código Civil prevê a desconsideração da personalidade jurídica no seu art. 50: "Em caso de abuso da personalidade jurídica, caracterizado pelo desvio de finalidade, ou pela confusão patrimonial, pode o juiz decidir, a requerimento da parte, ou do Ministério Público quando lhe couber intervir no processo, que os efeitos de certas e determinadas relações obrigações sejam estendidos aos bens particulares dos administradores ou sócios da pessoa jurídica".

A disciplina da matéria no Código Civil constitui fundamento legal aplicável a todos os casos, dispensando o juiz de lançar mão de interpretações analógicas. Quanto à culpa ou dolo do agente, consoante ensina Nagib Slaibi Filho, não se vê mais necessária a perquirição, "pois se pode extrair a regra que considera existir abuso de personalidade jurídica quando houver a ocorrência de fatos objetivos do desvio de finalidade ou da confusão patrimonial".[94]

São duas as hipóteses de abuso da personalidade jurídica a ensejar a sua desconsideração, as quais podem ocorrer isoladamente, não se exigindo a concomitância,[95] a saber: o desvio de finalidade e a confusão do patrimônio. O desvio de finalidade se caracteriza com a

---

[94] A desconsideração da pessoa jurídica no novo Código Civil. *ADV – Informativo Semanal* nº 17/2004, p. 220.

[95] "A nova previsão legislativa se mostra muito mais rigorosa do que está no Código de Defesa do Consumidor, pois admite o abuso da personalidade jurídica tão-somente em decorrência de um dos dois fatos objetivos, quais sejam, o desvio de finalidade e a confusão patrimonial. Daí decorre que basta a demonstração de qualquer um deles, em densidade suficiente para autorizar a deflagração de seus efeitos, para que os efeitos de certas e determinadas relações de obrigações sejam estendidos aos bens particulares dos administradores ou sócios da pessoa jurídica" (op. cit. p. 220).

utilização de meios ou a busca de fins que não se revertem em favor da pessoa jurídica, mas de outrem, sócio ou qualquer beneficiário. A confusão do patrimônio ocorre quando se mostra ao menos dificultoso distinguir entre os patrimônios da pessoa jurídica e do beneficiário, de modo a impossibilitar o discernimento das obrigações concernentes a cada um deles.[96]

Estas as bases da teoria maior da desconsideração da personalidade jurídica. No caso de dano ao meio ambiente, entretanto, temos a matéria disciplinada pelo art. 4º da Lei nº 9.605/98: "Poderá ser desconsiderada a pessoa jurídica sempre que sua personalidade for obstáculo ao ressarcimento dos prejuízos causados à qualidade do meio ambiente". Em matéria ambiental, aplica-se a teoria menor.

Vê-se, com clareza meridiana, que a aplicação da *disregard doctrine* em matéria de dano ambiental recebeu, *ex vi legis*, tratamento jurídico diferenciado. A desconsideração da personalidade jurídica na Lei nº 9.605/98 desvela-se de maior amplitude. Não obedece às mesmas e restritíssimas hipóteses ou pressupostos que ensejam ao juiz determiná-la em configurações legais outras, que são o desvio de finalidade e a confusão patrimonial. A chamada teoria maior justifica-se porque em casos cujos interesses ou direitos que se busca tutelar com a desconsideração da personalidade jurídica tenham feição eminentemente privada não se revela razoável a afetação do patrimônio das pessoas físicas que integram a pessoa jurídica, regra de exceção e medida excepcional que apenas encontra respaldo constitucional na colisão entre interesses ou direitos privados e públicos ou coletivos. Na teoria menor, vigorante nas relações de consumo e ambientais, a simples insubsistência financeira da pessoa jurídica em princípio responsável pela deflagração do dano ambiental para a recomposição implica possibilidade de se afetar o patrimônio daqueles – pessoas físicas – que em seu nome agem.

Vale lembrar a percuciente observação de Nicolao Dino, Ney Bello e Flávio Dino: "O mito da não confusão entre o patrimônio da pessoa jurídica e o da pessoa física tem acarretado inúmeros atentados ao ambiente, sem qualquer compensação ou indenização, exatamente porque a personalidade diferenciada funciona como escuso ante a investida do Estado com o fito de repor parcialmente o patrimônio agredido. Esse escudo pode ser enfim trespassado quando o Estado desconhece que o ato danoso foi praticado por uma pessoa jurídica e agride o patrimônio da pessoa física que gerencia, dirige e determina os destinos da empresa. Há uma mais perfeita aplicabilidade das normas ambientais protetivas quando a própria legislação permite aos que buscam indenização desconhecerem a formalidade de consti-

---
[96] Conforme Nagib Slaibi Filho, *idem, ibidem*.

tuição da pessoa jurídica e buscarem satisfação patrimonial no patrimônio da pessoa física que lhe deu corpo e alma".[97]

Deve-se obtemperar, no concernente às relações de consumo, que, não obstante tivesse o *caput* do art. 28 do CDC imposto condicionamento à desconsideração da personalidade jurídica da sociedade à prova de haver abuso do direito, excesso de poder infração da lei, fato ou ato ilícito ou violação dos estatutos ou contrato social ou ainda a falência, estado de insolvência ou inatividade da pessoa jurídica, provocados por má administração, em aparente conflito, dispôs o § 5º do referido artigo 28, da seguinte forma: "Também poderá ser desconsiderada a pessoa jurídica sempre que sua personalidade for, de alguma forma, obstáculo ao ressarcimento de prejuízos causados aos consumidores". Este dispositivo legal, que chegou a ser reputado objeto de veto e, portanto, ineficaz, por Zelmo Denari, um dos autores do anteprojeto (*Código Brasileiro de Defesa do Consumidor*. 7. ed.. Rio de Janeiro: Forense Universitária, 2001, p. 214), foi considerado não só válido como perfeitamente eficaz pela jurisprudência. Tanto é válido que o STJ dele lançou mão para convalidar a desconsideração da personalidade jurídica, diante da simples impossibilidade financeira de B-Sete Participações S/A e Administradora Osasco Plaza Shopping s/c Ltda., demandadas em ação coletiva proposta pelo Ministério Público para a tutela de direitos individuais homogêneos de consumidores lesados pela explosão ocorrida no Osasco Plaza Shopping, em 11 de junho de 1996. Naquele julgado, o Colendo STJ, mantendo a decisão do Tribunal de Justiça de São Paulo, distinguiu a hipótese de desconsideração da personalidade jurídica nas relações de consumo e em matéria ambiental (teoria menor), das demais hipóteses, em que se exige, além da insolvência da pessoa jurídica, o desvio de finalidade ou a confusão patrimonial (teoria maior). O magnífico escólio encontra-se consagrado no seguinte julgado majoritário daquela Corte, em que foi relatora para o acórdão a ilustrada Ministra Nancy Andrighi:

> RESPONSABILIDADE CIVIL E DIREITO DO CONSUMIDOR. RECURSO ESPECIAL. SHOPPING CENTER DE OSASCO-SP. EXPLOSÃO. CONSUMIDORES. DANOS MATERIAIS E MORAIS. MINISTÉRIO PÚBLICO. LEGITIMIDADE ATIVA. PESSOA JURÍDICA. DESCONSIDERAÇÃO. TEORIA MAIOR E TEORIA MENOR. LIMITE DE RESPONSABILIZAÇÃO DOS SÓCIOS. CÓDIGO DE DEFESA DO CONSUMIDOR. REQUISITOS. OBSTÁCULO AO RESSARCIMENTO DE PREJUÍZOS CAUSADOS AOS CONSUMIDORES. ART. 28, § 5º.
>
> - Considerada a proteção do consumidor um dos pilares da ordem econômica, e incumbindo ao Ministério Público a defesa da ordem jurídica, do regime democrático e dos interesses sociais e individuais indisponíveis, possui o Órgão Ministerial legitimi-

---

[97] Nicolao Dino de Castro e Costa Neto *et al, Crimes e Infrações Administrativas Ambientais*, Brasília: Brasília Jurídica, 2000, p. 69.

dade para atuar em defesa de interesses individuais homogêneos de consumidores, decorrentes de origem comum.

- A teoria maior da desconsideração, regra geral no sistema jurídico brasileiro, não pode ser aplicada com a mera demonstração de estar a pessoa jurídica insolvente para o cumprimento de suas obrigações. Exige-se, aqui, para além da prova de insolvência, ou a demonstração de desvio de finalidade (teoria subjetiva da desconsideração), ou a demonstração de confusão patrimonial (teoria objetiva da desconsideração).

- A teoria menor da desconsideração, acolhida em nosso ordenamento jurídico excepcionalmente no Direito do Consumidor e no Direito Ambiental, incide com a mera prova de insolvência da pessoa jurídica para o pagamento de suas obrigações, independentemente da existência de desvio de finalidade ou de confusão patrimonial.

- Para a teoria menor, o risco empresarial normal às atividades econômicas não pode ser suportado pelo terceiro que contratou com a pessoa jurídica, mas pelos sócios e/ou administradores desta, ainda que estes demonstrem conduta administrativa proba, isto é, mesmo que não exista qualquer prova capaz de identificar conduta culposa ou dolosa por parte dos sócios e/ou administradores da pessoa jurídica.

- A aplicação da teoria menor da desconsideração às relações de consumo está calcada na exegese autônoma do § 5º do art. 28 do CDC, porquanto a incidência desse dispositivo não se subordina à demonstração dos requisitos previstos no *caput* do artigo indicado, mas apenas à prova de causar, a mera existência da pessoa jurídica, obstáculo ao ressarcimento de prejuízos causados aos consumidores. – Recursos especiais não conhecidos (STJ, REsp. 200000971847/SP, 3ª Turma, j. 04/12/2003, DJU 29/03/2004, p. 230, Relatora para o acórdão Min. Nancy Andrighi).

Em seu brilhante voto, a Ministra Nancy Andrighi teceu considerações ponderáveis, *in verbis*:

É certo que a doutrina pátria se divide dentre aqueles que aplaudem a inovação e aqueloutros que entendem que as razões do veto do § 1º do art. 28 do CDC deveriam ser destinadas ao § 5º, esse sim, sob a ótica de parte representativa de vozes autorizadas, sem razão de ser porque a desconsideração da pessoa jurídica está associada ao ilícito, ao desvirtuamento e abuso da forma social.

Existem argumentos também no sentido de que a topografia do § 5º do art. 28 significaria a dependência do seu preceito ao reconhecimento de "abuso de direito, excesso de poder, infração da lei, fato ou ato ilícito ou violação dos estatutos ou contrato social", e à novel disposição de "má administração" causadora de "falência, estado de insolvência, encerramento ou inatividade da pessoa jurídica".

Sem embargo das argutas preleções, fato é que o § 5º do art. 28 do CDC não guarda relação de dependência com o "caput" do seu artigo, o que, por si só, não gera incompatibilidade legal, constitucional ou com os postulados da ordem jurídica. Não são válidos os argumentos de que as razões de veto deveriam ser dirigidas ao § 5º e de que não se conceberia sua existência autônoma dissociada do preceito veiculado no "caput" do art. 28 da Lei n. 8.078/90.

Essa linha de raciocínio é meramente acadêmica, e a lei, uma vez sancionada, ganha vigência e eficácia a partir de sua publicação, transcorrida a "vacatio legis". A lei, aplicada com prudência, encontrará seus próprios limites por meio da atividade interpretativa dos Tribunais, não sendo aconselhável que se ceife a iniciativa legislativa de plano, iniciativa essa que conferiu novos contornos ao instituto da desconsideração da personalidade da pessoa jurídica.

Devem sim, ao invés de se limitar o debate a conjeturas de topografia do parágrafo 5º e pretensas razões de veto, o artigo 28 e seus parágrafos da Lei n. 8.078/90 ser interpretados sistematicamente, a par da legislação vigente.

A tese, ora acolhida, de que a teoria menor da desconsideração aplica-se às relações de consumo, está calcada, como dito, na exegese autônoma do § 5º do art. 28, do CDC, isto é, afasta-se, aqui, a exegese que subordina a incidência do § 5º à demonstração dos requisitos previstos no *caput* do art. 28 do CDC.

E isto porque o *caput* do art. 28 do CDC acolhe a teoria maior subjetiva da desconsideração, enquanto que o § 5º do referido dispositivo acolhe a teoria menor da desconsideração, em especial se considerado for a expressão *"Também poderá ser desconsiderada"*, o que representa, de forma inegável, a adoção de pressupostos autônomos à incidência da desconsideração.

Ao acolher a teoria menor, dúvida não há em se considerar que o § 5º do art. 28 da Lei n. 8.078/90 ampara um novo capítulo no instituto do levantamento do véu da pessoa jurídica, o qual se coaduna com o princípio geral da Ordem Econômica, como positivado pela CF/88, que prevê a defesa do consumidor (CF, art. 170, inc. V).

No processo em análise, o TJSP bem constatou o obstáculo ao ressarcimento dos danos causados aos consumidores: *"São 40 mortos e mais de 300 feridos e o dano foi de natureza patrimonial e também de ordem moral"*. Verifica-se, de imediato "ictu oculi", que a liquidação vai encontrar valor vultoso. O capital social da B-7 é de R$ 3.100.000,00 (três milhões e cem mil reais), para outubro de 1995 (fl. 171 da pasta 1 do Inquérito Civil). O capital social da Administradora Osasco Plaza é de R$ 10.000 (dez mil reais), como se lê à fl. 74 do mesmo volume do referido inquérito. E o valor real da empresa sempre estará na dependência de sua operação regular.

Há de se considerar que, afora os interesses dos consumidores tutelados pela ação civil pública, ainda há os dos lojistas, o que importará, eventualmente, em maior incursão no patrimônio das sociedades rés.

Verificado, portanto, o estado de insolvência e a incidência do CDC, deve ser acolhida a teoria menor da desconsideração, como prevista no § 5º do art. 28, independentemente de prova quanto à existência de conduta culposa ou dolosa por parte dos sócios e administradores indicados.

Trago à colação excerto do voto-vista proferido pelo eminente Ministro Antônio de Pádua Ribeiro:

De fato, com a devida vênia do entendimento em contrário e a despeito da advertência acerca do veto que teria incidido erroneamente sobre o § 1º, penso que o § 5º trata de nova hipótese de desconsideração da personalidade jurídica.

É certo que, de ordinário, vale a fórmula de acordo com a qual "o parágrafo está subordinado ao *caput*". Entretanto, esta não pode ter valor absoluto. A forma pode influenciar a interpretação da norma, mas nem sempre define o conteúdo da lei.

Evidencia a independência do § 5º com relação ao caput a expressão que o introduz, ou seja, "também poderá ser desconsiderada". Assim, mesmo não ocorrendo as hipóteses enumeradas no caput, pode o julgador desconsiderar a pessoa jurídica quando sua personalidade constituir obstáculo ao ressarcimento dos consumidores lesados.

De outra forma, seria indiscutível a inutilidade do texto do § 5º, pois é óbvio que, ocorrendo alguma ou algumas das hipóteses do caput, poderia ser desconsiderada a personalidade jurídica da empresa, independentemente de haver ou não obstáculo à reparação. O intérprete poderia dizer, com acerto: houve abuso de direito, então o juiz pode desconsiderar a pessoa jurídica, antes mesmo de perquirir acerca do obstáculo que a personalidade possa causar ao ressarcimento do prejuízo aos consumidores. Entendimento outro valeria por considerar sem préstimo a disposição. Cumpre ainda indagar: Havendo o dano, reconhecida a responsabilidade (objetiva, no caso), identificadas as vítimas e havendo, também, o referido obstáculo, não se poderia desconsiderar a personalidade somente porque inocorrentes as hipóteses do *caput*? Os riscos da atividade comercial ficariam a cargo apenas dos consumidores e não dos empresários que – ainda que de boa-fé – se resguardam atrás da pessoa da empresa? Mais justo seria que os ônus da atividade, em casos como o de que se cuida, fossem suportados por aqueles que a empreenderam.

Por outro lado, o entendimento aqui esposado não faz letra morta do art. 28, *caput*. Reconhecer a autonomia do § 5º não significa afastar a do *caput*. Ocorrendo apenas uma das hipóteses deste ou a hipótese do parágrafo, a pessoa jurídica pode ser desconsiderada, conforme o prudente arbítrio do juiz.

Além disso, a enumeração do art. 28 é exemplificativa, não havendo, pois, porque vincular o suporte fático do § 5º a outro. A previsão da segunda parte do *caput*, por exemplo, não depende da ocorrência do que previsto na primeira parte. Tanto é assim que nada impediu a jurisprudência de tratar do assunto, antes mesmo de ser positivado no CDC.

Por fim, confira-se trecho do voto-vista do Ministro Castro Filho:
Inegavelmente, não é das mais felizes a redação do artigo 28 e seus parágrafos do Código de Defesa do Consumidor. Tanto que, quebrada a técnica legislativa, não há outra forma de validar o parágrafo 5º senão acoplando-o diretamente como complemento do *caput*.

De outro lado, sem que haja necessidade de reprisar todo o escorço histórico sobre o qual se desenvolveu a teoria da *disregard doctrine*, entre tantas outras denominações, missão já desenvolvida com extrema competência nos votos que me precederam, é de se lembrar, que, entre nós, uma conferência proferida por *Rubens Requião*, no fim da década de 60, é considerada como marco inicial sobre o tratamento do tema. É ainda de se destacar que, na tentativa de sistematizar o instituto em nosso país, conferindo melhor compreensão aos seus lineamentos, doutrinadores de escol, como *Fábio Ulhoa Coelho*, preferiram adotar a formulação subjetivista de Serick – responsável pela sistematização do instituto na Alemanha –, mas, com menor ênfase ao elemento intencional, para melhor adequá-la aos postulados da teoria do abuso do direito. Assim, enfatiza o respeitado doutrinador, que, salvo ante expressa disposição da lei, a autonomia patrimonial da pessoa jurídica somente pode ser ignorada se esta houver sido utilizada fraudulenta ou abusivamente, devendo o ilícito caracterizar-se pelo uso da própria autonomia subjetiva da pessoa jurídica. Porém, sem prejuízo da contribuição de *Fábio Konder Comparato*, que adota o critério objetivo, como a confusão patrimonial ou o desaparecimento do objeto social.

O tema, indiscutivelmente, suscita grande dificuldade, seja por seu caráter inovador, seja pela falta de consenso na doutrina e na jurisprudência, quanto aos critérios a serem observados na sua aplicação, já que, sendo produto de construção jurisprudencial, nascido nos países de direito consuetudinário (Inglaterra e Estados Unidos), sua aplicação em outros países esbarra na dificuldade de elaborar um conceito abrangente, capaz de abarcar todas as hipóteses. Diante dessa dificuldade, cabe ao Judiciário a árdua missão de averiguar, com equilíbrio e bom-senso, em cada caso concreto, a possibilidade da sua aplicação, pavimentando o tortuoso caminho de interpretação da norma jurídica.

A esse fim, não podemos perder de vista que, se, por um lado, não podemos fazer tábula rasa do princípio da autonomia patrimonial da pessoa jurídica, consagrado no artigo 20 do Código Civil, por ser ele indispensável ao incremento da atividade econômica no país, por outro, não podemos nos olvidar da especial atenção dispensada pelo legislador à defesa dos direitos do consumidor, erigidos que foram à garantia fundamental e princípio da ordem econômica, nos termos dos artigos 5º, XXXII, e 170, V, da Constituição Federal.

Assim, conforme a observação de *Cláudia Lima Marques*, "*O reflexo desta doutrina no esforço de proteção aos interesses do consumidor é facilitar o ressarcimento dos danos causados aos consumidores por fornecedores-pessoas jurídicas*".

Em relação à sistemática protetiva do Código, pondera, ainda, a festejada consumerista gaúcha:

"*Em outras palavras, ao aplicar a lei infraconstitucional sobre os direitos do consumidor, o Código de Defesa do Consumidor não pode mais ser um exercício programático, deve ser um exercício efetivo de concretização destes direitos no mundo dos fatos, uma vez que esta lei envolve direitos e garantias constitucionais dos mais fracos na sociedade e deve realizar sua finalidade legislativa de proteção efetiva. O Código de Defesa do Consumidor não é um discurso pós-moderno, é um instrumento*".

Atento a essa verdadeira mudança de paradigmas, implementada a partir da vigência do Código de Defesa do Consumidor, criou o legislador, pela norma do § 5º do artigo 28, uma nova hipótese de desconsideração da personalidade jurídica, a partir de um critério objetivo, e a correlação desse parágrafo com o *caput* do mencionado artigo, avulta da própria literalidade da sua redação, ao dispor, textualmente, que "*Também poderá ser desconsiderada a pessoa jurídica...*" (grifei), indicando o advérbio em referência expressa condição de equivalência ou similitude em relação ao *caput*, a fim de facultar ao julgador, mesmo fora das situações ali descritas, desconsiderar a pessoa jurídica, quando sua existência constituir obstáculo ao ressarcimento dos prejuízos causados aos consumidores.

Entender-se de outro modo, significaria retirar-lhe toda a eficácia, já que, diante de alguma das situações descritas no *caput* já seria possível levantar o véu da pessoa jurídica para alcançar o patrimônio pessoal dos sócios, independentemente de haver qualquer obstáculo à reparação aos consumidores, sendo de se ressaltar que a alegação de que teria havido "*equívoco remissivo*", ao recair o veto presidencial sobre o § 1º quando deveria ter recaído sobre o §5º, não se compadece com o nosso sistema de direito positivado, no qual a lei vale por aquilo que está escrito. Daí presumir-se que o legislador não insere no texto palavras inúteis.

Em consonância com o já expendido, não vislumbro nenhum empeço à sua convivência simultânea com a regra do *caput*, podendo o julgador trabalhar com as duas hipóteses, sendo de se assinalar que o próprio Zelmo Denari, um dos autores do anteprojeto, ao comentar o referido dispositivo pontifica: "*O texto introduz uma novidade, pois é a primeira vez que o Direito legislado acolhe a teoria da desconsideração sem levar em conta a configuração da fraude ou do abuso de direito.*" (grifei) (Código Brasileiro de Defesa do Consumidor, Rio de Janeiro, 2001, Ed. Forense Universitária, 7ª ed., p. 212).

Essa orientação, visualizando no referido preceito normativo hipótese objetiva de desconsideração da personalidade jurídica, encontra ressonância em outros diplomas legais, de que é exemplo a Lei nº 9.605/98, versando sobre as "sanções penais e administrativas derivadas de condutas e atividades lesivas ao meio ambiente", cujo artigo 4º assim dispõe:

Poderá ser desconsiderada a pessoa jurídica sempre que sua personalidade for obstáculo ao ressarcimento de prejuízos causados à qualidade do meio ambiente.

Na área do Direito do Trabalho, também existem decisões aplicando a *teoria da despersonalização* na execução de créditos trabalhistas, uma vez constatada a insuficiência do patrimônio societário para honrar tais compromissos.

Na hipótese em apreço, é de se salientar, reconheceu o acórdão recorrido existir obstáculo ao ressarcimento, se a responsabilidade ficar restrita às pessoas jurídicas, pois que *"são 40 mortos e mais de 300 feridos e o dano foi de natureza patrimonial e também de ordem moral"*, tendo anotado, ainda, o Des. José Osório, em seu bem fundamentado voto, que *"O capital social da B-7 é de R$ 3.100.000,00 (três milhões e cem mil reais), para outubro de 1995 (fls. 171 da pasta 1 do Inquérito Civil). O capital social da Administradora Osasco Plaza é de R$ 10.000,00 (dez mil reais), como se lê a fls. 74 do mesmo volume do já referido inquérito. E o valor real da empresa sempre estará na dependência de sua operação regular."*

Por fim, alinho-me, ainda, à consideração feita pelo Ministro Antônio de Pádua, ao final do seu voto, no sentido de que a situação narrada poderia se subsumir até mesmo a uma das hipóteses do *caput* do artigo 28, qual seja, de ato ilícito, autorizando que os sócios fossem chamados a responder com seu patrimônio pessoal.

Como é de conhecimento geral, ato ilícito é aquele praticado com infração ao dever legal de não lesar a outrem. Tal dever é imposto a todos no artigo 186 do novel Código Civil, que assim prescreve:

"Aquele que, por ação ou omissão voluntária, negligência ou imprudência, violar direito e causar dano a outrem, ainda que exclusivamente moral, comete ato ilícito".

Esse dispositivo sucede, com maior amplitude, o artigo 159 do Cód. Civil anterior, que dizia: *"Art. 159. Aquele que, por ação ou omissão voluntária, negligência, ou imprudência, violar direito, ou causar prejuízo a outrem, fica obrigado a reparar o dano".*

O ato ilícito é fonte de obrigação de indenizar ou ressarcir o prejuízo causado, em decorrência da infração a um dever de conduta, por meio de ação ou omissão culposa ou dolosa do agente, da qual resulte dano para outrem.

Por esse prisma, o elemento subjetivo da culpa é o dever descumprido, representado, no caso vertente, de forma omissiva, na modalidade da negligência, ao deixarem os recorrentes de promover as medidas suficientes e necessárias para detectar, previamente, o vazamento do gás, antes que adviesse a tragédia, fato esse que independe de prova nos autos, vez que a ocorrência da explosão e os danos dela decorrentes foram expressamente admitidos pelos réus, que também aceitaram as conclusões do laudo técnico do Instituto de Criminalística.

Caracterizado, assim, o ato ilícito, também por esse fundamento se justificaria a desconsideração da pessoa jurídica.

8. Peculiaridades da responsabilidade civil por danos decorrentes das diversas atividades com agrotóxicos

A responsabilidade civil por danos decorrentes das diversas atividades que envolvem agrotóxicos deve ser examinada sob o influxo das regras da responsabilidade civil por dano ao meio ambiente e das regras que disciplinam as relações de consumo. Impõe-se reafirmar alguns preceitos fundamentais acerca de responsabilidade civil nas citadas matérias.

Dispõe o art. 225, § 3º, da CF: "As condutas e atividades consideradas lesivas ao meio ambiente sujeitarão os infratores, pessoas físicas ou jurídicas, a sanções penais e administrativas, independentemente da obrigação de reparar os danos causados".

O § 1º do art. 14 da Lei nº 6.938/81 (Lei da Política Nacional do Meio Ambiente), recepcionado pela Constituição de 1988, estabelece que a responsabilidade civil por dano ao meio ambiente será objetiva, ou seja, independente de culpa do degradador.

É, da mesma forma, objetiva a responsabilidade civil por danos decorrentes das relações de consumo, consoante dispõe o art. 12 do CDC: "O fabricante, o produtor, o construtor, nacional ou estrangeiro, e o importador respondem, independentemente da existência de culpa, pela reparação dos danos causados aos consumidores por defeitos decorrentes de projeto, fabricação, construção, montagem, fórmulas, manipulação, apresentação ou acondicionamento de seus produtos, bem como por informações insuficientes ou inadequadas sobre sua utilização e riscos".

A incidência da teoria da responsabilidade objetiva por dano ambiental e ao consumidor implica que aos supostos causadores dos danos nestas matérias incumbe o ônus de comprovar as causas excludentes de responsabilidade. Milita em favor da coletividade, que desfruta do meio ambiente, e dos consumidores a presunção de nocividade de qualquer atividade ou produto colocado em circulação no mercado.

A responsabilidade civil dos intervenientes nas atividades com agrotóxicos encontra disciplina especial no art. 14 da Lei dos Agrotóxicos:

As responsabilidades administrativa, civil e penal, pelos danos causados à saúde das pessoas e ao meio ambiente, quando a produção, comercialização, utilização, transporte e destinação de embalagens vazias de agrotóxicos, seus componentes e afins, não cumprirem o disposto na legislação pertinente, cabem:

a) ao profissional, quando comprovada receita errada, displicente ou indevida;

b) ao usuário ou a prestador de serviços, quando em desacordo com o receituário ou as recomendações do fabricante e órgãos registrantes e sanitário-ambientais;

c) ao comerciante, quando efetuar a venda sem o respectivo receituário ou em desacordo com a receita ou recomendações do fabricante e órgãos registrantes e sanitário-ambientais;

d) ao registrante que, por dolo ou culpa, omitir informações ou fornecer informações incorretas;

e) ao produtor que produzir mercadorias em desacordo com as especificações constantes do registro do produto, do rótulo, da bula, do folheto e da propaganda, ou não der destinação às embalagens vazias em conformidade com a legislação pertinente;[98]

f) ao empregador, quando não fornecer e não fizer manutenção dos equipamentos adequados à proteção da saúde dos trabalhadores ou dos equipamentos na produção, distribuição e aplicação dos produtos.

Sendo inequívoco que as diversas atividades com o manuseio de agrotóxicos e afins possuem acentuada potencialidade lesiva à saúde ambiental, o estudo da responsabilização civil e do conseqüente dever de indenizar danos adquire particular importância, mormente no que diz respeito à restauração, recuperação e reabilitação do meio ambiente violado e das pessoas que venham a sofrer problemas de saúde por contato com o produto tóxico.

A regra de responsabilidade civil do art. 14 da Lei nº 7.802/89 é apenas exemplificativa de condutas ilícitas que sempre implicam responsabilização do agente, não impedindo que outras, não-descritas, possam também gerar responsabilidade, assim como não se sobrepõe, no concernente ao dano ambiental, às disposições da Constituição Federal (art. 225, § 3º) e da Lei da Política Nacional do Meio Ambiente (Lei nº 6.938/81, art. 14, § 1º), bem assim, quanto às relações de consumo, às normas de responsabilização insertas no Código de Defesa do Consumidor: art. 12, que trata da responsabilidade objetiva pelo "fato do produto", também agasalhada, inclusive com maior amplitude, no novo CC (art. 931), que atribui a responsabilidade à empresa e aos empresários individuais vinculados à circulação dos produtos, e art. 34, que dispõe sobre a responsabilidade solidária do fornecedor do produto ou serviço em relação aos atos de seus prepostos ou representantes autônomos.

O processo, que vai desde o registro, passando por fabricação, transporte, receituário, comercialização, até a sua utilização e desti-

---

[98] A disciplina da matéria relacionada com a destinação final das embalagens vazias de agrotóxicos (resíduos perigosos), um dos grandes focos de contaminação, recebeu especial atenção da Lei nº 9.997/00 e do Decreto nº 4.074/02, restando a responsabilidade dividida entre os usuários, os comerciantes, os fabricantes do produto e o poder público, a quem cumpre orientar e fiscalizar. Ao usuário incumbe devolver a embalagem ao estabelecimento vendedor, no prazo de um ano, contado a partir da compra, salvo se houver autorização expressa do órgão registrante ou se remanescer produto na embalagem, dentro do prazo de validade (art. 53, § 1º, do Decreto nº 4.074/02), segundo verificação dos órgãos de fiscalização. As embalagens deverão ficar em uma central ou posto de recebimento licenciado pelo órgão ambiental competente. Evidentemente, este local, que deve ser acessível aos usuários, para funcionar, deverá atender a todas as normas de controle de poluição ambiental.

nação final das embalagens e resíduos, envolve vários sujeitos: o registrante, o fabricante, o transportador, o profissional que receita, o comerciante, o prestador de serviços e o usuário. Esse fato tem que ser levado em consideração quando se fala de responsabilidade civil, administrativa e penal, pois cada um desses sujeitos pode, no desempenho de sua atividade, vir a causar dano ao meio ambiente ou à saúde das pessoas, cometendo ilícito civil, infração administrativa ou crime. Frisando estes aspectos, passamos a tecer algumas considerações acerca da responsabilidade civil dos intervenientes no referido processo.

8.1. Responsabilidade civil do fabricante e do formulador

Estabelecida a premissa da adoção, pelo ordenamento jurídico, quanto aos danos ao meio ambiente e à saúde humana, da responsabilidade objetiva é de se perguntar se o fabricante ou o formulador do produto agrotóxico é sempre responsável pelos danos que este venha causar ao meio ambiente e à saúde humana.[99] Cremos que o assunto merece alguma reflexão.

Tanto para produzir quanto para introduzir em circulação o produto agrotóxico, o fabricante e o formulador hão de estar autorizados pelo Poder Público. Precisam do aval de três órgãos da Administração Federal (meio ambiente, saúde e agricultura). Devem atender às exigências prévias feitas pelos órgãos estatais, mesmo no caso de pesquisa e experimentação (art. 3º, § 1º, da Lei nº 7.802/89). Ultrapassada a fase de controle prévio exercido pelo Estado, supõe-se que o produto esteja apto a ser utilizado.

É na fase de utilização, contudo, que se verifica a maior incidência de condutas lesivas. Com efeito, ainda que estabelecido prévio controle governamental sobre a produção e introdução em circulação de substância agrotóxica, nada impede a ocorrência de dano quando o uso seja feito em desconformidade com as exigências técnicas e com a legislação ambiental. Como a potencialidade lesiva inerente a essa espécie de produto químico recomenda que sua utilização se dê na medida do estritamente necessário, a Lei nº 7.802/89 estabelece, em seu art. 13, que "a venda de agrotóxicos e produtos afins será feita através de receituário próprio". Os receituários cumprem, entre outras, a função de estabelecer o diagnóstico, prescrever o produto a ser utilizado, delimitar a cultura e as áreas onde será aplicado o agrotóxico, fixar as dosagens máximas permitidas e dispor sobre a época

---

[99] O Decreto nº 4.074/02, em seu art. 1º, distingue entre o *fabricante*, pessoa física ou jurídica habilitada a produzir componentes, e o *formulador*, pessoa física ou jurídica habilitada a produzir agrotóxicos e afins.

própria para a aplicação e sobre o intervalo de segurança, devendo conter, também, as instruções específicas e precauções de uso (art. 66 do Decreto nº 4.074/02).

Não obstante, acontece comumente de o usuário ou o prestador de serviços não se submeter às exigências e prescrições contidas no receituário, daí advindo danos lesivos ao meio ambiente e à saúde humana. Suponha-se, então, que o usuário desrespeite as prescrições legais e as recomendações de uso feitas pelo profissional habilitado. Poder-se-á, nesse caso, responsabilizar o fabricante (ou o formulador)? Terá ele de responder por ato de terceiro, quando a agressão adveio não da potencialidade lesiva em si do produto, mas do mau uso que dele fez o consumidor final ou mesmo o prestador de serviços?

Pensamos que não. Embora pareça paradoxal a exclusão da responsabilidade do fabricante na hipótese de mau uso do produto – em vista da responsabilidade objetiva que preside as relações ambientais e de consumo –, a tese encontra, entendemos, amparo doutrinário. É preciso dizer, porém, que, em princípio, todos os integrantes da cadeia de produção e utilização das substâncias agrotóxicas podem ser responsabilizados pelos eventos danosos, inclusive solidariamente. Ocorre que a responsabilidade de cada qual pode ser excluída pela ausência, no caso concreto, de nexo causal entre a atividade desenvolvida e o dano.

A atividade perigosa, no caso, não é propriamente – embora eventualmente possa ser – a produção do agrotóxico, mas sim o empreendimento agrícola. Pode-se dizer então que, se a conduta lesiva adveio pura e simplesmente do mau uso do produto, por inobservância das prescrições técnicas sobre a sua correta utilização, responsável será aquele que, com sua conduta culposa ou dolosa, deu causa à ocorrência do dano. Isso não quer dizer que a parte lesada (seja a comunidade, seja o cidadão) não possa acionar em juízo o fabricante do produto. Quanto a isso não há dúvida, até mesmo em vista da responsabilidade objetiva e solidária que orienta a matéria. Acontece que o fabricante demandado pode, na hipótese, excluir sua responsabilidade provando que sua atividade não deu causa à ocorrência do dano.

Podemos cogitar, em outra hipótese, da utilização de um agrotóxico não registrado e, portanto, ilegal. Nesta situação, pensamos, deverão responder o fabricante, o vendedor e o usuário. O fabricante, porque, agindo ilegalmente, responde pelos riscos que o produto possa causar à saúde ambiental. O vendedor, da mesma forma, porquanto tem o dever de vender apenas produtos registrados. O usuário, por sua vez, porque, sendo público o sistema de registro, obriga-se a adquirir apenas produtos registrados. Se o produto agrotóxico tiver sido receitado, responderá também o profissional que emitiu o receituário agronômico, que está também obrigado a receitar apenas produtos detentores do registro legal.

Quando a aquisição de produto agrotóxico se fizer sem o respectivo receituário agronômico, vindo a sua utilização, por parte do usuário, a causar danos à saúde ambiental, responderão o comerciante, que vendeu o produto de forma ilegal, e o usuário, que da mesma forma o adquiriu e utilizou.

O prestador de serviços de aplicação de agrotóxicos haverá de responder, solidariamente com o contratante, sempre que os danos ocorrerem em razão de sua atividade, seja porque agiu com culpa (imprudência, imperícia e negligência), seja por que agiu de má-fé, ou porque, simplesmente, os danos decorreram de caso fortuito ou força maior. É o caso, por exemplo, de uma aplicação aérea que, em razão de ventos fortes, faça com que o agrotóxico seja lançado sobre um rio, causando mortandade de peixes, ou mesmo sobre a uma lavoura vizinha, causando prejuízos à cultura.

O Código de Defesa do Consumidor cuida das hipóteses de exclusão de responsabilidade do fabricante ou fornecedor elencando, no inciso III do § 3º do art. 12, *a culpa exclusiva do consumidor ou de terceiro*. Dessarte, poderá o fabricante do produto agrotóxico eximir-se da responsabilidade comprovando a culpa do consumidor ou de terceiro. Vale lembrar que a excludente reporta-se à culpa exclusiva, cumprindo, pois, asseverar que a culpa concorrente não é apta a inibir a responsabilidade, ou seja, havendo lesividade no produto e concorrentemente culpa do consumidor, remanesce a responsabilidade do fabricante. A propósito, vale lembrar que o comerciante não é considerado, para os fins da excludente de responsabilidade, terceiro, porquanto não se trata de pessoa estranha à relação de consumo.

Diferente é a situação, no entanto, se a lesão à saúde ambiental advém da potencialidade lesiva inerente à substância agrotóxica, que foi adquirida e usada com total obediência às prescrições legais respectivas (fato do produto). Nesse caso, o fabricante será sempre responsável, ainda que autorizado legalmente a fabricar o produto pelos órgãos governamentais. Incidem as disposições do art. 931 do novo CC e do art. 12 do CDC, que tratam da responsabilidade pelo "fato do produto".

Mostram-se oportunas, no ponto, as palavras de Paulo de Bessa Antunes sobre a descoincidência entre a norma jurídica e a norma científica:

(...).

Os fundamentos da verdade jurídica são puramente de direito. O direito deve, evidentemente, estar próximo da vida real para que possa ser mais justo e eficaz. Isto, porém, é uma aspiração. A vida, diariamente, nos ensina que, não com pouca freqüência, o

Direito – demonstrando uma insuportável arrogância – limita-se a auto alimentar-se, muitas vezes, semeando a injustiça. Como se sabe, a verdade jurídica se assenta sobre a normatividade dogmática. A norma jurídica é, em princípio, um comando, e como tal deve ser obedecida, sob pena de imposição de uma sanção. Conforme afirma Reale, o jurista não pode fazer abstração das normas postas. A norma científica se articula diferentemente da norma jurídica, pois não determina condutas, apenas descreve relações existentes no mundo natural, relações cuja compreensão varia ao longo do tempo, resultando daí o avanço do conhecimento. A lei científica não estabelece verdades, ela busca conhecer a verdade. Ela não define padrões de comportamentos sociais, como faz a norma jurídica. Nos estreitos limites dos objetivos desta tese, posso apontar uma diferença básica entre a norma jurídica e a norma científica. A primeira se apóia e exprime uma certeza jurídica, portanto, produzida socialmente, pois um dos objetivos do direito é o de garantir segurança às relações que, por ele, são regulamentadas, dotando-as de estabilidade e de previsibilidade. A norma científica, ao contrário, está sob constante questionamento e, indiscutivelmente, reflete, apenas, uma etapa do conhecimento. A verdade científica é sempre histórica e parcial. Embora aceita como válida, em dado momento, ela não se petrifica como um dogma, pois a realidade que examina está em constante transformação, independentemente da vontade humana.[100]

E prossegue o autor, agora discorrendo especificamente sobre as substâncias tóxicas:

É a circulação social dos produtos tóxicos que impõe a necessidade de que os mesmos passem, de uma forma ou de outra, ao campo da ordem jurídica, impondo-se-lhes um quadro normativo e dogmático. Ou seja, dogmatiza-se aquilo que, em essência, é antagônico ao dogma. Dá-se certeza à incerteza.

(...).

Com efeito, impende verificar como as externalidades (positivas e negativas) serão socialmente repartidas. É a partir disto que a ordem jurídica deve se pronunciar no sentido de estabelecer o equilíbrio que foi alterado pela circulação social do produto tóxico.[101]

Esse o dilema que enfrentamos no tratamento jurídico das substâncias tóxicas. Elas são lesivas à saúde ambiental por natureza. Não obstante, há necessidade de sua utilização, o que impõe, em conseqüência, o estabelecimento de regras rígidas de controle sobre o registro, o fabrico, a comercialização, o transporte e o uso. Sabemos de antemão, no entanto, que o disciplinamento jurídico da matéria nem sempre consegue evitar a ocorrência do dano. Há situações em que as regras postas conseguem, quando muito, se obedecidas, atenuar os efeitos da agressão.

É sob essa perspectiva que deve ser analisada a responsabilidade do fabricante quando a lesão advenha da nocividade em si do produto agrotóxico (fato do produto). Aqui já não se pode falar mais em exclusão de responsabilidade. Quem assume o risco de produzir e

---

[100] *Dano Ambiental – Uma Abordagem Conceitual*. Rio de Janeiro: Lúmen Juris, 2.000, p. 272/3.

[101] Idem, ibidem.

introduzir no comércio substância agressiva à saúde ambiental deve arcar com a responsabilidade de reparar o dano. E nem importa saber se o responsável pela introdução do produto estava ou não autorizado a fazê-lo pelos órgãos estatais encarregados do controle e da fiscalização. No campo da responsabilidade civil objetiva e solidária, vigorante nas relações ambientais e de consumo (CDC), reafirma-se, é indiferente a licitude da conduta. Mesmo que licenciados, a atividade ou o produto que causem lesão ao meio ambiente, afetando o seu equilíbrio, ou à saúde dos consumidores, não há exclusão da responsabilidade civil.

Vale lembrar aqui a irrelevância, para fins de responsabilização, da teoria do risco de desenvolvimento *(developmental risk)* agasalhada no estudo das relações de consumo. Consoante ensina Antônio Herman Benjamin, o risco de desenvolvimento é "aquele risco que não puder ser cientificamente conhecido ao momento do lançamento do produto no mercado, vindo a ser descoberto somente após um certo período de uso do produto e do serviço".[102] Parece-nos evidente que a subseqüente descoberta da lesividade de um produto agrotóxico, não detectada no momento de sua inserção no mercado de consumo, em nada altera a responsabilidade do fabricante pelo *fato do produto*. Eduardo Arruda Alvim, discorrendo sobre o risco de desenvolvimento, sustenta que este não pode representar excludente de responsabilidade pelo fato do produto: "a uma, porque tal excludente não consta do § 3º do art. 12; a duas, porque o risco de desenvolvimento encarta-se no gênero maior: defeito de concepção, o qual, por disposição legal expressa, enseja a responsabilização do fornecedor (cf. *caput* do art. 12, o qual alude a defeito decorrente de projeto e fórmula), e finalmente, porque, pelo sistema do Código, eventual ausência de culpa do fornecedor não é suficiente para eximi-lo de responsabilidade. Não é possível, segundo pensamos, que a idéia do risco de desenvolvimento confunda-se com aquela da inexistência do defeito, segundo querem alguns. Quando há risco de desenvolvimento, há defeito – de concepção – só que desconhecido".[103]

8.2. Responsabilidade civil do profissional

O profissional responsável responde quando emite receita errada, displicente ou indevida. A responsabilidade do profissional que detém competência técnica para a emissão do receituário agronômico (engenheiro agrônomo, conforme entendemos, ou técnico agrícola,

---

[102] *Comentários ao Código de Proteção ao Consumidor*. São Paulo: Saraiva, 1991, p. 67.

[103] Responsabilidade civil pelo fato do produto no Código de Defesa do Consumidor. *Revista de Direito do Consumidor*, nº 15, São Paulo: Ed. Revista dos Tribunais, jul/set 1995, p. 148.

consoante tem admitido a jurisprudência) encontra fundamento nas condutas que a Lei dos Agrotóxicos descreve e em outras que constituam infração aos seus deveres regulamentares e legais técnico-profissionais e éticas, porque, como dissemos alhures, as disposições do art. 14 da Lei nº 7.802/89 não excluem a responsabilização por outras condutas lesivas ao meio ambiente e à saúde pública.

Emite *receita errada* o profissional que descura, em qualquer dos itens do receituário, dos conhecimentos técnico-científicos necessários para o mister. O erro pode ser de diagnóstico, quanto ao produto receitado, quanto à quantidade administrada, quanto à periodicidade do uso etc. A emissão *displicente* de receita caracteriza-se pela conduta negligente ou desleixada do profissional. O profissional que não inspeciona a área antes de diagnosticar ou o faz de forma *displicente* assume o risco de causar danos ao usuário, ao meio ambiente e à saúde pública, devendo por eles responder. A expressão *receita indevida* tem significado amplíssimo. *Indevido* é o que se revela contrário aos deveres legais éticos e morais. É indevida, por exemplo, a receita que o profissional deixa assinada e em branco nas comercializadoras.

O art. 14 da Lei nº 7.802/89, ao tratar da responsabilidade do profissional, estabelece como fundamento desta a emissão *comprovada* de receita *errada, displicente ou indevida*. Trata-se de regra que estabelece responsabilidade subjetiva, derivada de culpa ou dolo do profissional. O profissional isenta-se de responsabilidade se não restar comprovada sua culpa ou dolo, bem assim quando comprova que foi o usuário ou prestador de serviço quem descumpriu o receituário agronômico.

A responsabilização do profissional não se limita, no entanto, à emissão do receituário agronômico, isto porque as atribuições do profissional não se exaurem na emissão da receita. É dever do profissional, por exemplo, acompanhar a aplicação de agrotóxico e prestar assistência ao usuário em caso de acidentes.

8.3. Responsabilidade civil do comerciante

A responsabilidade por danos ao meio ambiente e à saúde das pessoas incumbe ao comerciante quando efetuar a venda de agrotóxico sem o respectivo receituário ou em desacordo com a receita ou recomendações do fabricante e órgãos registrantes e sanitário-ambientais.

A atividade de comercialização (operação de compra, venda ou permuta dos agrotóxicos, seus componentes e afins), em razão da importância do seu controle para a segurança ambiental, sanitária e alimentar, mereceu especial atenção do legislador.

O fabricante, embora esteja dispensado do receituário no que tange à venda ao comércio – somente a venda de agrotóxico ao usuário ou prestador de serviço é que exige receituário –, não deixa também de ser comerciante, estando submetido às recomendações dos órgãos registrantes.

A prática de vender agrotóxicos ou afins sem receituário, além de constituir crime (art. 15 da Lei nº 7.802/89) e infração administrativa (art. 85 do Decreto nº 4.074/02), impõe ao comerciante o dever de indenizar civilmente os danos que porventura o produto vendido venha a causar ao meio ambiente e à saúde das pessoas. Da mesma forma, responde o comerciante quando fraciona ou reembala agrotóxicos ou afins, violando a proibição contida no art. 6º, parágrafo único, da Lei nº 7.802/89: "Fica proibido o fracionamento ou a reembalagem de agrotóxicos e afins para fins de comercialização, salvo quando realizados nos estabelecimentos produtores dos mesmos".

8.4. Responsabilidade civil do usuário e do prestador de serviços

A responsabilidade civil incumbe ao usuário ou ao prestador de serviços quando manipulam agrotóxicos em desacordo com o receituário ou com as recomendações do fabricante e órgãos registrantes e sanitário-ambientais. Usuário é toda pessoa física ou jurídica que utilize agrotóxico ou afim. O prestador de serviço é toda pessoa física ou jurídica habilitada a executar trabalho de aplicação de agrotóxicos e afins.

Sabe-se que a maior incidência de casos de danos ao meio ambiente à saúde das pessoas decorre do mau uso de agrotóxicos. Aplicações de agrotóxicos proibidos ou sem a prévia receita, com formulações manipuladas e alteradas indevidamente, em dosagens ou em fases não recomendadas, sem os cuidados técnicos e equipamentos de segurança indispensáveis, sobretudo a observância da carência mínima entre a aplicação e a colheita, são práticas corriqueiras entre os nossos produtores rurais.

É evidente que a Lei dos Agrotóxicos, no que se refere à responsabilidade civil, contém apenas um parâmetro genérico de responsabilização. Ao dispor que o usuário e o prestador de serviços responderão quando manipularem agrotóxicos sem observância do receituário e das recomendações do fabricante e órgãos registrantes e sanitário-ambientais, diz apenas o óbvio. Não obsta, no entanto, que, mesmo quando observados os padrões técnicos, se ocorrente o dano ao meio ambiente e à saúde humana, possam ser também responsabilizados. Nesta hipótese, como já o dissemos, poderão isentar-se da responsabilidade provando que o dano decorreu da potencialidade lesiva inerente ao produto tóxico autorizado, hipótese em que deverá responder o fabricante.

Consoante dispõe o art. 14 do CDC, o prestador (fornecedor) de serviços responde, independentemente de culpa, pela reparação dos danos causados aos consumidores por defeitos relativos aos defeitos dos serviços prestados, bem como por informações insuficientes e inadequadas sobre a sua fruição e riscos.

Não se pode olvidar, por fim, que o usuário que contrata o prestador de serviços para aplicação de agrotóxicos responde solidariamente com este pelos danos que venham a ocorrer.

8.5. Responsabilidade civil do empregador

O empregador responde civilmente quando não fornecer e não fizer manutenção dos equipamentos adequados à proteção da saúde dos trabalhadores ou dos equipamentos na produção, distribuição e aplicação dos produtos (art. 14, *f*, da Lei dos Agrotóxicos).

Está estampada neste dispositivo legal a responsabilidade do empregador em relação ao empregado, mesmo que sem vínculo empregatício. Além de constituir infração administrativa (art. 85 do Decreto nº 4.074/02) e crime previsto no art. 16 da Lei nº 7.802/89, a conduta do empregador, acima descrita, seja ele fabricante, transportador, comerciante, usuário ou prestador de serviços, imporá a sua responsabilização civil pelos danos que causar aos trabalhadores.

O direito fundamental de todos ao meio ambiente equilibrado (art. 225 da CF) compreende também o meio ambiente do trabalho. Não fosse bastante, o art. 5º, *caput*, da Constituição assegura o direito à vida, e o art. 196, também da Carta Magna, assegura a todos o direito à saúde, pontificando que "a saúde é direito de todos e dever do Estado, garantido mediante políticas sociais e econômicas que visem à redução do risco de doença e de outros agravos e ao acesso universal igualitário às ações e serviços para a sua promoção, proteção e recuperação". Dessarte, todo trabalhador tem o direito de exercer suas atividades em ambiente do trabalho hígido e ecologicamente equilibrado. Infelizmente – isto é público, notório e comprovado estatisticamente, consoante já evidenciamos linhas atrás –, nossos produtores rurais, enquanto empregadores, descuram, no mais das vezes, de adotar as medidas de segurança legalmente previstas, permitindo que seus empregados se exponham a sérios riscos de saúde pelo contato com agrotóxicos.

Aos empregadores incumbe: a) obrigação de avaliar os riscos decorrentes das atividades com agrotóxicos; b) obrigação de fornecer os equipamentos de trabalho necessários e adequados à prevenção dos riscos laborais (EPIs e EPCs); c) obrigação de fiscalizar a efetiva utilização pelos empregados dos referidos equipamentos de proteção e segurança; d) obrigação de informar os empregados sobre os riscos e a obrigatoriedade de usar os equipamentos, bem como de proporcionar-lhes o treinamento para tal; e) obrigação de conceber e adotar medidas de emergência para o caso de não ser possível evitar os riscos, e f) obrigação de adotar medidas especiais de proteção para trabalhadores mais sensíveis, como os menores e as mulheres grávidas.

Lembre-se que o aplicador de agrotóxicos deve evitar o contato direto e prolongado do produto com a pele e usar vestuário próprio (botas, macacão, aventais de borracha ou de plástico, luvas, máscara com filtro etc.).

O empregado que sofra dano (material ou moral) de qualquer espécie manipulando agrotóxicos, em decorrência de negligência do empregador no cumprimento das normas de segurança do trabalho, em caso de acidente do trabalho, terá direito ao integral ressarcimento, sem prejuízo do recebimento de benefício da entidade seguradora oficial (INSS).[104] A propósito, deve-se asseverar que é comum, especialmente nos Estados do Norte, como o Pará, a utilização de trabalho escravo na agricultura, em que alguns proprietários de terras obrigam pessoas ignorantes a trabalhar na preparação de áreas (devastação de florestas) para o plantio, inclusive com a manipulação de agrotóxicos, sem os necessários equipamentos de proteção.

Ocorrendo o acidente do trabalho em razão de conduta culposa do empregador, a entidade seguradora oficial (INSS) terá direito de se ressarcir regressivamente, junto a este, de tudo quanto tenha pago ao segurado, a título de benefício acidentário, nos termos do art. 120 da Lei nº 8.213/91.[105]

Segundo pesquisa do IBGE, realizada em 382.998 estabelecimentos rurais do Paraná (safra 1998/1999), cerca de 23% deles não utili-

---

[104] "CIVIL. AÇÃO DE INDENIZAÇÃO. ACIDENTE DE TRABALHO. RECEBIMENTO DE BENEFÍCIO PREVIDENCIÁRIO. DEDUÇÃO DO *QUANTUM* DEVIDO POR FORÇA DO ILÍCITO CIVIL. IMPOSSIBILIDADE. CPC, ART. 159. I. A orientação fixada no Superior Tribunal de Justiça é no sentido de que, em face da diversidade de suas origens – uma advinda de contribuições específicas ao INSS e outra devida pela prática de ilícito civil – não pode haver, no pagamento desta última, dedução de quaisquer parcelas pagas à vítima a título de benefício previdenciário. II. Precedentes do STJ" (STJ, 4ª Turma, REsp. nº 2000.00.13373-6/RS, j. 09/04/2002, DJU 19/08/2002, p. 170, Relator Min. ALDIR PASSARINHO JUNIOR).

[105] "CIVIL. AÇÃO REGRESSIVA. ACIDENTE DE TRABALHO. INSS. NEGLIGÊNCIA DO EMPREGADOR. O art. 120 da Lei nº 8.213/91 não deixa dúvidas quanto à possibilidade de o órgão previdenciário poder pleitear regressivamente os danos que tiver que suportar em face de lesão derivada de conduta negligente do empregador quanto à higiene e segurança do trabalho. Hipótese em que é devida a indenização porque o evento não decorreu de culpa da vítima, caso fortuito ou força maior" (TRF da 4ª Região, 3ª Turma, Apelação Cível nº 1998.04.01.018452-4/SC, DJU 27/09/2000, p. 205, Relator Des. Federal PAULO AFONSO BRUM VAZ).

zavam nenhum dos equipamentos de proteção individual e apenas 5,65% utilizavam todos os equipamentos. Estes dados revelam o descaso, tanto de empregadores, como de autoridades públicas na fiscalização das atividades com agrotóxicos, e explicam a expressiva incidência de intoxicações e outras doenças graves decorrentes da exposição aos agentes químicos contidos nos agrotóxicos. Pensamos que se deveria exigir do empregador a realização periódica de exames de saúde no trabalhador exposto a agrotóxicos para avaliar se há contaminação, inclusive nos vendedores de agroquímicos, nos trabalhadores da indústria, nos que trabalham em campanhas de saúde e naqueles que fazem "detetização" nas ruas ou casas.

8.6. Responsabilidade "pós-consumo" pela destinação final das embalagens vazias de agrotóxicos

Consoante anotamos alhures, com a nova disciplina legal da destinação final das embalagens vazias de agrotóxicos, restou a responsabilidade dividida entre os usuários, os comerciantes, os fabricantes do produto e o poder público, a quem cumpre orientar e fiscalizar. Ao usuário incumbe devolver a embalagem ao estabelecimento vendedor, no prazo de um ano, contado a partir da compra, salvo se houver autorização expressa do órgão registrante ou se remanescer produto na embalagem, dentro do prazo de validade (art. 53, § 1°, do Decreto n° 4.074/02), segundo verificação dos órgãos de fiscalização. As embalagens deverão ficar, por prazo não superior a um ano, contado da entrega pelo usuário, em uma central ou posto de recebimento licenciado pelo órgão ambiental competente, até serem recolhidas pelas empresas produtoras.

A novel disciplina legal da destinação final das embalagens vazias introduz, quanto aos agrotóxicos, a modalidade de responsabilização "pós-consumo", já normatizada em relação aos pneus, pilhas e baterias de telefone celular, impondo ao fabricante, que assume o risco decorrente da colocação do produto no mercado, depois das providências preparatórias que incumbem ao usuário e ao vendedor, a obrigação de dar a destinação final às embalagens vazias com os respectivos ônus, eximindo o consumidor final e o Poder Público, que atua apenas enquanto agente de disciplina, controle e fiscalização do procedimento definido em lei.

Capítulo VII

Instrumentos de prevenção e a reparação do dano à saúde ambiental em juízo

1. Ações preventivas

Sabe-se que a restauração do meio ambiente danificado, para que seja ele reconduzido ao *status quo ante* – retorno completo às condições originais ou preexistentes –, é desiderato quase sempre impossível, especialmente no caso da degradação de ecossistemas pelo emprego indevido de produtos agrotóxicos. No máximo, consegue-se recuperar algumas propriedades ou reabilitar parcialmente o meio ambiente para adequá-lo ao uso humano. Quando se trata de malferimento às condições naturais do meio ambiente, na maioria das hipóteses, não é suficiente indenizar, mas sim fazer cessar a causa do mal, pois um "caminhão de dinheiro" não devolve a saúde das pessoas ou a boa formação do feto, tampouco restitui a vida humana e as espécies da biodiversidade que sucumbiram diante da poluição.

Dessarte, avulta a importância das medidas judiciais preventivas de proteção à saúde ambiental.

O sistema constitucional de proteção à saúde ambiental, interpretado com o filtro dos princípios constitucionais do processo civil, especialmente dos princípios do devido processo legal (*substantive due process of law*) e do acesso à justiça, de que resulta o direito fundamental à efetividade (subjetiva, objetiva, técnica, instrumental e qualitativa) do processo, permite, independentemente do rótulo que se lhes atribua e a despeito de expressa previsão na lei ordinária de procedimento adrede, a propositura de ações judiciais tendentes à prevenção de lesões ao meio ambiente. As tutelas inibitórias, contempladas com especificidade nos arts. 461 do CPC e 84 do CDC, traduzem, em termos legislativos infraconstitucionais, em sede ambiental, a referida principiologia, com a enorme vantagem de contemplarem a possibilidade de antecipação à ocorrência do dano.

Merece destaque também a Ação Mandamental Preventiva a que alude o art. 102 do CDC:

> Os legitimados a agir na forma deste Código poderão propor ação visando compelir o Poder Público competente a proibir, em todo território nacional, a produção, divulgação, distribuição ou venda, ou a determinar alteração na composição, estrutura, fórmula ou acondicionamento de produto, cujo uso ou consumo regular se revele nocivo ou perigoso à saúde publica e à incolumidade pessoal.

Trata-se de uma ação de rito ordinário movida contra o Poder Público, de que pode resultar um provimento judicial de natureza mandamental, inclusive antecipatório da tutela (nos termos do § 3º do art. 84 do CDC), tendo como objeto obrigação de fazer (proibir ou determinar alteração, etc.), a ser cumprido sob pena de multa e de cometimento do crime de desobediência (art. 330 do CP).

A crise da tutela ressarcitória, que, em relação aos direitos e interesses de fundo ambiental, exacerba-se, máxime em razão da natureza muitas vezes não-patrimonial destes direitos, faz crescer em importância as tutelas inibitórias. Os chamados novos direitos não se contentam com uma reparação pecuniária, pois que as situações conflituosas decorrentes gravitam, via de regra, em torno do descumprimento de obrigações de fazer e não fazer. A tutela inibitória prevista no art. 461 do CPC revela-se como um dos instrumentos mais modernos e mais importantes para tutela jurisdicional dos direitos ambientais. Como tutela preventiva que é – e sempre é melhor prevenir do que remediar –, visa a prevenir o ilícito, apresentando-se, assim, como uma tutela anterior à sua prática, e não como uma tutela voltada para o passado, como a tradicional tutela ressarcitória. Quando se pensa em tutela inibitória, imagina-se uma tutela que tem por fim impedir a prática, a continuação ou a repetição do ilícito, e não uma tutela dirigida para a reparação do dano.[106]

Os arts. 84 do CDC e 461 do CPC, na medida em que permitem ao juiz, na sentença ou em sede antecipatória, determinar o cumprimento de obrigações de fazer ou não fazer, sob pena de multa e com adoção de medidas de cumprimento (busca e apreensão, força policial, paralisação de atividade, prisão etc.) e sub-rogação (contratação de terceiros às expensas do obrigado), capazes de dar satisfação imediata à tutela específica, constituem instrumentos importantes de tutela inibitória coletiva e individual. E, o que é mais importante ainda, com dispensa do processo de execução *ex intervallo*. A tutela específica das obrigações de fazer e não fazer sepulta definitivamente a ineficaz classificação trinária das ações e das sentenças.

A Ação Civil Pública, cujo procedimento possibilita a concessão de medida cautelar satisfativa e a antecipação de tutela, é um dos instrumentos de relevante importância para a prevenção e reparação de dano à saúde ambiental, e, como tal, será objeto de estudo mais aprofundado logo a seguir.

---

[106] Cf. Luiz Guilherme Marinoni, *Tutela Inibitória*, p. 26.

2. A reparação do dano à saúde ambiental: dano privado (particular) e dano público (coletivo)

Em sede de dano à saúde ambiental, o que interessa, já se disse, se não for possível evitá-lo, é a recomposição, de forma a proporcionar, o quanto possível, o retorno ao *status quo ante*. Não sendo factível a restauração, que constitui a reparação primária e principal, subsiste a indenização, como forma de reparação subsidiária. Mas a tutela do direito por execução genérica, vale dizer, mediante prestação substitutiva – que, comumente, é representada por equivalente em dinheiro –, deve ficar restrita apenas àquelas situações em que se revelar realmente impossível o atendimento da prestação *in natura*. Deve constituir a exceção, e não a regra.

De lembrar, no caso, o princípio da efetividade (visualizado em seus aspectos objetivo e qualitativo) da prestação jurisdicional, traduzido na célebre lição de Chiovenda, segundo a qual é função do processo dar a quem tem direito tudo aquilo e precisamente aquilo a que tem direito.

Convém sublinhar que a Lei dos Agrotóxicos distingue entre o dano causado à saúde das pessoas e aquele que atinge diretamente o meio ambiente (dano privado e dano público ou difuso). É certo que as ações lesivas ao meio ambiente afetam não apenas a biota, mas acabam por causar danos também à saúde das pessoas. A distinção feita pelo legislador não pode ser ignorada e revela-se de muita utilidade no campo de atuação das regras de processo (especialmente quanto à ação a ser manejada e à legitimidade ativa). A tutela do dano ao meio ambiente, enquanto direito difuso, é feita por ação civil pública ou ação popular, destacando-se, quanto à ACP, a especial legitimação do MP. Quando se trate de dano à saúde das pessoas, cuidando-se de direito individual homogêneo, tem o MP legitimidade para propor ação civil pública (com base nas disposições do CDC ou quando houver relevante interesse social), assim como cada particular lesado. Sendo apenas individual o direito violado, uma vez que ausente a pluralidade de vítimas de um mesmo fato, somente é cabível a ação individual, para a qual não tem legitimidade o MP.[107]

---

[107] O Código de Defesa do Consumidor confere legitimidade extraordinária ao Ministério Público para a defesa dos interesses individuais homogêneos dos consumidores. Estão legitimados, segundo o artigo 82 da Lei nº 8.078/90, o Ministério Público Federal, a União, os Estados, os Municípios e o Distrito Federal, além das associações legalmente constituídas há pelo menos um ano e que incluam em seus fins institucionais a defesa dos interesses dos consumidores e das entidades e órgãos da Administração direta e indireta. Na hipótese, portanto, de o dano afetar diretamente os interesses do consumidor, a reparação em juízo poderá ser buscada pelo Ministério Público, manejando a ação civil pública. Veja-se, a propósito, o seguinte precedente, que teve por relator o hoje Ministro do STJ Teori Albino Zavascki: "AÇÃO COLETIVA PARA TUTELA DE DIREITOS INDIVIDUAIS HOMOGÊNEOS DE NATUREZA FISCAL. INCIDÊNCIA DE IOF SOBRE OS DEPÓSITOS JUDICIAIS. ILEGITIMIDADE ATIVA DO MINISTÉRIO

Dessarte, a reparação do dano ambiental público ou coletivo, seja na via ressarcitória, seja como forma de recomposição *in natura*, não impede que os particulares lesados também pleiteiem reparação do *dano ambiental privado*. Quem, por exemplo, tenha suas terras afetadas pela erosão ou por qualquer forma de infertilidade, quem tenha suas lavouras contaminadas,[108] quem tenha contraído uma doença em razão da poluição decorrente do consumo de um alimento contaminado poderá pleitear do causador direto ou indireto do dano a devida reparação. De rigor, consoante as disposições dos arts. 97 e 103, III e § 3º, do CDC, os particulares lesados poderão liquidar e executar a sentença coletiva condenatória genérica a que alude o art. 95 do CDC.

3. Aspectos relevantes da Ação Civil Pública como instrumento de tutela coletiva da saúde ambiental

Dentre as ações, as de maior importância para a tutela coletiva da saúde ambiental são a Ação Civil Pública e a Ação Popular, ações típicas constitucionais moldadas para a defesa de direitos e interesses transindividuais, em que podem ser manejadas as tutelas mandamentais inibitórias e de remoção do ilícito, que se antecipam à ocorrência do dano, e a tutela ressarcitória, para o caso de haver ocorrido o dano. Quanto à Ação Popular, guindada a instrumento de defesa ambiental pela CF-88, a legitimidade atribuída apenas aos *cidadãos*, em um país onde o exercício da cidadania não é cultuado pelo ideário popular, a

---

PÚBLICO. A ação coletiva para defesa de direitos individuais homogêneos prevista na Lei 8.078/90 (art. 91) diz respeito a tutela de direitos dos consumidores. 2. A Constituição, todavia, legitima o Ministério Público a defender "interesses sociais" (art. 127), que não se confundem com os interesses de entidades públicas e nem com os interesses de pessoas ou grupos isolados. 3. Podem ser qualificados como interesse social a tutela de direitos subjetivos privados quando eles, visualizados em seu conjunto, em forma coletiva e impessoal, têm a força de transcender a esfera de interesses puramente individuais e passam a representar, mais que a soma de interesses dos respectivos titulares, verdadeiros interesses da comunidade como um todo" (TRF4, 2ª Turma, AC nº 437558, j. 19.06.97, DJU:17/09/1997, p. 75043).

[108] Consulte-se, a propósito, precedente de jurisprudência em que se reconhece o direito à indenização por prejuízos causados em razão de contaminação de lavoura de vizinho: "INDENIZAÇÃO POR ATO ILÍCITO – CONTAMINAÇÃO DE LAVOURA VIZINHA POR USO DE PRODUTO TÓXICO – PERDAS DAS LAVOURAS CONTAMINADAS DEVIDAMENTE COMPROVADAS POR PROVA TESTEMUNHAL – USO DE AGROTÓXICO ADMITIDO PELA RÉ, PORTANTO, FATO INCONTROVERSO – NEXO DE CAUSALIDADE DECORRENTE DAS PECULIARIDADES DO CASO E POR PRESUNÇÃO EM RAZÃO DE INDENIZAÇÃO PAGA PELA RÉ A OUTROS VIZINHOS – DANO MORAL INCOMPROVADO – RECURSO PARCIALMENTE PROVIDO PARA RECONHECER APENAS O DANO MATERIAL. Se a perícia judicial é realizada quase três anos após o dano na lavoura contaminada, torna-se impossível a comprovação de contaminação por esse meio técnico. Admitindo-se provadas as perdas das lavouras e tendo a ré indenizado outros vizinhos em razão do mesmo fato, é de se presumir que foi ela a causadora do dano, pela contaminação por agrotóxicos, nas lavouras do autor. Quando o dano moral não decorre diretamente do ato ilícito praticado, deve ser ele efetivamente comprovado" (TJMT, AC 413/2002, 1ª C.Cív., Rel. Des. Alberto Pampado Neto, j. 09.06.2003).

tem tornado de pouco uso. Passamos a tecer algumas considerações acerca da Ação Civil Pública, que, graças à atuação marcante do MP e de entidades associativas, tem-se constituído no instrumento por excelência da tutela jurisdicional coletiva, preventiva e reparatória, das lesões à saúde ambiental.

3.1. A questão da competência na ACP

As discussões acerca da competência para a propositura da ACP sempre foram as mais acirradas. Segundo dispõe o art. 2º da LACP, o foro competente para a ação é o do local do dano. Esta regra tem os objetivos precípuos de facilitar a colheita de provas e possibilitar o contato direto do juiz com a degradação ambiental e com as provas desta, privilegiando o princípio da imediatidade. Esta regra sofreu o influxo das disposições do art. 93, incisos I e II, do CDC, quanto a determinados danos que perpassem os limites territoriais de uma comarca ou seção judiciária ou de mais de um Estado-Membro, assumindo proporção regional ou federal, impondo a competência do foro das capitais dos Estados ou do País.

É conveniente esclarecer, no entanto, que, se a ação for proposta contra a União, suas autarquias, fundações e empresas públicas (federais), a competência será da Justiça Federal, podendo, portanto, tramitar a ação em comarca diversa do local do dano, se não for esta sede de vara federal. O STJ chegou a editar a Súmula nº 183, dizendo que a competência seria da Justiça Estadual, quando não fosse o local do dano sede de vara federal, ainda que a União figurasse no processo. Esta súmula foi cancelada em 24/11/2000, vingando a orientação no sentido de que o referido art. 2º da LACP não estabelece hipótese de competência delegada da Justiça Federal (STF, Pleno, RE 228955/R, DJU 14.04.00, p. 56).

Em síntese, pode-se afirmar que a competência para a ACP sobre danos ambientais deve levar em consideração as normas constitucionais acerca da competência da Justiça Federal (art. 109). Dessarte, havendo interesse na causa da União, autarquias e empresas públicas federais, ou se discutindo sobre tratados internacionais e direitos de indígenas, a competência será da Justiça Federal.

Vale destacar precedente exemplar do STJ, relatado pelo Ministro Teori Zavascki, que reconhece a competência da Justiça Federal para o julgamento de ACP proposta pelo Ministério Público Federal:

> CONFLITO POSITIVO DE COMPETÊNCIA. JUSTIÇA FEDERAL E JUSTIÇA ESTADUAL. AÇÕES CIVIS PÚBLICAS. EXPLORAÇÃO DE BINGO. CONTINÊNCIA. COMPETÊNCIA JURISDICIONAL DA JUSTIÇA FEDERAL. 1. Havendo continência entre duas ações civil públicas, movidas pelo Ministério Público, impõe-se a reunião de

ambas, a fim de evitar julgamentos conflitantes, incompatíveis entre si. 2. A competência da Justiça Federal, prevista no art. 109, I, da Constituição, tem por base um critério subjetivo, levando em conta, não a natureza da relação jurídica litigiosa, e sim a identidade dos figurantes da relação processual. Presente, no processo, um dos entes ali relacionados, a competência será da Justiça Federal, a quem caberá decidir, se for o caso, a legitimidade para a causa. 3. É da natureza do federalismo a supremacia da União sobre Estados-membros, supremacia que se manifesta inclusive pela obrigatoriedade de respeito às competências da União sobre a dos Estados. Decorre do princípio federativo que a União não está sujeita à jurisdição de um Estado-membro, podendo o inverso ocorrer, se for o caso. 4. Em ação proposta pelo Ministério Público Federal, órgão da União, somente a Justiça Federal está constitucionalmente habilitada a proferir sentença que vincule tal órgão, ainda que seja sentença negando a sua legitimação ativa. E enquanto a União figurar no pólo passivo, ainda que seja do seu interesse ver-se excluída, a causa é da competência da Justiça Federal, a quem cabe, se for o caso, decidir a respeito do interesse da demandada (súmula 150/STJ). 5. Conflito conhecido e declarada a competência do Juízo Federal (Conflito de Competência nº 40543, 1ª Seção, DJU 17/05/04, p.100).

3.2. Tutelas de urgência na ACP

O exame da tutela antecipada em Ação Civil Pública demanda prévio estudo acerca da tutela cautelar que é expressamente prevista no art. 4º da Lei nº 7.347/85 (LACP), *in verbis*: "Poderá ser ajuizada ação cautelar para os fins desta lei, objetivando, inclusive, evitar o dano ao meio ambiente, ao consumidor, aos bens e direitos valor artístico, estético, histórico, turístico e paisagístico".

Este dispositivo enseja a idéia de satisfatividade, tal como refere Rodolfo de Camargo Mancuso, para quem a "cautela não é apenas preventiva, como seria curial, mas pode conter um comando, uma determinação para um *non facere* ou mesmo para um *facere*, tudo em ordem a 'evitar o dano ao meio ambiente, ao consumidor...'".[109] O mesmo Mancuso apresenta alguns exemplos em que é possível a concessão de um provimento executório em nível preventivo: "O fazendeiro que ameaça atear fogo à floresta para implantar sua 'agricultura' será impedido de fazê-lo; o industrial cuja empresa lança poluentes na atmosfera, será constrangido, desde logo, a instalar equipamentos antipoluentes; a companhia de pesca que intenta prosseguir em sua atividade, desrespeitando o período da desova dos peixes, será proibida de fazê-lo, em nível cautelar".[110]

No mesmo sentido, o escólio de Sérgio Ferraz, quando sustenta que a ação cautelar na ação civil pública é mais ampla e mais profun-

---

[109] Ação Civil Pública. 3.ed., São Paulo: Ed. Revista dos Tribunais, 1994, p. 116.

[110] *Idem, ibidem.*

da, revestindo-se, inclusive, de feição satisfativa, sem que reste infirmado o arcabouço peculiar deste tipo de ação.[111]

A satifastividade da medida cautelar na ACP, a exemplo do que ocorre com algumas medidas cautelares previstas no Código de Processo Civil, como a de alimentos provisionais, decorre de expressa previsão legal e se justifica pela natureza especial dos direitos e interesses (difusos, coletivos ou individuais homogêneos) que possam estar em situação de perigo. Deve-se dizer, entretanto, que a liminar nas cautelares a que vimos de referir não deve ser confundida com a medida liminar concedida no processo principal. Esta corresponde à antecipação da tutela de mérito; aquela diz respeito à antecipação da tutela cautelar.

A questão que suscita a possibilidade de se pleitear medida cautelar, inclusive de cunho satisfativo, e também liminar no bojo da Ação Civil Pública, igualmente de contorno satisfativo, pois que representativa do adiantamento de efeitos práticos da futura sentença de mérito, é de se saber a razão pela qual a lei oferece a duplicidade de instrumentos processuais com idêntica finalidade. As situações são diversas. A ação cautelar é proposta, de regra, quando o risco de lesão que se pretende evitar necessite de medida de urgência que não poderia esperar pela preparação mais criteriosa que exige a petição inicial da ação principal (ACP), seja porque os elementos de prova ainda não estejam à disposição do titular da ação, seja porque a propositura da ação demanda maiores estudos. Ao revés, se o titular já tiver todos os dados suficientes para a propositura da ação, presente a situação de urgência, deverá requerer a liminar a que alude o art. 12 da Lei nº 7.347/85. O que pode parecer verdadeiro malabarismo para justificar a previsão legal de uma espécie cautelar satisfativa – de trânsito restrito na doutrina – acaba se justificando ante a impossibilidade de se propor de imediato a ação principal, quando se poderia requerer a liminar antecipatória (satisfativa).

Dispõe o art. 12 da Lei nº 7.347/85 que poderá o juiz conceder mandado liminar, com ou sem justificação prévia, em decisão sujeita a agravo. Este dispositivo deve ser interpretado conjuntamente com o § 3º do art. 84 da Lei nº 8.078/80, de aplicação para o cumprimento de obrigações de fazer e não fazer, que exige, para o deferimento da antecipação da tutela, a conjugação de dois requisitos, vale dizer, a relevância da fundamentação e o fundado receio de ineficácia do provimento final, que se equivalem ao *fumus boni iuris* e ao *periculum in mora*, este mais intimamente relacionado à potencial impossibilidade de recomposição do *status quo ante*.

---

[111] Provimentos antecipatórios na ação civil pública, *Ação Civil Pública*. Coordenador Édis Milaré – São Paulo: Editora Revista dos Tribunais, 1995, p. 454.

Seria possível, à luz do art. 19 da Lei nº 7.347/85, do art. 90 da Lei nº 8.078/90 e do art. 272 do CPC, aplicarem-se subsidiariamente à tutela antecipatória em Ação Civil Pública as disposições dos arts. 273 e 461 do CPC? A aplicação subsidiária é indubitável, tanto que prevista em três dispositivos legais. Tem-se que distinguir entre os incisos I e II do art. 273. Não haveria interesse, nem vantagem, para o autor da ação coletiva em pleitear a tutela antecipada com base no inciso I do art. 273 do CPC, cujos requisitos e o grau de conhecimento do magistrado são mais aprofundados (exige-se a verossimilhança da alegação, comprovada inequivocamente, e o fundado receio de dano irreparável ou de difícil reparação), abrindo mão de pleitear a medida com base no art. 12 da Lei nº 7.347/85, que exige apenas o *fumus boni iuris* e o *periculum in mora*. No entanto, não havendo previsão legal, tanto na LACP como no CDC, para a tutela antecipatória punitiva, penso que perfeitamente possível a aplicação subsidiária das regras do II do art. 273 do CPC, sempre que haja abuso do direito de defesa ou manifesto propósito protelatório do réu. O art. 461 do CPC é inaplicável, diante da utilização integral de sua matriz, o art. 84, § 3º, da Lei nº 8.078/90 (CDC).

Vale registrar a posição do renomado Galeno Lacerda, no sentido de que o magistrado poderá, em razão da natureza *indisponível dos direitos da sociedade* tutelados por Ação Civil Pública, conceder a medida liminar *ex officio*.[112]

Questão importante e polêmica diz respeito à eficácia territorial das tutelas de urgência em sede de Ação Civil Pública. Até o advento da MP nº 1570-5, a eficácia da liminar concedida na ACP era *erga omnes*, em todo o território nacional. Esta MP, convertida na Lei nº 9.494/97, atribuiu nova redação ao art. 16 da LACP, para restringir a eficácia aos *limites da competência territorial do órgão prolator*.

A nova regra, de constitucionalidade duvidosa, por violação aos princípios da razoabilidade, da proporcionalidade e da isonomia, na medida em que aniquila exatamente a principal virtude de uma decisão coletiva, que é a eficácia *erga omnes* irrestrita, tem recebido interpretação crítica do Poder Judiciário, mesmo porque norma não restritiva foi mantida no CDC (art. 103), que pode muito bem ser invocada, uma vez que disciplina também ação coletiva.[113] A se con-

---

[112] Ação Civil Pública e Meio Ambiente, *Revista AJURIS*, vol. 43, Porto Alegre, p. 14.

[113] O TRF da 4ª Região, por sua egrégia 6ª Turma, no Agravo de Instrumento nº 2000.04.01.044144-RS, Rel. Des. Federal Luiz Carlos de Castro Lugon, examinando liminar concedida em ACP, com abrangência nacional, assim se posicionou: "A nova redação dada pela Lei nº 9.494/97 ao art. 16 da Lei nº 7.347/85, muito embora não padeça de mangra de inconstitucionalidade, é de tal impropriedade técnica que a doutrina mais autorizada vem asseverando sua inocuidade, devendo a liminar ter amplitude nacional, principalmente por tratar-se de ente federal (DJU 26.07.2000). Do corpo do voto do eminente Des. Federal Luiz Carlos de Castro Lugon, extrai-se ponderações irrecusáveis: "Também já deixei evidente que a limitação territorial pretendida pela autarquia traz perplexidades incontornáveis, citando diversos exemplos em

siderar a atual redação do artigo 16 da LACP, chegaríamos a situações absurdas e inusitadas, como, por exemplo, considerar-se um alimento nocivo à saúde humana em Santa Catarina e não-nocivo no Rio Grande do Sul, que um rio somente é poluído no âmbito territorial da comarca do juízo que prolata a decisão. A toda evidência, equivocou-se o legislador, porquanto não constitui critério determinante da extensão da eficácia de liminar ou sentença, em ação coletiva, a competência territorial do juízo, mas sim a amplitude e a indivisibilidade do dano que se pretende evitar.[114]

Consoante magistralmente pontificou Amir F. Sarti, "parece forçoso reconhecer que o art. 16 da Lei nº 7.347/85 deve ser interpretado em sintonia com os preceitos contidos na Lei nº 7.347/90, entendendo-se que os 'limites da competência territorial do órgão prolator', de que fala o referido dispositivo, não são aqueles fixados na regra de organização judiciária, mas, sim, aqueles previstos no art. 93 do Código do Consumidor, ou seja: a) quando o dano for de âmbito local, isto é, restrito aos limites de uma comarca ou circunscrição judiciária, a sentença não produzirá efeitos além dos próprios limites territoriais da comarca ou circunscrição; b) quando o dano for de âmbito regional, assim considerado o que se estende por mais de um município, dentro do mesmo Estado ou não, ou for de âmbito nacional, estendendo-se por expressiva parcela do território brasileiro, a competência será do foro de qualquer das capitais ou do Distrito Federal, e a

---

que inviável a compartimentação dos efeitos da medida. Na mensuração do alcance da medida liminar, interferem a dimensão do pedido, a abrangência da representação de quem pede, o âmbito de atuação da pessoa contra quem se dirige a ação, etc. Assim é que uma associação de âmbito federal, em pleiteando por seus afilhados, não há que receber uma prestação jurisdicional seccionada, que lhe obrigaria a percorrer todo o imenso território nacional em busca do mesmo socorro. Também não se estabelecerá disparidades entre administrados, restringindo em limites de circunscrição a outorga. Nenhum benefício terá o motorista de caminhão de transporte que obtiver uma medida emergencial em relação a direito que lhe será exigido pelo país afora, se entendida possível a limitação. Não se pode entender que a medida liminar que proíbe o fumo em aeronaves perca sua eficácia imediatamente transpostas as fronteiras geográficas de competência do foro em que deferida. Competência é matéria que se não há de resolver casuisticamente. Ou o juiz tem o poder-dever de alcançar nos efeitos da prestação jurisdicional o território inteiro; ou não o tem. É óbvio que não se pretende aqui desconhecer os limites territoriais de competência; mas, no exercício da competência dentro do território a esta destinada, pode o juiz, se assim o comportar o remédio processual eleito, atingir com sua atuação toda a amplitude que a prestação jurisdicional requer".

[114] Ada Pellegrini Grinover, quanto à nova redação atribuída ao art. 16 da LACP, em síntese conclusiva, assim se manifesta: "a) o art. 16 da LACP não se aplica à coisa julgada nas ações coletivas em defesa de interesses individuais homogêneos; b) aplica-se à coisa julgada nas ações em defesa de interesses difusos e coletivos, mas o acréscimo é inoperante, porquanto é a própria lei especial que amplia os limites da competência territorial, nos processos coletivos, ao âmbito nacional ou regional; c) de qualquer modo, o que determina o âmbito de abrangência da coisa julgada é o pedido, e não a competência. Esta nada mais é do que uma relação de adequação entre o processo e o juiz. Sendo o pedido amplo (*erga omnes*), o juiz competente o será para julgar a respeito de todo o objeto do processo; d) em conseqüência, a nova redação do dispositivo é totalmente ineficaz" (A Ação Civil Pública no STJ, *STJ 10 anos: obra comemorativa 1989-1999*. Brasília: STJ, 1999, p. 31).

sentença produzirá os seus efeitos sobre toda a área prejudicada". E arremata o renomado professor: "Evitam-se, por esse meio, todos os inconvenientes apontados: a reprodução caótica de ações civis públicas idênticas, a sobrecarga dos serviços judiciários, a contradição dos julgados, o tratamento desigual dos jurisdicionados, o descrédito e o desprestígio das instituições, em especial do Poder Judiciário".[115]

Considerando as freqüentes tentativas do Poder Executivo no sentido de obstar as potencialidades da ACP, especialmente quanto à liminar antecipatória – para prosseguir soberano no cometimento de violações ao texto da Constituição –, trago à colação a expressão da palavra abalizada de Sérgio Ferraz, quando, dissertando sobre a liminar na Ação Civil Pública, destaca dois efeitos relevantes: "I – A liminar não é um provimento excepcional, a ser restritivamente examinado e concedido. Ou seja, a liminar não é uma exceção à idéia de *due process of law*. Pelo contrário: ela constitui uma etapa naturalmente integrante do devido processo legal da ação civil pública; II – conseqüentemente, é inconstitucional a norma legal ou regulamentar que proíba, transitória ou definitivamente, a concessão de liminar. A tutela liminar é estabelecida na Constituição, inciso XXXV do art. 5º, preceito no qual alçada à plataforma das garantias individuais básicas, confiadas ao exame e decisão do Judiciário, não apenas a lesão, mas também a ameaça a direito".[116]

Destaca-se, por derradeiro, a extrema importância das tutelas de urgência, dentre elas a antecipatória, nas ações coletivas, porquanto a reparabilidade de eventual dano, em caso de procedência da ação, revela-se quase sempre impossível, e o abuso do direito de defesa é comum por parte dos poluidores. Em se tratando de Ação Civil Pública que verse sobre dano ambiental, os provimentos cautelares e antecipatórios assumem peculiar relevo, mormente no que diz respeito às obrigações de fazer e de não fazer. Os princípios da prevenção e da supremacia do interesse público sobre o privado justificam a intervenção rápida e eficaz da jurisdição através das tutelas de urgência.[117]

---

[115] Ação Civil Pública – Questões processuais, Revista do TRF da 4ª Região, Porto Alegre, a. 11, nº 38, 2000, p. 168.

[116] Provimentos antecipatórios na ação civil pública, *Ação Civil Pública*. Coordenador Édis Milaré. São Paulo: Editora Revista dos Tribunais, 1995, p. 455.

[117] "AÇÃO CIVIL PÚBLICA – DANO AMBIENTAL – PRESERVAÇÃO DO MEIO AMBIENTE – MEDIDA LIMINAR CONCEDIDA – AGRAVO DE INSTRUMENTO – Ação civil pública. Liminar para suspender suposto desmatamento em reserva ecológica. Agravo para cassar a decisão. Não havendo evidência de ilegalidade na decisão recorrida, nega-se provimento ao recurso, na certeza de que aos agravantes será mais fácil recuperar o tempo perdido e ressarcirem-se de eventuais prejuízos, do que recompor o sistema ecológico porventura violentado" (TJRJ, AI 609/97 (Reg. 241197), Nova Friburgo, 7ª C.Cív., Rel. Des. Asclepíades Rodrigues, j. 21.10.1997).

4. O ônus da prova na ACP

A regra geral sobre o ônus da prova está no art. 333, I, do CPC. Vale lembrar: incumbe ao autor a prova do fato constitutivo de seu direito e ao réu a prova dos fatos extintivos, modificativos ou impeditivos que alegar para se contrapor ao direito do autor. Não dispondo a Lei nº 7.347/85, que disciplina a ACP, acerca da distribuição do ônus da prova, poder-se-ia pensar que, na ação que vise à reparação de dano ao meio ambiente, a prova da existência do nexo causal é ônus daquele que propõe a demanda (do Ministério Público ou das demais pessoas legitimadas). É essa a conclusão a que nos leva o art. 333, I, do CPC. No entanto, a doutrina vem firmando entendimento de que, diante dos dispositivos da Lei nº 8.078/90, que instituiu o Código de Defesa do Consumidor, a matéria relacionada com o ônus da prova na Ação Civil Pública recebeu outra orientação, cabendo àquele a quem se imputa a prática da ação danosa a tarefa de comprovar a inexistência do liame. A tal entendimento se chegou a partir da análise do art. 21 da Lei da Ação Civil Pública, que dispõe serem aplicáveis àquela ação os dispositivos do Título III do CDC. É certo que entre os dispositivos de natureza processual inscritos no Código de Defesa do Consumidor e aplicáveis à Ação Civil Pública não se encontra expressamente a regra do ônus da prova. Sem embargo, parece-nos que a natureza processual da norma sobre o ônus da prova torna certa a sua incidência na ACP que verse sobre direitos ambientais. Celso Antonio Fiorillo, Marcelo Abelha e Rosa Maria Andrade Nery, adeptos da aplicabilidade da regra de inversão do ônus da prova inserta no CDC (art. 6º, VIII) à ACP, sobre o tema, assim se manifestam: "Chegamos a essa insofismável conclusão porque, como a impossibilidade de inversão do ônus da prova é regra de índole processual e pelo fato de que todas as regras processuais do CDC+LACP devem ser aplicadas na tutela de outros direitos difusos e coletivos, como sói dizer os arts. 1º, IV, e 21 da LACP, pensamos que a extensão dessa aplicação é imperativo inelutável, que não pode ser olvidado".[118]

Parece-nos que uma análise sistemática e teleológica dos dispositivos processuais do CDC e da LACP, à luz do princípio da supremacia do interesse público e da teoria da responsabilidade objetiva baseada no risco, aplicável à matéria, permite que se dissipe a dúvida em favor do meio ambiente, de modo a possibilitar a adoção da inversão do ônus da prova também naquelas hipóteses em que não estejam em defesa os direitos do consumidor.

---

[118] *Direito processual ambiental brasileiro*. Belo Horizonte: Del Rey, 1996, p. 142.

Estabelecida esta premissa, surge um segundo questionamento: estar-se-ia diante de autêntica inversão do ônus da prova, adstrita à discricionariedade judicial e condicionada à presença dos pressupostos hipossuficiência e verossimilhança, tais como previstos no inciso VIII do art. 6º do CDC? Parece-nos que não. É preciso dizer, a título de esclarecimento, que a verossimilhança não constitui critério para a inversão do ônus da prova, consoante remansoso entendimento doutrinário. De qualquer sorte, estando em discussão a higidez ambiental, não se deve falar em inversão do ônus da prova, pois que, desde sempre, o ônus recaiu sobre aquele a quem se imputa a degradação do meio ambiente, consoante impõe a teoria da responsabilidade objetiva baseada no risco integral que preside as relações ambientais.

5. A solução dos conflitos ambientais por meio de princípios constitucionais

É cediço que princípios e regras compõem o gênero *normas*. Tem-se, pois, que a estrutura normativa constitucional é formada por princípios e regras. Estabelecendo-se comparação entre ambos, pode-se afirmar que os princípios: (a) possuem um grau de *abstração e generalidade* maior do que as regras; (b) são vagos e indeterminados, carecendo de regras para que adquiram concretude; (c) estão em nível hierárquico superior ao das regras, a que constituem fonte de elaboração e fundamento de validade (deveres de otimização); (d) representam padrões de justiça, enquanto as regras têm conteúdo meramente funcional, voltadas que estão para a disciplina de situações jurídicas específicas, e (e) possuem uma dimensão de peso, que será considerada em caso de colisão, hipótese em que o princípio com peso relativo maior sobrepõe-se ao outro, sem que este perca a sua validade.[119]

---

[119] Robert Alexy distingue regras e princípios: El punto decisivo para la distinción entre reglas y principios es que los *principios* son normas que ordenan que algo sea realizado en la mayor medida posible, dentro de las posibilidades jurídicas y reales existentes. Por lo tanto, los principios son *mandatos de optimización*, que están caracterizados por el hecho de que pueden ser cumplidos en diferente grado y que la medida debida de su cumplimiento no sólo depende de las posibilidades reales sino también de las jurídicas. El ámbito de das posibilidades jurídicas es determinado por los principios y reglas opuestos. En cambio, las *reglas* son normas que sólo pueden ser cumplidas o no. Si una regla es válida, entonces de hacerse exactamente lo que ella exige, ni más ni menos. Por lo tanto, las reglas contienen *determinaciones* en el ámbito de lo fáctica y jurídicamente posible. Esto significa que la diferencia entre reglas y principios es cualitativa y no de grado. Toda norma es no bien uma regla o un principio. (*Teoria de Los Derechos Fundamentales*, Centro de Estudios Constitucionales, Madrid, 1997, p. 86/70).
Na mesma linha, mas com uma variante que atribui maior relevo à virtude de conterem os princípios os fundamentos das determinações contidas nas normas, Josef Esser considera que os princípios, ao contrário das normas (regras), não contêm diretamente ordens, mas apenas fundamentos, critérios para justificação de uma ordem. A distinção entre princípios e regras

Esta distinção é de extrema importância, porque se estivermos diante de um confronto de regras, ou *antinomia de regras*, respeitados os critérios de hierarquia, cronológico ou da competência legislativa, vamos ter como resultante uma regra válida e outra inválida. "Se uma regra vale, é ordenado fazer exatamente aquilo que ela pede, não mais e não menos".[120] Por exemplo, no conflito entre uma lei e um decreto, há de prevalecer aquela; a lei mais recente, disciplinando a mesma matéria, revoga a mais antiga; havendo conflito entre lei federal e estadual, prevalece a norma editada pelo ente a que a Constituição atribuiu competência legislativa. Entretanto, quando se entrechocam os enunciados de dois ou mais princípios, vamos ter o que se convencionou chamar de *colidência de princípios* ou *colisão de direitos fundamentais*,[121] que não obriga ao sacrifício de um dos princípios em tensão, mantendo-se a unidade e a coerência do sistema normativo. A relação de tensão ocorrente no caso de colisão de princípios não se resolve com a determinação imediata de prevalência de um princípio sobre outro, mas sim pela ponderação entre os princípios colidentes, que autoriza, diante do caso concreto, que o princípio de maior peso prevaleça.

Robert Alexy explica que quando princípios entram em colisão – tal como no caso em que segundo um princípio algo está proibido e, segundo outro princípio, está permitido – um dos princípios tem que ceder ante o outro. Mas isto não significa declarar inválido o princípio desprezado, nem que no princípio desprezado se tenha que introduzir uma cláusula de exceção. O que sucede é que, em certas circunstâncias, a questão da precedência pode ser solucionada de maneira inversa. Isto é o que se quer dizer quando se afirma que nos casos concretos os princípios têm diferentes pesos e que prevalece o princípio que o intérprete julgue mais adequado para a solução do caso concreto (de maior peso). Os conflitos de regras se resolvem pela dimensão da validade; a colisão de princípios – como só podem entrar em colisão princípios válidos – resolve-se não com base na dimensão da validade, mas na dimensão do peso.[122]

---

não seria apenas com base no *grau de abstração e generalidade* da prescrição normativa relativamente aos casos aos quais elas devem ser aplicadas: a distinção seria de "Qualität". Os princípios não possuem uma ordem vinculada estabelecida de maneira direta, senão que apenas fundamentos para essa seja determinada (*Apud* Humberto Bergmann Ávila, A Distinção entre Princípios e regras e a Redefinição do Dever de Proporcionalidade, *RDA*, n° 215, p. 155).

[120] Robert Alexy, Colisão de Direitos Fundamentais e Realização de Direitos Fundamentais no Estado Democrático, *Revista da Faculdade de Direito da UFRGS*, v. 17, 1999, p. 275.

[121] As colisões de direitos fundamentais, em sentido estrito, ocorrem quando o exercício de um titular de direitos fundamentais tem conseqüências negativas sobre direitos fundamentais de outros titulares de direitos fundamentais, podendo ocorrer entre direitos fundamentais idênticos e direitos fundamentais diferentes. Em sentido amplo, as colisões de direitos fundamentais ocorrem quando se entrechocam o exercício de direitos fundamentais e bens coletivos.

[122] *Teoria de Los Derechos Fundamentales*, Centro de Estudios Constitucionales, Madrid, 1997, p. 89.

Os princípios têm o condão de se pulverizar por todo o sistema, tornando obrigatória a obediência aos seus preceitos e constituindo o fundamento de validade e legitimidade da ordem legal e do comportamento de todas as pessoas. Como antes se viu, o direito ambiental está alicerçado em princípios de natureza constitucional, que norteiam a criação legislativa infraconstitucional, a exegese de suas normas e o suprimento de eventuais lacunas legais. Campo fértil para os nominados conflitos de direitos fundamentais ou colisões de direitos fundamentais, que ocorrem quando o exercício ou a realização do direito fundamental de um titular opera conseqüências negativas sobre direitos fundamentais de outros titulares, o direito ambiental reclama, quase que invariavelmente, a solução das controvérsias pela intervenção dos princípios. É comum na seara do direito ambiental a ocorrência da colisão de direitos fundamentais em sentido amplo, vale dizer, a colisão de direitos fundamentais com bens coletivos. Aos princípios do direito ambiental correspondem direitos fundamentais, sobretudo o direito ao meio ambiente equilibrado e o direito à tutela do Estado ao meio ambiente (Estado de Direito Ecológico), que constituem direitos fundamentais coletivos. O direito de propriedade e o direito à liberdade do exercício profissional, por exemplo, têm, não raro, o seu exercício ou realização colidentes com os referidos direitos fundamentais coletivos de natureza ambiental.

Diante da colisão de princípios se impõe verificar qual dos princípios possui maior peso diante das circunstâncias concretas. Avulta, no que se convencionou chamar de *ponderação*, a importância dos princípios da razoabilidade e da proporcionalidade. A razoabilidade, num primeiro estágio, apontará qual o princípio que deve ser privilegiado, com base na axiologia constitucional, ou seja, nos valores que a Constituição preza. A proporcionalidade, em uma segunda operação, atuará no sentido de evitar que a mitigação de um dos princípios imponha sacrifício de seu enunciado capaz de impedir a sua realização. Irá definir os critérios de delimitação da relação meio-fim, assegurando a restrição na exata medida do necessário e evitando excessos. Vai salvar o núcleo essencial do direito tutelado pelo princípio relativizado.[123] Resta evidente que, em matéria de meio ambiente, o interesse público há sempre que se sobrepor ao interesse privado, resolvendo-se a colisão de direitos fundamentais em favor do *bem coletivo*, mas sem que o direito fundamental privado reste aniquilado.

---

[123] Robert Alexy explica que a lei da ponderação obedece a três fases. "Na primeira fase deve ser determinada a intensidade da intervenção. Na segunda fase se trata, então, da importância das razões que justificam a intervenção. Somente na terceira fase sucede, então, a ponderação no sentido estrito e próprio (Colisão de Direitos Fundamentais e Realização de Direitos Fundamentais no Estado de Direito Democrático, *Revista de Direito da UFRGS*, v. 17, 1999, p. 278).

Capítulo VIII

Responsabilidade penal na Lei dos Agrotóxicos

1. Considerações gerais iniciais

As condutas reprimidas penalmente na Lei dos Agrotóxicos (arts. 15 e 16) são pluriofensivas, pois que ofendem, ao mesmo tempo, valores ambientais e a saúde pública.

A importância que a preservação ambiental tem assumido ao longo dos últimos anos fez com que as condutas que lhe são lesivas fossem também reguladas pelo Direito Penal. Reconhece a doutrina que a tutela penal, pela sua indiscutível eficácia dissuasória, presta-se melhor a prevenir as agressões ao meio ambiente. Sabe-se que as sanções civis e administrativas não têm a mesma força intimidatória da sanção penal.

Resumidamente, pode-se afirmar que *poluição* constitui o gênero de que são espécies a *poluição em sentido estrito*, o *dano ambiental* e o *crime ambiental*, expressando estágios de alterações prejudiciais às condições naturais do meio ambiente. A poluição traduzida em transformações ambientais desprezíveis não é necessariamente levada em consideração pela ordem jurídica. O dano ambiental ocorre quando a poluição excede o limite do desprezível, acarretando uma transformação gravosa ao meio ambiente. O crime ambiental, de sua vez, constitui a forma mais severa de violação à normalidade do meio ambiente. Assim, nem toda a poluição implica reconhecimento de dano ambiental, e nem todo dano ambiental consubstancia, necessariamente, crime ambiental. Apenas as condutas que atinjam os bens jurídicos tutelados pela norma penal é que constituem crime ambiental.

A tutela penal da saúde pública, também expressa no Título VIII, Capítulo III do Código Penal (arts. 267 a 285), compreende o conjunto de delitos que têm por objetivo prevenir e punir condutas que possam colocar em risco a saúde pública, ou seja, *o estado de sanidade da população de um país, de uma região, de uma zona ou de uma cidade*. Por isso, somente incidirá a norma proibitiva quando houver a periclitação da saúde de uma coletividade, determinada ou não, de pessoas.

Dispondo a Lei nº 9.605/98 "sobre as sanções penais e administrativas derivadas de condutas e atividades lesivas ao meio ambiente", surgiu a preocupação de saber se aquele diploma revogou completamente a legislação anterior. No que interessa ao presente trabalho, urge ressaltar que a polêmica existente acerca da sobrevivência do delito previsto no art. 15 da Lei nº 7.802/89, a despeito de a nova lei ambiental trazer em seu bojo tipo penal (art. 56)[124] que reproduz condutas semelhantes às descritas na Lei dos Agrotóxicos, restou resolvida a partir do advento da Lei nº 9.974, de 06.06.2000, que, inclusive, deu nova redação ao artigo 15 referido.[125]

O crime do art. 15 da Lei nº 7.802/89, na redação original, assim estava tipificado:

> Art. 15. Aquele que produzir, comercializar, transportar, aplicar ou prestar serviço na aplicação de agrotóxicos, seus componentes e afins, descumprindo as exigências estabelecidas nas leis e nos seus regulamentos, ficará sujeito à pena de reclusão, de 2 (dois) a 4 (quatro) anos, além da multa de 100 (cem) a 1.000 (mil) MVR. Em caso de culpa, será punido com pena de reclusão, de 1 (um) a 3 (três) anos, além de multa de 50 (cinqüenta) a 500 (quinhentos) MVR.

---

[124] Crime do art. 56 da Lei nº 9.605/98: "Produzir, processar, embalar, importar, exportar, comercializar, fornecer, transportar, armazenar, guardar, ter em depósito ou usar produto ou substância tóxica, perigosa ou nociva à saúde humana ou ao meio ambiente, em desacordo com as exigências estabelecidas em lei ou nos seus regulamentos.
Pena – reclusão, de 1 a 4 anos, e multa".

[125] Duas eram as correntes doutrinárias sobre a questão:
1ª Corrente
Sustentava que todas as condutas contidas no tipo do art. 15 da Lei dos Agrotóxicos foram contempladas pelo tipo previsto no art. 56 da Lei dos Crimes Ambientais; portanto, estaria o art. 15 revogado por este último. Aplicar-se-ia, destarte, a regra do art. 2º, § 1º, da LICC, dispondo que a lei posterior revoga a anterior quando regule inteiramente a matéria por esta tratada. Esta posição era defendida por Paulo Affonso Leme Machado, Paulo de Bessa Antunes e Édis Milaré.
2ª Corrente
Defendia que o delito previsto no art. 15 da Lei dos Agrotóxicos, lei especial, não estaria revogado pela Lei dos Crimes Ambientais (lei geral). Filiamo-nos a esta corrente.
Vladimir e Gilberto Passos de Freitas (*Crimes Contra a Natureza*, São Paulo: Editora Revista dos Tribunais, pp. 188/189) observam que, "muito embora a redação desse tipo penal se assemelhe à do art. 15 da Lei nº 7.802/89, nele não há qualquer menção expressa a agrotóxicos, seus componentes e afins. Ora, a conclusão a que se chega é de que o art. 15 da Lei nº 7.802/89 foi preservado. E tanto é verdade que a Lei nº 9.605/98 não faz qualquer menção, explícita ou implícita, ao outro crime da Lei nº 7.802/89, ou seja, à conduta prevista no art. 16 para aqueles que deixam de promover medidas necessárias à proteção da saúde ou do meio ambiente. Não será demais lembrar que a Lei nº 7.802/89 é especial, pois cuida apenas de agrotóxicos, e, por isso, não pode ser considerada revogada pelo art. 56 da Lei nº 9.605/98, regra geral. A propósito, Assis Toledo lembra que 'considera-se especial (*lex specialis*) a norma que contém todos os elementos da geral (*lex generalis*) e mais o elemento especializador. Há, pois, na norma especial um *plus*, isto é, um detalhe a mais que sutilmente a distingue da norma geral'. Continuam pois em vigor os dois tipos penais da lei de agrotóxicos (arts. 15 e 16), tratando o dispositivo ora em exame de outros produtos ou substâncias tóxicas diversas".
Enquanto na Lei nº 9.605/98 a sanção penal é dirigida contra quem pratica conduta lesiva ao meio ambiente manipulando *substância tóxica*, no tipo descrito no art. 15 da Lei nº 7.802/89 a punição se volta contra o manuseio de *agrotóxicos*. Seria desnecessário dizer que o primeiro vocábulo tem um significado mais amplo do que o segundo.
Se observado o núcleo primário do delito previsto no art. 15 da Lei nº 7.802/89, vamos concluir também que a conduta *aplicar* ou *prestar serviço* não foi reprisada no art. 56 da Lei nº 9.605/98, sendo certo que não tem o mesmo significado semântico de *usar*.

A nova redação, que lhe foi conferida pelo art. 5º da Lei nº 9.974/2000, assim preceitua:

> Art. 15. Aquele que produzir, comercializar, transportar, aplicar, prestar serviço, der destinação a resíduos e embalagens vazias de agrotóxicos, seus componentes e afins, em descumprimento às exigências estabelecidas na legislação pertinente estará sujeito à pena de reclusão de dois a quatro anos, além de multa.

Notam-se, *prima facie*, duas modificações substanciais: a primeira trata da ampliação do núcleo essencial do delito, para incluir o verbo "der destinação a resíduos e embalagens vazias de agrotóxicos, seus componentes e afins....", e a segunda diz respeito à exclusão da forma *culposa* do delito, porquanto não cogita mais a nova redação do art. 15 da punição em caso de *culpa*.

Representa um avanço a tipificação da conduta de quem dá destinação contrária à lei a resíduos e embalagens de agrotóxicos – a nova lei disciplina o fracionamento e a reembalagem de agrotóxicos e impõe a devolução das embalagens vazias aos estabelecimentos comerciais onde foram os produtos adquiridos (art. 6º, §§ 1º e 2º). Fazia-se necessária a disciplina penal específica relacionada com a destinação dada a resíduos e embalagens. O abuso e o descaso de usuários é verdadeiramente absurdo. Com a tipificação da conduta, incumbe ao usuário a devolução das embalagens vazias ao estabelecimento vendedor, dentro do prazo legalmente fixado, sob pena de cometimento do delito previsto no art. 15 da Lei nº 7.802/89. O art. 60 do Decreto nº 4.074/02 estabeleceu o prazo para o cumprimento da lei, encontrando-se, desde 1º de julho de 2002, em plena eficácia os novos dispositivos da Lei nº 7.802/89 (com a redação da Lei nº 9.974/00), devendo o usuário, a partir desta data, obrigatoriamente, ser informado pelo vendedor do local de entrega de embalagem, bem assim, se solicitado, quanto aos produtos adquiridos anteriormente. Assim, podem cometer o delito o comerciante que não fornece a informação e o usuário que deixa de entregar as embalagens no prazo legal.

A segunda alteração, todavia, eliminando a modalidade culposa do delito, é um retrocesso grave na tutela penal da saúde ambiental.[126]

É cediço que a impunidade de quem atenta contra o meio ambiente ou à saúde pública decorre em parte da ausência de punição da ação ou omissão culposa. Na realidade, em um grande número de casos, somente é possível punir-se a conduta se recriminada a forma culposa. Poucos são os que degradam o meio ambiente propositalmente, ainda que, com suas condutas, assumam o risco de obter este resultado, previsível.

---

[126] A técnica do CP (art. 18), que admite a forma dolosa como regra e a culposa como exceção, permite afirmar o fim da modalidade culposa antes prevista no art. 15, pois que ausente a previsão expressa em lei.

O produtor rural que se utiliza de agrotóxicos de forma ilegal, por meio de prepostos, é obvio, não fica, em princípio, imune à responsabilidade penal, porque poderá a acusação comprovar que este agiu com dolo, ou seja, que detinha o conhecimento da conduta ilícita que o beneficiava, em outras palavras, que detinha o domínio do fato. Vale lembrar que nos crimes societários, consoante é da remansosa jurisprudência, o empresário que detém o poder de mando é presumidamente responsável pelo delito que resulte das atividades desenvolvidas pelo empreendimento, incumbindo-lhe o ônus de comprovar que não praticou a conduta.

Por outro lado, o delito do art. 56 da Lei dos Crimes Ambientais prevê a forma culposa (§ 3º), tornando de extrema iniqüidade a situação. Se alguém comete uma das condutas previstas no art. 56 antes citado, manipulando, por exemplo, uma substância menos nociva do que agrotóxico, pode ser punido quando age com culpa. Se o produto for agrotóxico – quiçá mais lesivo ao meio ambiente –, no entanto, somente a forma dolosa poderá ser punida.

É de se ressaltar que a eliminação da forma culposa representa *abolitio criminis* para os delitos culposos anteriormente cometidos, em razão do princípio da retroatividade da lei mais benigna.

Pensamos, todavia, que apresenta a nova redação do art. 15 da Lei nº 7.802/89 ranço de inconstitucionalidade, porquanto, a partir do advento da Constituição de 1988 (art. 225, § 3º), a forma culposa passou a constituir a base da responsabilização penal por crime ambiental. Haveria, dessarte, violação ao princípio constitucional implícito da razoabilidade. Nicolao Dino de Castro, Ney de Barros Bello Filho e Flávio Dino de Castro, comentando sobre os crimes ambientais culposos, asseveram que a previsão de tipos penais culposos "atende de forma mais efetiva, a finalidade da norma penal ambiental consistente em tutelar de forma plena os valores relacionados com a preservação do meio ambiente. Além disso, a existência de modalidades culposas mantém sintonia com o disposto no art. 225, *caput*, da Constituição Federal, na medida em que ali se impõe a todos o dever de preservar o meio ambiente. A inobservância desse dever de cuidado, em razão de negligência, imprudência ou imperícia, há de repercutir, assim, na órbita penal".[127]

O princípio da prevenção impõe ao Estado e à sociedade a adoção de medidas tendentes a evitar qualquer espécie de prejuízo à saúde ambiental. Por isso, a toda evidência, não poderia a lei ordinária despenalizar a conduta de quem age sem tomar as cautelas legais, de maneira imprudente ou imprevidentemente e, portanto, com culpa. Vale lembrar que a manipulação de agrotóxicos constitui ativida-

---

[127] *Crimes e Infrações Administrativas Ambientais*, Brasília: Brasília Jurídica, 2000, p. 154.

de de alto risco, consoante reconhece a própria Constituição Federal ao limitar a propaganda (art. 220, § 4°), exigindo advertência sobre os malefícios decorrentes de seu uso.

Sendo inequívoco que o delito previsto no art. 15 da Lei n° 7.802/89 persiste intacto no ordenamento jurídico, cumpre-nos levantar agora alguns problemas que essa constatação suscita.

Primeiro, sobre a aplicação dos benefícios previstos na Lei n° 9.099/95 aos crimes da Lei dos Agrotóxicos. Tome-se a redação do art. 89 da Lei dos Juizados Especiais Cíveis e Criminais, que permite a suspensão da ação penal nos casos de delitos com pena mínima igual ou inferior a 1 ano, ou o art. 76, que prevê a transação penal, aplicável ao crimes de menor potencial lesivo (pena máxima não superior a dois anos).[128] Essas medidas de despenalização, embora perfeitamente aplicáveis aos delitos da Lei n° 9.605/95 (arts. 27 e 28), não podem ser adotadas na hipótese do cometimento do crime previsto no art. 15 da Lei n° 7.802/89, pois a pena mínima é de 2 anos, e a máxima, de 4 anos. Assim, quem agride o meio ambiente utilizando-se de substância tóxica diversa, incidindo na vedação do art. 56 da Lei n° 9.605/98 (delito assemelhado), terá o benefício do *sursis* processual, ainda que o produto possa ser mais agressivo do que o agrotóxico. Somente por essa constatação já se percebe que estamos necessitando de atuação legislativa que atualize o tipo penal da Lei dos Agrotóxicos ao novo contexto jurídico da matéria ambiental. A possibilidade de transação penal, com a obrigação de reparar o dano ambiental, é medida de alta relevância em matéria de delitos ambientais, como instrumento de proteção direta do bem jurídico tutelado, dispensando a propositura de uma demanda na seara cível. Parece-nos, não obstante inviabilizado o acordo para composição do dano (que não precisa ser prévia, consoante entende a melhor doutrina), que a sentença poderá, com base no art. 20 da Lei n° 9.605/98, impor ao condenado pela prática do delito do art. 15 da Lei n° 7.802/89 a obrigação de reparar o dano ambiental (fixando, inclusive, o seu valor). De qualquer sorte, o art. 91, I, do CP dispõe que é efeito automático da

---

[128] Houve redefinição de crime de menor potencial lesivo pela Lei n° 10.259, 12.07.2001, que criou os Juizados Especiais Criminais no âmbito da Justiça Federal, considerando de menor potencial lesivo os delitos a que a lei comine pena máxima não superior a dois anos. Sendo a definição constante da lei mais recente de direito penal material e mais benéfica ao réu, certamente há de se sobrepor à definição do art. 61 da Lei n° 9.099/95, por aquela derrogado, sob pena de se caracterizarem situações verdadeiramente absurdas, violando os princípios da isonomia, da razoabilidade e da proporcionalidade. Neste sentido é a remansosa jurisprudência: "PENAL. PROCESSUAL PENAL. RECURSO ORDINÁRIO. INFRAÇÃO DE MENOR POTENCIAL LESIVO. SURSIS. PROCESSUAL PENAL. LEI N° 10.259/01 E LEI N° 9.091/95. I – A Lei n° 10.259/01, em seu art. 2°, parágrafo único, alterando a concepção de infração de menor potencial ofensivo, alcança o disposto no art. 61 da Lei n° 9.099/95. II – Entretanto, tal alteração não afetou o patamar para o *"sursis"* processual, que continua sendo disciplinado pelos preceitos inscritos no art. 89 da Lei n° 9.099. Recurso desprovido" (STJ, RHC n° 13229 (200200998920/RS), 5ª TURMA, j. 06/02/2003, DJU 10/03/2003, p. 247, Relator Min. FELIX FISCHER).

condenação tornar certa a obrigação de indenizar o dano causado pelo crime, e o art. 584, II, do CPC refere que a sentença penal condenatória transitada em julgado constitui título executivo.

Outro problema que surge da análise comparativa dos delitos previstos nos artigos 15 da Lei n° 7.802/89 e 56 da Lei n° 9.605/98 refere-se aos núcleos constantes em cada um. Ambos os crimes veiculam os chamados tipos múltiplos. Ocorre que o delito do art. 56 da Lei n° 9.605/98 contém 12 núcleos (produzir, processar, embalar, importar, exportar, comercializar, fornecer, transportar, armazenar, guardar, ter em depósito e usar), ao passo que o crime do art. 15 da Lei n° 7.802/89 contém apenas seis (produzir, comercializar, transportar, aplicar, prestar serviço e dar destinação a resíduos e embalagens vazias de agrotóxicos). Dos seis núcleos contidos no crime da Lei dos Agrotóxicos, quatro estão reproduzidos no art. 56 da Lei n° 9.605/98. Quanto a esse ponto, portanto, não há problema algum, pois, no que coincidirem, aplica-se o critério da especialidade. No entanto, se alguém importar agrotóxicos, por exemplo, sem estar autorizado a fazê-lo pela legislação de regência, estará cometendo o crime do art. 56 da Lei n° 9.605/98. O mesmo acontece com as condutas de "ter em depósito", "fornecer", "exportar" etc. A falta de sistematização e uniformidade no tratamento legal da matéria poderá ensejar dúvidas de interpretação.

Há uma outra observação a ser feita. O princípio da especialidade não impede que alguém que manipule agrotóxicos possa cometer os demais delitos previstos na Lei n° 9.605/98. Quem, por exemplo, se ponha a lavar, à beira de rios e lagos, os tanques de aviões utilizados para a aplicação de agrotóxicos nas lavouras – e isso é problema corrente, que muitos danos tem trazido ao meio ambiente – poderá estar cometendo os delitos previstos nos artigos 33 ou 54 da nova lei ambiental. Não se pode perder de vista que, em matéria ambiental, a Lei dos Agrotóxicos sobrevive apenas como norma especial, punindo a conduta de quem produza, comercialize, transporte, aplique, preste serviço ou dê destinação a resíduos ou embalagens vazias de agrotóxicos, seus componentes e afins, descumprindo as exigências das leis e de seus respectivos regulamentos. Qualquer conduta que exceda os limites expressamente fixados pelo legislador pode se converter imediatamente em crime tipificado na Lei n° 9.605/98. Poderá parecer demasiadamente óbvia essa constatação. Acontece que as normas jurídicas se prestam às mais variadas interpretações. Não seria impossível que uma pessoa acusada por estar lavando tanques de aviões à beira de um rio viesse alegar em juízo, por exemplo, que sua atividade (de manipulação de agrotóxicos) não encontrava óbice na lei específica dos agrotóxicos.

Indaga-se também se a responsabilidade criminal da pessoa jurídica, prevista na CF (art. 225, § 3º) e no art. 3º da Lei dos Crimes Ambientais, teria aplicação aos delitos previstos na Lei dos Agrotóxicos. Parece-nos que sim. A responsabilização da pessoa jurídica tem aplicação genérica a todas as condutas lesivas ao meio ambiente, estejam elas elencadas ou não na Lei nº 9.605/98. Embora este diploma legal disponha que "as pessoas jurídicas serão responsabilizadas administrativa, civil e penalmente conforme o disposto nesta Lei", esta referência diz respeito apenas ao *modo de aplicação*, ao aspecto processual previsto na lei e não aos tipos nela contemplados.[129] Consoante dispõe o art. 83 do Decreto nº 4.074/02: "As pessoas jurídicas serão responsabilizadas administrativa, civil e penalmente conforme o disposto nas , e, e nos regulamentos pertinentes, nos casos em que a infração seja cometida por decisão de seu representante legal ou contratual, pessoa individual ou órgão colegiado, no interesse ou em benefício da sua entidade". Restou, assim, expressamente consagrada na legislação que disciplina as atividades com agrotóxicos a responsabilização penal da pessoa jurídica, nos termos da Lei dos Crimes Ambientais.

---

[129] Há quem discuta sobre a possibilidade de a pessoa jurídica responder criminalmente por seus atos, mesmo diante da clareza do texto constitucional. Corrente liderada por Vicente Cernicchiaro advoga a tese de que o texto da Constituição Federal de 1988 não a agasalhou. Nicolao Dino de Castro e Costa Neto, Ney de Barros Bello Filho e Flávio Dino de Castro e Costa apresentam estudo aprofundado sobre o tema da responsabilidade penal da pessoa jurídica, concluindo, com argumentos sólidos, que o instituto se encontra acolhido pelo nosso ordenamento jurídico. Eis o argumento de Vicente Cernicchiaro: "O princípio da individualização da pena não é de incidência restrita às pessoas jurídicas. Estas não têm pessoalidade, no sentido de modo de agir, como característica própria. Projetam, isto sim, a personalidade de seus administradores. Os princípios da responsabilidade pessoal e da culpabilidade são restritos à pessoa física. Somente ela pratica conduta, ou seja, comportamento orientado pela vontade, portanto, inseparável do elemento subjetivo. O princípio da culpabilidade, e no particular a divergência da postura italiana e alemã é irrelevante, tem o Homem como pressuposto. Apenas ele age com dolo ou culpa". Os autores contrapõem os seguintes argumentos à tese que advoga o não-acolhimento da responsabilidade penal da pessoa jurídica: "A culpabilidade não é um fenômeno individual, mas social. Não é uma qualidade da ação, mas uma característica que se lhe atribui para poder imputá-la a alguém como seu autor e fazê-lo responder por ela. É, pois, a sociedade, ou melhor, seu Estado representante, produto da correlação de forças sociais existentes em um determinado momento histórico, quem define os limites do culpável e do inculpável, da liberdade e da não liberdade." Afirmam ainda que "a doutrina clássica incorre em erro quando considera a pessoa jurídica passível de culpa nas searas cível e administrativa e não na seara criminal. O pressuposto naturalístico da culpa – se ela não é, como querem, conceito normativo – é a consciência da vontade. Não há diferença ontológica entre a vontade que causa a responsabilidade administrativa e a vontade que traz, como consequência a responsabilidade cível e criminal. Se o ato é o mesmo, a culpa necessariamente é a mesma. O que vai diferenciar é a natureza da consequência. Seria uma burla ao próprio raciocínio clássico o entendimento de que as responsabilidades civil e administrativa são permitidas, e a criminal não" (*Crimes e Infrações Administrativas Ambientais*. Brasília: Brasília Jurídica. 2.000, p. 50/4).

2. Análise do crime previsto no art. 15 da Lei nº 7.802/89

É hora, então, de examinarmos o art. 15 da Lei nº 7.802/89 (com a redação que lhe deu a Lei nº 9.974, de 06.06.2000).

2.1. Tipo penal

Art. 15. Aquele que produzir, comercializar, transportar, aplicar, prestar serviço, der destinação a resíduos e embalagens vazias de agrotóxicos, seus componentes e afins, em descumprimento às exigências estabelecidas na legislação pertinente, estará sujeito à pena de reclusão de dois a quatro anos, além de multa.

2.2. Objeto jurídico

Gilberto Passos de Freitas observa que, "para encontrar qual o bem jurídico protegido em qualquer tipo penal, deve o intérprete ou o aplicador do Direito colocar-se em posição que lhe permita analisar o delito numa perspectiva sociológica e constitucional, procurando compreender as razões que levaram o legislador a tipificar determinadas condutas".[130]

No caso do delito em questão, é desnecessário indagar-se acerca do propósito do legislador. O próprio diploma legal, quando, no seu art. 14, trata da responsabilidade civil, refere-se expressamente *à saúde das pessoas e ao meio ambiente*. São esses, portanto, os objetos protegidos pelo tipo penal transcrito. O delito é pluriofensivo, pois ofende, ao mesmo tempo, dois bens jurídicos, ambos tutelados penalmente. Meio ambiente, conforme definição da Lei da Política Nacional do Meio Ambiente, é o "conjunto de condições, leis, influências e interações de ordem física, química e biológica, que permite, abriga e rege a vida em todas as suas formas" (art. 3º, I). "Saúde pública", de sua vez, na lição de Helita Barreira Custódio, "é expressão usada para indicar o estado de sanidade da população de um país, de uma região, de uma zona ou de uma cidade. Em seu amplo sentido jurídico, em princípio, considera-se saúde um bem público de interesse nacional, caracterizado pelo estado de pleno bem-estar físico e biológico, psíquico ou mental, social (em seus diversos aspectos educacionais, econômicos, familiares, espirituais, morais), cultural e ambiental da pessoa humana, individual e coletiva e publicamente considerada".[131]

---

[130] Crime de Poluição, *Direito Ambiental em Evolução*. Curitiba: Juruá, 1998, p. 108.

[131] Helita Barreira Custódio, Direito à Saúde e Problemática dos Agrotóxicos, *Revista de Direito Sanitário*, vol. 2, nº 3, novembro 2002, p. 12-13.

2.3. Ação nuclear

O delito do art. 15 da Lei dos Agrotóxicos enquadra-se dentre os crimes de ação múltipla, aqueles cujo tipo contém várias modalidades de condutas, em diversos verbos, qualquer deles caracterizando a prática de crime.

Produzir é originar, criar, fazer surgir a substância agrotóxica, seus componentes ou afins. São comuns as manipulações e misturas de fórmulas de agrotóxicos visando a dar maior potencialidade e/ou rendimento ao produto. A alteração de quaisquer das propriedades originais do agrotóxico, propriedades estas que foram avaliadas no ato do registro e que constarão necessariamente das prescrições, das recomendações do fabricante, do receituário agronômico e da bula do produto, eqüivale a produzir ou dar origem a um novo produto à revelia das determinações legais. Assim, o ato de *produzir* não é próprio do fabricante, podendo ser praticado por qualquer pessoa que se proponha a dar origem a uma substância que se enquadre no conceito amplo de agrotóxico.

Comercializar é pôr em circuito comercial. Quanto a este aspecto, mostra-se irrelevante, a nosso ver, que o comércio da substância agrotóxica seja feito por comerciante regularmente constituído ou não. Também o chamado comerciante irregular – e mesmo o de fato – pode ser sujeito ativo do delito. Aqui, pode-se destacar a conduta de quem vende ou expõe à venda agrotóxicos, seus componentes e afins, sem que na embalagem constem os rótulos próprios e bulas, redigidos em português e contendo os dados previstos no art. 7º da Lei nº 7.802/89. Ficou excluída do tipo a conduta de quem *cede* a título gratuito, que se enquadrará no art. 56 da Lei nº 9.605/98. Este admite como elemento descritivo do tipo a conduta equivalente de *fornecer*.

Transportar é conduzir ou levar de um lugar para o outro. O transporte pode ser interno ou externo, circunstância que pode alterar a competência para o julgamento do crime respectivo. Pouco importa a natureza da pessoa transportadora (se física ou jurídica), o que interessa, para a verificação da adequação da conduta típica, é o fato de a substância estar sendo transportada sem observância da legislação de regência.

Aplicar é utilizar, de qualquer forma (manualmente, com auxílio de máquinas ou por via aérea), o produto agrotóxico, seus componentes e afins.

Prestar serviços diz respeito às atividades das pessoas físicas e jurídicas que executam o trabalho de prevenção, destruição e controle de seres vivos, considerados nocivos, aplicando agrotóxicos, seus componentes e afins.

Dar destinação ilegal a resíduos e embalagens vazias é descumprir, dentre outras, especialmente as novas disposições acrescentadas pela Lei nº 9.974/2000, que disciplinam o fracionamento e a reembalagem de agrotóxicos, seus componentes e afins, e que impõem aos usuários o dever de efetuar a devolução das embalagens vazias dos produtos aos estabelecimentos comerciais em que foram adquiridos, no prazo de até um ano, contado da data da compra.

O primeiro ponto a salientar é que o vocábulo *descumprir* compreende tanto a conduta de quem não esteja autorizado a manipular agrotóxicos quanto a de quem, embora com autorização regular emitida pelos órgãos públicos, venha a utilizar o produto em desconformidade com as instruções estabelecidas nas leis e nos seus respectivos regulamentos. Comete o delito, portanto, o produtor que introduz no mercado produto não avaliado previamente pela Administração Pública, quem, nas mesmas circunstâncias, o comercializa e o usuário que aplica a substância agrotóxica ou afim sem observar as prescrições do profissional habilitado – engenheiro agrônomo ou técnico agrícola. Do mesmo modo se dá com o prestador de serviço, que deve não apenas respeitar as prescrições legais e regulamentares, mas também observar as exigências técnicas feitas para a utilização de agrotóxicos, seus componentes e afins.

O cumprimento das exigências técnicas, aliás, é obrigatório para qualquer das condutas definidas no tipo, especialmente, diríamos, por parte de quem transporta, utiliza e/ou presta serviço. Não obedecer às instruções dos profissionais habilitados será o mesmo que *descumprir as exigências estabelecidas nas leis e nos regulamentos*.

Sabe-se que o transporte e o uso de agrotóxicos devem ser feitos com o máximo de cuidado. Manipular os produtos e preparar as misturas ao ar livre e em ambiente ventilado, evitar a presença de pessoas desprevenidas nos locais de manipulação, prevenir a contaminação do ambiente e dos locais por onde transitam os veículos que transportam agrotóxicos são, por exemplo, medidas que devem ser observadas, de modo especial pelo prestador do serviço (que aplica diretamente o agrotóxico) e pelo transportador.

Um número infindável de condutas pode aperfeiçoar o delito, e seria tarefa impossível descrever todas elas. Convém destacar, dentre as diversas situações de descumprimento de proibições legais, as mais ocorrentes. A primeira exigência a ser observada, prevista na própria Lei nº 7.802/89, trata da necessidade de aprovação prévia do produto agrotóxico em três órgãos distintos da Administração, vinculados aos Ministérios da Saúde, da Agricultura e do Meio Ambiente. Quem produz agrotóxico sem estar previamente autorizado a fazê-lo, portanto, comete o crime. Incorre também na infração penal em exame o usuário ou o prestador de serviços que adquire o agrotóxico sem a necessária receita, bem assim o comerciante que efetua a venda. Mesmo que adquirido o produto mediante receituário agronômico, sua aplicação em desconformidade com a receita implicará conduta criminosa, a ser cometida tanto pelo usuário que faz a aplicação como pelo prestador do serviço por aquele contratado. O comerciante, o usuário ou o prestador de serviços que fracionam o produto agrotóxico ou dão destinação não cogitada na lei a resíduos ou às embalagens vazias incidem também na regra penal proibitiva do art. 15. Comete o crime do art. 15 o usuário e/ou prestador de serviços que abandona as embalagens vazias em local inadequado e deixa de devolvê-las ao comerciante, como determina a lei. O prestador de serviços e o comerciante que entram em atividade sem providenciar o registro nos órgãos municipais ou estaduais, tal como exige o art. 4º da Lei nº 7.802/89, praticam o delito em questão. De igual sorte, o usuário que contrata o prestador de serviço não registrado, em concurso de agentes com este. Comete o delito do art. 15 o transportador de agrotóxicos que faz o transporte em desacordo com as recomendações legais, deixando, por exemplo, de providenciar o acondicionamento necessário ou o fazendo juntamente com alimentos ou animais.

2.4. Sujeito ativo

Em princípio, qualquer pessoa pode ser sujeito ativo do crime. Basta que pratique uma das condutas descritas no tipo penal, descumprindo as exigências estabelecidas nas leis e nos seus respectivos regulamentos. A lei, em nenhum momento, qualifica a pessoa do agente. A atenção do legislador dirigiu-se ao ato praticado, independentemente de quem o pratica. Trata-se, assim, de *crime comum*. O sujeito ativo pode ser pessoa física ou jurídica. Parece inequívoco que o profissional que emite o receituário agronômico, porque não tem entre suas atribuições profissionais qualquer uma das condutas incriminadas (produzir, transportar, comercializar, aplicar, prestar serviços e dar destinação final às embalagens), em princípio, não comete o delito em questão.

É possível a ocorrência do concurso de agentes. Por exemplo, entre o usuário e o prestador de serviços, entre o comerciante e o usuário, entre o comerciante e o prestador de serviços, bastando que se aperfeiçoe qualquer das hipóteses do art. 29 do CP.

2.5. Sujeito passivo

Nos crimes ambientais, o titular do bem jurídico protegido é a coletividade. A proteção ambiental é medida de interesse coletivo. O direito ao meio ambiente sadio, com sede constitucional (art. 225 da

CF), encontra-se entre os interesses difusos da sociedade. Sendo de natureza eminentemente pública, prevalecem sobre os interesses de natureza privada, quando mais não fosse porque a preservação ambiental é fator essencial para, em última instância, assegurar a existência da vida em sociedade. Lembre-se, a propósito, que o art. 225 da Constituição Federal erige o meio ambiente à categoria de bem de uso comum do povo. Quem comete delito ambiental, portanto, ofende primeiramente os interesses da coletividade.

O delito analisado, no entanto, pode atingir também bens e interesses das pessoas jurídicas de direito público interno. Lembre-se que são bens da União Federal, por exemplo, "os lagos, rios e quaisquer correntes de água em terrenos de seu domínio, ou que banhem mais de um Estado, sirvam de limites com outros países, ou se estendam a território estrangeiro ou dele provenham, bem como os terrenos marginais e as praias fluviais" (art. 20, III, CF). Essa constatação tem importância para a análise de eventual problema de competência.

Por fim, quanto a este tópico, convém lembrar que, sendo pluriofensivo, o delito previsto no art. 15 da Lei nº 7.802/89 tutela também a saúde pública. O uso indiscriminado de agrotóxicos, seus componentes e afins, a par dos prejuízos ambientais, tem causado sérios danos à saúde das pessoas, conforme já assinalado no curso do presente trabalho.

2.6. Elemento subjetivo

O delito admitia tanto a forma dolosa quanto a culposa. Como antes se disse, ainda que não concordando com a solução legal, parece que, a partir do advento da Lei nº 9.974/00, desaparece a forma culposa.

Vale dizer: comete o crime apenas o agente cuja vontade esteja dirigida à prática da conduta tipificada. O assunto é elementar, dispensando, desse modo, maiores comentários, senão para dizer que o dolo no caso é *genérico* (de dano ou de perigo), não exigindo um objetivo específico, particularizado.

Parece-nos perfeitamente possível reconhecer a figura do *dolo eventual* ou *indireto* na conduta do agente que, praticando qualquer das ações recriminadas, assume o risco de obter o resultado. Nos termos do art. 18, I, parte final, do CP, age com dolo eventual quem "assume o risco" de produzir o resultado. O agente prevê o resultado como possível de suceder e aceita ou consente em sua ocorrência. Vale lembrar que não basta a simples representação do evento (teoria da representação), exige-se que seja este alcançado pela vontade. Mas não de forma direta, como no dolo determinado, e sim de maneira indireta, tolerando-o, anuindo à sua superveniência, consentindo em sua produção, enfim, sendo-lhe indiferente a ocorrência ou não do resultado previsível.[132]

Não será difícil evidenciar, por circunstâncias e indícios, que o agente, ao manipular agrotóxicos ao arrepio das normas legais, como, por exemplo, ao usar produto de contrabando, é conhecedor do risco que estará infligindo aos bens jurídicos tutelados pela norma penal (o meio ambiente e a saúde das pessoas) e, assim, aceitando a realização de uma conduta que sabidamente é de elevado risco. A reiteração da conduta, a longa experiência, as advertências recebidas e outras circunstâncias poderão evidenciar o *dolo eventual*.

O fato de se tratar de delito formal, que não exige qualquer resultado naturalístico, aperfeiçoando-se com a mera ação ou omissão do agente, não deve constituir óbice à incidência do *dolo eventual*. Consoante ensina Damásio E. de Jesus, "No dolo de perigo o agente não quer o dano nem assume o risco de produzi-lo, desejando ou assumindo o risco de produzir um *resultado de perigo* (o perigo constitui resultado). Ele quer ou assume o risco de expor o bem jurídico a perigo de dano (dolo de perigo direto e dolo eventual de perigo)".[133]

2.7. Consumação

O crime se consuma quando o agente *produz, comercializa, transporta, aplica ou presta serviço* na aplicação ou dá destinação a resíduos e embalagens vazias de agrotóxicos, seus componentes e afins, *descumprindo as exigências estabelecidas na legislação pertinente*.

A consumação, é preciso afirmar, dá-se com o simples descumprimento das exigências legais e regulamentares. Trata-se de *delito formal*, que não exige qualquer resultado naturalístico, contentando-se com a ação ou omissão do agente. Não sendo relevante o resultado material, há ofensa (de dano ou de perigo) presumida pela lei diante da prática da conduta. É, dessarte, crime de *perigo abstrato* ou *presumido*. A própria lei presume (*juris et jure*) que a conduta do agente é perigosa. Cuidando-se da tutela da saúde humana e do meio ambiente, assume relevante importância a técnica de incriminação consubstanciada nos *crimes de perigo*, consagrando uma espécie de tutela penal preventiva ou inibitória, que se antecipa ao evento danoso aos bens jurídicos tutelados. O delito guarda, pois, consonância com a política de prevenção do dano ambiental. Em matéria de meio ambiente, o mais importante é prevenir o dano.

---

[132] Cf. Damásio E. de Jesus, *Código Penal Anotado*. 13. ed., São Paulo: Saraiva, 2002, p. 70.

[133] *Idem, ibidem*, p. 74.

O tipo contém norma penal em branco, que se expressa pela necessidade de cumprimento das *exigências estabelecidas nas leis e nos seus regulamentos*. A técnica de incriminação baseada em norma penal em branco, também utilizada na Lei de Entorpecentes, constitui garantia de flexibilização da norma incriminadora, possibilitando a sua adaptação às novas situações e avanços técnico-científicos disciplinados por atos normativos administrativos submetidos a processo legislativo mais célere e consentâneo com o interesse público, circunstância que confere à norma maior efetividade.

Vale lembrar que na denúncia, em caso de enquadramento nos delitos da Lei dos Agrotóxicos, que constituem normas penais em branco, não é indispensável a indicação da norma complementar integrativa do tipo penal, bastando a descrição da conduta nela vedada. Consulte-se, a propósito, o precedente do STJ:

> PENAL. PROCESSUAL PENAL. *HABEAS CORPUS.* DENÚNCIA. CRIME CONTRA O MEIO AMBIENTE. LEI Nº 7.802/89. NORMA PENAL EM BRANCO. AÇÃO PENAL: INDIVISIBILIDADE E OBRIGATORIEDADE. Na hipótese de denúncia pela prática de crime fundado em norma penal em branco, como os previstos nos arts. 15 e 16 da Lei nº 7.802/89 – aplicação de agrotóxicos, sem o uso de medidas de proteção ao meio ambiente, não é de rigor a indicação da norma complementar integrativa do tipo penal, bastando a descrição da conduta nela vedada. Não ocorre violação aos princípios da indivisibilidade e da obrigatoriedade da ação penal se o órgão do Ministério Público não oferece denúncia contra quem, ao seu entender, não é responsável pelo fato delituoso. Recurso ordinário desprovido (6ª Turma, Recurso Ordinário em *Habeas Corpus* nº 1999/80736-7, DJU 28/02/2000, p. 125, RSTJ vol.130, p. 483, Min. Vicente Leal).

2.8. Hipóteses de concurso de delitos

Com uma única conduta, o agente poderá praticar dois ou mais delitos. Trata-se do concurso formal. Quem pratique qualquer das condutas vedadas pelo art. 15 da Lei nº 7.802/89 (*ut retro*), delito de perigo e que não exige resultado finalístico, poderá, também, causar poluição, incidindo no tipo penal previsto no art. 54 da Lei dos Crimes Ambientais ("causar poluição de qualquer natureza em níveis tais que resultem ou possam resultar em dano à saúde humana, ou que provoquem a mortandade de animais ou destruição significativa da flora"). Vale lembrar que o delito de poluição exige, para se aperfeiçoar, o resultado naturalístico, ou seja, que a poluição atinja níveis de que possam resultar perigo ou dano à saúde humana ou mortandade de animais ou destruição significativa da flora. Assim, por exemplo, alguém que, adquirindo e usando agrotóxicos sem o devido receituário agronômico, contamine alimentos e cause prejuízo à saúde humana, ou, contaminando as águas de um rio, cause mortandade de peixes, estará cometendo ambos os delitos (arts. 15 da Lei dos Agrotóxicos e

54 da Lei dos Crimes Ambientais). Incide, todavia, a regra do concurso formal, prevista no art. 70 do CP, em razão da unidade de conduta (ação ou omissão) e da pluralidade de infrações penais, impondo a aplicação de apenas uma pena, a do art. 15 (mais grave), agravada de um sexto até a metade, a menos que os crimes concorrentes decorram de desígnios autônomos, caso em que as penas serão aplicadas cumulativamente (art. 70 do CP, parte final).

Se de qualquer das condutas dolosas previstas no art. 15 da Lei dos Agrotóxicos decorrer a morte de animais silvestres ou danos à flora, haverá o concurso com os delitos contra a fauna e a flora (arts. 29, 38, 40, 48, 49 ou 50 da Lei nº 9.605/98), aplicando-se também a regra do concurso formal ou material, conforme haja, ou não, a autonomia de desígnios.

Poderá o usuário de agrotóxicos, em prática comum no meio rural, ao lavar embalagens ou equipamentos usados na aplicação de agrotóxicos em rios, lagos, lagoas, açudes ou quaisquer outros cursos d'água causar o perecimento de espécimes da fauna aquática. Pois bem. Esta moldura fática, que aperfeiçoa o crime do art. 15 da Lei do Agrotóxicos, corresponde também ao delito previsto no art. 33 da Lei dos Crime Ambientais: "Provocar, pela emissão de efluentes ou carreamento de materiais, o perecimento de espécimes da fauna aquática existentes em rios, lagos, açudes, lagoas, baías ou águas jurisdicionais brasileiras". Estaríamos, então, diante de conflito aparente de normas? Parece-nos que não. A hipótese é de concurso formal, isso porque os objetos jurídicos são diferentes. O art. 33 protege a fauna aquática em suas variadas espécies. O art. 15 tutela a saúde e o meio ambiente.

Os arts. 270 e 271 do CP incriminam as condutas de *envenenar* (adicionar substância tóxica) e *corromper* (alterar, desnaturar, estragar) água potável. É punida a forma culposa. Parece-nos inequívoco que, sendo empregado *agrotóxico* para envenenar ou corromper a água potável, haverá de incidir, em vista do princípio da subsidiariedade (*lex primaria derogat subsidiariae*), a regra proibitiva do Código Penal. Aqui, temos a regra do art. 15 atuando como norma subsidiária, porquanto descreve fato menos amplo e menos grave do que o descrito pelos arts. 270 e 271 do CP. Embora definido como delito autônomo, está compreendido no delito mais grave, como mera fase de execução deste.

Aquele que tenta envenenar uma pessoa ou uma família utilizando agrotóxico adicionado à alimentação não comete o crime do art. 15 da Lei dos Agrotóxicos, embora esteja a fazer uso ilegal do produto, porque não há violação da saúde pública e do meio ambiente. Consulte-se, a propósito, o seguinte precedente do TJSP:

> Crime contra a saúde pública. Envenenamento de substância alimentícia. Delito não configurado. Indivíduo que adiciona na panela contendo feijão já cozido uma porção de inseticida organo-clorado. Número limitado de pessoas, entretanto, que poderiam ser atingidas com a sua ação. Fato que poderia constituir, porém, uma tentativa de

homicídio. Absolvição decretada. Inteligência do art. 270 do Código Penal. O objeto da tutela jurídica do delito do art. 270 do Código Penal é a saúde pública, que se protege contra o perigo de envenenamento. O crime, que se consuma independentemente de resultado, só se aperfeiçoa quando o perigo atinge a vida ou a saúde de um número indefinido de pessoas, não apenas um número limitado delas (Apelação Criminal nº 117.959, Rel. Des. Humberto da Nova, RT, 453/355).

Decorrendo das condutas tipificadas no art. 15 da Lei dos Agrotóxicos lesão corporal ou morte (homicídio) de pessoa, haverá também concurso formal (perfeito ou imperfeito, conforme haja ou não desígnios autônomos).

2.9. *O contrabando de agrotóxicos: enquadramento típico, conflito de normas e incongruências da legislação*

A importação de produtos agrotóxicos reclama, no âmbito do Direito Penal, análise de pelo menos três normas do ordenamento: art. 334 do CP, art. 15 da Lei nº 7.802 e art. 56 da Lei nº 9.605/98.

Tome-se o delito do art. 334 do CP:

> Importar ou exportar mercadoria proibida ou iludir, no todo ou em parte, o pagamento de direito ou imposto devido pela entrada, pela saída ou pelo consumo de mercadoria:
> Pena – reclusão de 1 (um) a 4 (quatro) anos.

A importação irregular de substância agrotóxica não pode ser punida a título de descaminho. No descaminho, a importação (ou exportação) é lícita. Pune-se apenas o não-recolhimento dos tributos devidos. Sendo proibida a importação (ou exportação) de substância agrotóxica sem registro regular, não se terá por configurado o fato gerador da incidência tributária, não sendo possível, em conseqüência, falar-se de "ilusão, no todo ou em parte, do pagamento de direito ou imposto devido". De fato, tributo, na definição do Código Tributário Nacional (art. 3º), "é toda prestação pecuniária compulsória, em moeda ou cujo valor nele se possa exprimir, *que não constitua sanção de ato ilícito*, instituída em lei e cobrada mediante atividade administrativa plenamente vinculada". "Quando se diz que o tributo não constitui sanção de ato ilícito", assinala Hugo de Brito Machado, "isto quer dizer que a lei não pode incluir na *hipótese de incidência tributária* o elemento ilícito. Não pode estabelecer como necessária e suficiente à ocorrência da obrigação de pagar um tributo uma situação que não seja lícita. Se o faz, não está instituindo um tributo, mas uma penalidade. Todavia, um fato gerador de um tributo pode ocorrer em circunstâncias ilícitas, mas essas circunstâncias são estranhas à hipótese de incidência do tributo e, por isso mesmo, irrelevantes do ponto de vista tributário".[134]

---

[134] *Curso de Direito Tributário*. São Paulo: Malheiros, 2001, p. 53.

A conduta de quem introduz em solo nacional, ou dele exporta, substância agrotóxica, sem que esteja autorizado a assim proceder pela legislação de regência, atrairia, em princípio, a incidência do tipo penal de contrabando, não fosse o fato de que essa conduta encontra previsão no tipo penal do art. 56 da Lei nº 9.605/98, cuja aplicabilidade, por se tratar de norma especial relativamente àquela do art. 334 do Código Penal, faz-se imperativa. Na observação de Cezar Roberto Bittencourt, considera-se "especial uma norma penal, em relação a outra *geral*, quando reúne todos os elementos desta, acrescidos de mais alguns, denominados *especializantes*". Isto é, a norma especial acrescenta elemento próprio à descrição típica prevista em norma geral. Assim, como afirma Jescheck, "toda a ação que realiza o tipo do delito especial realiza também necessariamente, ao mesmo tempo, o tipo do geral, enquanto que o inverso não é verdadeiro. A relação especial tem a finalidade, precisamente, de excluir a lei geral, e, por isso, deve precedê-la. O princípio da especialidade evita o *bis in idem*, determinando a prevalência da norma especial em comparação com a geral, e pode ser estabelecido *in abstracto*, enquanto os outros princípios exigem o confronto *in concreto* das leis que definem o mesmo fato".[135] O *critério especializante*, que atrai, na hipótese, a incidência do art. 56 da Lei Ambiental é o fato de que ali se pune importação não de qualquer "mercadoria proibida" (art. 334 do CP), senão que de *"produto ou substância tóxica, perigosa ou nociva à saúde humana* e ao meio ambiente, em desacordo com as exigências estabelecidas em leis ou nos seus regulamentos".

O tratamento penal da utilização ilegal de agrotóxicos é dado, em caráter primordial, pelo art. 15 da Lei nº 7.802/89 – com a redação que lhe deu a Lei nº 9.974/00.

O tipo penal em referência, que contém seis núcleos ("produzir", "comercializar", "transportar", "aplicar", "prestar serviço", "dar destinação a resíduos e embalagens vazias"), é especial em relação ao delito previsto no art. 56 da Lei nº 9.605/98, antes citado, que contém 12 núcleos ("produzir", "processar", "embalar", "importar", "exportar", "comercializar", "fornecer", "transportar", "armazenar", "guardar", "ter em depósito" e "usar").

Dos seis núcleos contidos no tipo da Lei dos Agrotóxicos, três estão reproduzidos no art. 56 da Lei nº 9.605/98. Quanto a esse ponto, não há problema algum, pois, no que coincidirem, aplica-se o critério da especialidade. No entanto, se alguém importar agrotóxicos, por exemplo, sem estar autorizado a fazê-lo pela legislação de regência, cometerá o crime do art. 56 da Lei nº 9.605/98, visto que o núcleo em referência ("importar") não se encontra previsto no art. 15 da Lei nº 7.802/89.

---

[135] *Manual de Direito Penal*. São Paulo: Saraiva, 2002, p. 130.

A circunstância de o tipo penal específico não conter as condutas "importar" e "exportar" pode gerar situações verdadeiramente injustas. Basta ver o benefício do art. 89 da Lei nº 9.099/95, conhecido como *sursis* processual. Consoante já se disse, ele é perfeitamente aplicável ao delito previsto na Lei Ambiental (art. 56), cuja pena mínima é igual a 1 (um) ano. Não se aplica, contudo, ao crime previsto no art. 15 da Lei nº 7.802/89. Desse modo, um grande *contrabandista* de agrotóxicos terá, em tese, se acionado criminalmente, direito à suspensão condicional do processo, benefício que não se oferecerá, no entanto, tendo em conta o quantitativo da pena mínima (02 anos), àquele que, não tendo importado, se dedica ao transporte, em território nacional, da mencionada substância. Se é que a conduta de *importação* não é mais grave que a de *transporte*, ao menos se deve admitir que ambas têm o mesmo potencial de lesividade, não se justificando, de maneira alguma, o tratamento legislativo diferenciado. Ou se desloca, para o tipo penal da lei ambiental, as condutas previstas no diploma específico, ou, o que parece mais correto, se altera a Lei nº 7.802/89 para nela incluir os núcleos faltantes, especialmente aquelas modalidades de "importar" e "exportar".

Merece alguma referência a situação de quem "adquire", invariavelmente por preço inferior ao do mercado regular, para uso próprio ou comercialização, o agrotóxico que é produto de contrabando, vale dizer, introduzido irregularmente no país. À primeira vista, poder-se-ia pensar que a conduta se enquadra no art. 180 do CP, que cuida do crime de *receptação*. Afinal, trata-se de mercadoria que se sabe ou deveria saber, pelas condições, ser produto de crime. Aqui, novamente, urge invocar o princípio da especialidade. Parece-nos de meridiana clareza que, praticando qualquer um dos verbos do art. 15 da Lei nº 7.802/89, esta será a regra punitiva a incidir. Deduz-se que, depois de adquirir, o agente irá *transportar, comercializar* ou *usar* o produto. Dessarte, sempre que não se aperfeiçoe a hipótese de co-autoria (art. 29 do CP), o enquadramento deverá buscar a subsunção no art. 15 da Lei dos Agrotóxicos e, no que tange às condutas não contempladas por este tipo penal, no art. 56 da Lei dos Crimes Ambientais.

3. Análise do crime previsto no art. 16 da Lei nº 7.802/89

3.1. Tipo penal

Art. 16. O empregador, profissional responsável ou o prestador de serviço, que deixar de promover as medidas necessárias de proteção à saúde e ao meio ambiente, estará sujeito à pena de reclusão de 2 (dois) a 4 (quatro) anos, além de multa de 100 (cem) a 1.000 (mil) MVR. Em caso de culpa, será punido com pena de reclusão de 1 (um) a 3 (três) anos, além de multa de 50 (cinqüenta) a 500 (quinhentos) MVR.

Este delito, porque não disciplinada a matéria na Lei dos Crimes Ambientais e porque aplicável o princípio da especialidade, também, sem margem de dúvida, permanece em vigor.

3.2. Objeto jurídico

Apresenta-se com tríplice objetividade jurídica: tutela do meio ambiente, tutela da saúde em geral e tutela preventiva dos riscos laborais, todas intrinsecamente vinculadas à defesa ambiental em seu sentido amplo, na medida em que impõem a obrigatória utilização de um sistema protetivo que contempla a eliminação adequada dos riscos oferecidos pela manipulação de substâncias tóxicas e perigosas, utilizadas durante o processo que vai desde a produção até o consumo final dos agrotóxicos.

3.3. Ação nuclear

O delito do art. 16 é subsidiário em relação ao delito do art. 15, mais abrangente sob o aspecto subjetivo do que aquele. Contempla, de forma ampla, todas as condutas cometidas pelos sujeitos nele referidos que não possam ser subsumidas no art. 15. Devemos lembrar que as condutas contrárias à lei que se amoldam ao referido art. 15 pressupõem a presença do elemento anímico dolo, vale dizer, intenção preordenada para o cometimento da infração penal. Exsurge desta circunstância a redobrada importância do art. 16, que, também punindo condutas omissivas culposas, serve como norma de fechamento do sistema, pois que, criminalizando as situações não contempladas no art. 15, possibilita a proteção mais eficaz da saúde e do meio ambiente.

O núcleo essencial do delito é *deixar de promover as medidas necessárias de proteção à saúde e ao meio ambiente*. Aqui o *objeto material* do delito corresponde exatamente ao *bem jurídico* tutelado (proteção da saúde e do meio ambiente).

Consoante ensina Paulo Affonso Leme Machado: "Há medidas gerais que todas as pessoas estão obrigadas a praticar e das quais podem omitir-se. Estas medidas gerais também incidem sobre as três categorias mencionadas, mas há medidas específicas de suas atividades que devem ser buscadas para compor o tipo penal do artigo 16. Todas as normas que tratarem de deveres ou de diretrizes para o prestador de serviços – federais, estaduais e municipais – devem ser trazidas para se focalizar o comportamento do prestador de serviço sob a ótica criminal".¹³⁶ Estas observações são aplicáveis, obviamente, aos demais sujeitos do delito, vale dizer, o empregador e o profissional responsável.

O delito contempla, como se disse, condutas omissivas praticadas por empregador, profissional responsável ou prestador de serviços. Dentre estas, cumpre destacar, pela importância, o ângulo protetivo da saúde dos trabalhadores e do meio ambiente do trabalho.

Comete o crime, pois, o empregador ou prestador de serviços que não fornecer os instrumentos de proteção adequados para os seus empregados (expressão utilizada em sentido amplo, abrangendo também os trabalhadores sem vínculo empregatício). A recusa dos empregados em usar os equipamentos indispensáveis à proteção não exime de responsabilidade o empregador, exceto se o não-uso dos equipamentos de segurança se dê sem o seu conhecimento (não existe responsabilidade objetiva em direito penal). O delito admite a forma culposa, de modo que o "não conhecimento", para eximir a responsabilidade, não pode ser decorrente de negligência ou outro comportamento culposo.

O delito, no que diz respeito à não-adoção de medidas de proteção à saúde, aperfeiçoa-se com o descumprimento de obrigações legais impostas às pessoas adrede cogitadas pela norma penal. Exemplificadamente, no que concerne aos trabalhadores, assim podem ser catalogadas as principais obrigações do empregador: a) obrigação de avaliar os riscos decorrentes das atividades com agrotóxicos; b) obrigação de fornecer os equipamentos de trabalho necessários e adequados à prevenção dos riscos laborais (EPIs e EPCs); c) obrigação de fiscalizar a efetiva utilização pelos empregados dos referidos equipamentos de proteção e segurança; d) obrigação de informar os empregados sobre os riscos e a obrigatoriedade de usar os equipamentos, bem como de proporcionar-lhes o treinamento para tal; e) obrigação de conceber e adotar medidas de emergência para o caso de não ser possível evitar os riscos; f) obrigação de adotar medidas especiais de proteção para trabalhadores mais sensíveis, como os menores e as mulheres grávidas.

Quanto ao profissional, sabe-se que é a *receita* que delimita a sua interveniência no processo do uso de agrotóxicos. É por meio da receita que o profissional atua e cumpre a sua obrigação legal de proteção da saúde e do meio ambiente. Do acerto técnico de sua prescrição depende a incolumidade da saúde das pessoas e a higidez do meio ambiente.

O profissional que não inspeciona o local da aplicação, com esta conduta tanto pode afetar o meio ambiente como a saúde dos traba-

---

¹³⁶ *Op. cit.*, 5. ed., p. 407.

lhadores e consumidores, incorrendo, dessarte, no tipo penal do art. 16. Da mesma forma, quando emite receita errada, seja quanto ao diagnóstico, ao produto agrotóxico a ser utilizado, à dosagem ou à carência mínima de segurança. Enfim, o desacerto quanto a todos os aspectos técnicos da receita, que presumidamente colocam em risco o meio ambiente e a saúde das pessoas, inclusive dos trabalhadores, aperfeiçoa o delito em questão, que admite a forma culposa.

Se da aplicação do produto resultar o evento morte e/ou lesões corporais, responderá o profissional emitente da receita, em concurso material, também por estes delitos, e responderão todos os partícipes: notadamente o usuário e o prestador de serviços, na medida de suas participações, em co-autoria, consoante dispõe o art. 29 do CP.

O prestador de serviços que, mesmo agindo de acordo com a lei, deixa de adotar medidas de segurança, como, por exemplo, resolvendo efetuar serviço de aplicação aérea em dia de muito vento, coloca em risco a saúde das pessoas e do meio ambiente, e, dessarte, incide nas penas do art. 16, mesmo que não tenha agido dolosamente.

3.4. Sujeito ativo

Cuida-se de crime próprio, ou seja, aquele que exige ser o agente portador de uma capacidade ou qualificação especial. No caso, o agente deve ser o *empregador*, o *profissional responsável* ou o *prestador de serviço*.

Empregador, de acordo com o art. 2º da CLT, é "a empresa, individual ou coletiva, que, assumindo os riscos da atividade econômica, admite, assalaria e dirige a prestação de serviço". Acresça-se também o empregador doméstico e o rural, que, não se enquadrando no conceito de empresa, mantém empregados a serviço da unidade familiar sem fins lucrativos. Será irrelevante a regularidade ou não da relação empregatícia. É punida a conduta do *empregador*, seja ele fabricante, transportador, comerciante, usuário ou prestador de serviços, quando deixa de promover as medidas necessárias de proteção à saúde e ao meio ambiente.

O *profissional responsável*, a que se refere o artigo, deve ser, necessariamente, o engenheiro agrônomo ou o técnico agrícola, nas hipóteses em que autorizada a sua atuação.[137]

Prestador de serviço é toda a pessoa física ou jurídica que executa o trabalho de prevenção, destruição e controle de seres vivos considerados nocivos, aplicando agrotóxicos, seus componentes e afins. Note-se que o prestador de serviços poderá incidir na norma proibitiva quando atua como empregador ou não.

---

[137] Sobre a matéria, tratamos no item 2 do Capítulo IV, retro.

É possível a ocorrência do concurso de agentes entre o empregador e o prestador de serviços e entre o profissional e o usuário ou o prestador de serviços, bastando que se aperfeiçoe qualquer uma das hipóteses do art. 29 do CP. Por exemplo, o usuário que se utiliza do prestador de serviços, ao assinar a "guia de aplicação", estará manifestando sua adesão à conduta por este perpetrada, motivo pelo qual poderá incidir na conduta criminosa como co-autor.

3.5. Sujeito passivo

O tipo penal tutela não só os interesses da coletividade (no caso do delito ambiental) e a saúde das pessoas de um modo geral, mas também a saúde do empregado, que realiza, em regime de subordinação, diretamente as tarefas de venda, transporte e aplicação dos agrotóxicos. É evidente que a lei protege também os laborais que realizem trabalho sem vínculo empregatício (eventuais, diaristas, bóias-frias, safristas etc.).

3.6. Elemento subjetivo

O delito admite tanto a forma dolosa quanto a culposa. Vale dizer, comete o crime não apenas o agente cuja vontade esteja dirigida à prática da conduta tipificada, mas também aquele que, por negligência, venha a realizar o núcleo elencado no tipo. O dolo não é de dano, mas sim de perigo. O assunto é elementar, dispensando, desse modo, maiores comentários, senão para dizer que, ao contrário do art. 15, a modalidade culposa não foi excluída neste delito. Tratando-se de crime omissivo, somente em caso de *negligência* é que se consumará a forma culposa, incompatíveis que são a *imprudência* e a *imperícia*, que pressupõem conduta comissiva.

3.7. Consumação

As pessoas enumeradas no tipo em exame cometem o delito quando *deixarem de promover as medidas necessárias de proteção à saúde e ao meio ambiente*. Cuida-se de crime omissivo próprio, isto é, vem objetivamente descrito com uma conduta negativa, de não fazer o que a lei determina, consistindo a omissão na transgressão da norma jurídica e não sendo necessário qualquer resultado naturalístico. Em outras palavras, caracteriza-se pela inércia do sujeito ativo ao omitir um fato, que consubstancia um dever jurídico, descumprindo o que a lei penal ordena. Trata-se, a exemplo do art. 15, de crime de perigo, que se caracteriza pela desnecessidade de um dano efetivo para se aperfeiçoar. A omissão, por si só, cria a situação de perigo, que, no caso, é abstrato ou presumido, porquanto advindo de conduta cuja periculosidade é presumida pela lei, *juris et jure*.

Basta, portanto, para a consumação do delito, que o agente deixe de promover as medidas necessárias de proteção à saúde e ao meio ambiente. Cuida-se de norma penal em branco, devendo o intérprete integrá-la com os preceitos de outros atos normativos que estabeleçam as medidas *necessárias à proteção da saúde e ao meio ambiente*. Vale frisar que não se exige a definição na lei em sentido estrito, podendo ocorrer, como efetivamente ocorre, em decretos, portarias, resoluções etc., municipais, estaduais e federais. O meio ambiente do trabalho é tutelado por normas insertas na CLT e na Lei de Benefícios Previdenciários, servindo-se estas disposições para integrar o tipo aberto do art. 16.

Cuidando-se da forma culposa, não será admitida a tentativa.

4. Inaplicabilidade do princípio da insignificância às condutas recriminadas pelos arts. 15 e 16 da Lei dos Agrotóxicos

Certas condutas, em que pese sua tipificação pelo legislador, não revelam caráter penal relevante, o que não significa que não possam ser punidas em outras esferas do direito. Sucede que o legislador, ao tipificar a conduta, o faz de modo abstrato, alcançando, por vezes, ações que deveriam estar excluídas do âmbito de proibição estabelecido pela lei penal.

Na realidade atual da sociedade brasileira, a tentativa de punir a criminalidade tem exigido uma certa razoabilidade, entendimento que vai ao encontro do princípio da intervenção mínima do Direito Penal. Veja-se, a este respeito, o ensinamento do brilhante Carlos Vico Manãs:

> De acordo com o princípio da intervenção mínima, com o qual se relacionam as características da fragmentariedade e da subsidiariedade, o direito penal só deve intervir nos casos de ataques graves aos bens jurídicos mais importantes. As perturbações leves na ordem jurídica devem ser objeto de outros ramos do direito. Embora não presente em texto legal, o princípio da intervenção mínima, de cunho político-criminal, impõe-se ao legislador e ao intérprete, por sua compatibilidade com outros princípios jurídicos-penais dotados de positividade e com os pressupostos políticos do estado democrático de direito.[138]

---

[138] *O princípio da insignificância como Excludente da Tipicidade no Direito Penal.* São Paulo: Saraiva, 1994, p. 57.

Sabemos que os delitos previstos na Lei dos Agrotóxicos (arts. 15 e 16) têm como objeto jurídico a saúde pública e o meio ambiente. Estes os bens jurídicos que a norma visa a tutelar. A insignificância é reconhecida quando não é afetado materialmente o bem jurídico tutelado pela norma, conforme observa o eminente Desembargador Federal Fábio Rosa:

> Para que uma conduta humana tenha relevância penal não basta que esteja formalmente descrita no tipo. É necessário que afete materialmente o bem jurídico tutelado. Se for considerada inexpressiva ou insignificante, não merecerá qualquer incriminação, reputando-se atípica. Isso porque o juízo de tipicidade penal não decorre da simples adequação do fato à norma abstratamente prevista, mas requer a ofensa ao bem jurídico protegido. (...).

Portanto, quando o dano resultante da infração não causar impacto no objeto material do tipo penal, impõe-se o reconhecimento do delito de bagatela. (TRF da 4ª região, 7ª Turma, RES nº 2000.70.05.001677-7/PR, DJU 26/03/2003, p. 800).

O dilema que se coloca à solução do intérprete está em definir se é possível que uma conduta recriminada pelas referidas normas não é lesiva ao meio ambiente ou à saúde das pessoas, não obstante tenha o legislador optado por reconhecer nas condutas descritas pelas normas penais em comento a modalidade do crime de perigo abstrato (presumido).

Parece-nos que não é possível, em se tratando de presunção absoluta, afirmar-se que a conduta não oferece perigo ao bem jurídico tutelado, ainda que, por exemplo, seja ínfima a quantia de agrotóxicos manipulada. A jurisprudência do STJ é remansosa no sentido de inadmitir a incidência do princípio da insignificância nos delitos de perigo abstrato (como são, por exemplo, os crimes contra a saúde pública):

> RECURSO ESPECIAL. ARTIGO 16 DA LEI 6.368/76. PEQUENA QUANTIDADE DE SUBSTÂNCIA ENTORPECENTE. PRINCÍPIO DA INSIGNIFICÂNCIA. INAPLICABILIDADE. Se a norma incriminadora visa às condutas de adquirir, guardar ou trazer consigo tóxico para uso próprio, é justamente com o fito de atingir aqueles que portam pequenas quantidades de droga, uma vez que dificilmente alguém adquire grande quantidade de tóxicos para uso próprio. A conduta prevista no art. 16, da Lei nº 6.368/76, por ser qualificada como crime de perigo abstrato, não comporta a aplicação do princípio da insignificância. Recurso provido (STJ, REsp. 2003.00.06.3900/RS, 5ª TURMA, j. 25/11/2003, DJU 15/12/2003, p. 375, Relator Min. José Arnaldo da Fonseca).

Vale lembrar, nesta linha, porque se trata de delitos que visam a tutelar o meio ambiente, que a jurisprudência, embora não se possa afirmar que inadmite, tem aplicado com muitas reservas o princípio da insignificância quanto aos crimes ambientais. Ilustram a matéria os seguintes precedentes:

> PENAL. PROCESSO PENAL. CRIME AMBIENTAL. ART. 40, DA LEI Nº 9.605/98. PRINCÍPIO DA INSIGNIFICÂNCIA. INAPLICABILIDADE. RECURSO CRIMINAL PRO-

VIDO. 1. Não se apresenta juridicamente possível a aplicação do princípio da insignificância nas hipóteses de crimes ambientais, tendo em vista que o escopo da Lei nº 9.605/98 é impedir a atitude lesiva ao meio ambiente, evitando, ainda, que a impunibilidade leve à proliferação de condutas a ele danosas. 2. Recurso criminal provido (TRF1, Recurso Criminal nº 2003.34.00.007650-0/DF, 4ª Turma, DJU 24/08/2004, p. 13, Des. Federal Ítalo Fioravanti).
CRIME CONTRA A FAUNA. PESCA EM LUGAR INTERDITADO POR ÓRGÃO COMPETENTE. INAPLICABILIDADE DO PRINCÍPIO DA INSIGNIFICÂNCIA. 1. Não cabe a aplicação do princípio da insignificância porquanto o bem jurídico tutelado é bem maior e mais relevante do que o valor econômico de aproximadamente 3 Kg de peixes. 2. Tendo em vista que as provas produzidas em juízo deixaram claro que os réus foram flagrados no barco, em águas do rio Iguaçu e para cuja margem brasileira se dirigiam, tanto há crime como é federal a tutela penal. 3. Se a pesca é proibida em Parque Nacional, incide o tipo penal previsto no art. 34, "caput", da Lei 9.605/98. 4. Recurso improvido (TRF4, Apelação Criminal nº 1999.70.02.0035789/PR, 8ª Turma, DJU 16/10/2002, p. 825, Relator Des. Federal Volkmer de Castilho).
PENAL. DIREITO AMBIENTAL. PRINCÍPIO DA INSIGNIFICÂNCIA. NÃO INCIDÊNCIA. LEI 9.605/98. PRESCRIÇÃO. 1- Não é insignificante o crime contra o meio ambiente, pois ele produz efeitos a longo prazo e que são, muitas vezes, irreversíveis. 2- A Lei 9.605/98 reduziu a pena anteriormente prevista para os crimes de caça de animais silvestres, o que ocasionou, no caso concreto, a prescrição da pretensão punitiva, devido ao lapso temporal transcorrido entre o recebimento da denúncia e esta decisão (TRF4, 1ª Turma, Apelação Criminal nº 97.04.72.9022/RS, DJU 22/07/1998, p. 406, Relator Des. Federal Antonio Albino Ramos de Oliveira).

5. Competência para o julgamento dos delitos da Lei dos Agrotóxicos

À semelhança do que ocorre com os crimes contra o meio ambiente, em regra, a competência para processar e julgar os delitos tipificados nos arts. 15 e 16 da Lei nº 7.802/89 (Lei dos Agrotóxicos) é da Justiça Estadual. A competência da Justiça Estadual, tal como definida constitucionalmente, é residual em relação à da Justiça Federal. Dessarte, observada a regra matriz constitucional de competência em matéria penal (art. 109, IV), somente se o delito afetar bens, serviços ou interesses da União, de suas autarquias, fundações ou empresas públicas é que a competência passará a ser da Justiça Federal. Os crimes que afetem a saúde pública, de igual sorte, somente na hipótese mencionada atrairão a competência federal.

Assim, por exemplo, na conduta de *utilização criminosa de agrotóxicos*, que cause danos à fauna aquática de um rio pertencente à União, será da Justiça Federal a competência para processar e julgar o respectivo processo-crime. São bens da União Federal, lembrando, "os lagos, rios e quaisquer correntes de água em terrenos de seu domínio, ou que banhem mais de um Estado, sirvam de limites com outros países, ou se estendam a território estrangeiro ou dele provenham, bem como os terrenos marginais e as praias fluviais" (art. 20, III, da CF).

O fato de estarem os agrotóxicos obrigados a registro em órgãos e entidades federais (ANVISA, IBAMA e MAPA) não trespassa a competência para a Justiça Federal. Consoante entendimento hoje sedimentado na jurisprudência, o interesse federal a justificar a competência da Justiça Federal, nos termos do art. 109, IV, da CF, deve ser concreto e específico, e não genérico. A análise da jurisprudência acerca do assunto demonstra que o STF e o STJ adotam este posicionamento:

> COMPETÊNCIA. CRIME PREVISTO NO ARTIGO 46, PARÁGRAFO ÚNICO, DA LEI Nº 9.605/98. DEPÓSITO DE MADEIRA NATIVA PROVENIENTE DA MATA ATLÂNTICA. ARTIGO 225, § 4º, DA CONSTITUIÇÃO FEDERAL. Não é a Mata Atlântica, que integra o patrimônio nacional a que alude o artigo 225, § 4º, da Constituição Federal, bem da União. Por outro lado, o interesse da União para que ocorra a competência da Justiça Federal prevista no artigo 109, IV, da Carta Magna tem de ser direto e específico, e não, como ocorre no caso, interesse genérico da coletividade, embora aí também incluído genericamente o interesse da União. Conseqüentemente, a competência, no caso, é da Justiça Comum estadual. Recurso extraordinário não conhecido (STF, RE nº 300244/SC, Rel. Min. Moreira Alves, 1ª Turma, DJU 19-12-01, p. 27).
>
> PROCESSUAL PENAL. *HABEAS CORPUS*. CRIME CONTRA A FAUNA E A FLORA. ART. 46, *CAPUT*, C/C PARÁGRAFO ÚNICO; ART. 29, CAPUT, C/C § 1º, III, AMBOS DA LEI Nº 9.605/98. MATA ATLÂNTICA. NÃO-DEMONSTRAÇÃO DE LESÃO A BEM, INTERESSE OU SERVIÇO DA UNIÃO. COMPETÊNCIA DA JUSTIÇA ESTADUAL.
>
> I – A competência da Justiça Federal, expressa no art. 109, IV, da Constituição Federal, restringe-se às hipóteses em que os crimes ambientais são perpetrados em detrimento de bens, serviços ou interesses da União, ou de suas autarquias ou empresas públicas.
>
> II – Não restando configurada, na espécie, a ocorrência de lesão a bens, serviços ou interesses da União, a competência para processar e julgar o feito é da Justiça Estadual (Precedentes). *Habeas corpus* denegado (STJ, HC nº 27093/SC, Rel. Min. Felix Fischer, Quinta Turma, DJU 28/10/2003, p. 314).

Nem mesmo o fato de estarem as atividades relacionadas com agrotóxicos, seus componentes e afins submetidas à fiscalização do IBAMA e da ANVISA (assim como também dos órgãos de fiscalização ambiental e sanitária municipais e estaduais, prioritariamente)[139] seria motivo suficiente para atrair a competência da Justiça Federal, consoante tem entendido o STF:

---

[139] O STJ, por sua 3ª Seção, solucionando o Conflito de Competência nº 6511/SP, em 14.08.96 (LexSTJ, vol. 90, p. 248, Rel. Ministro Cid Flaquer Scartezzini), entendeu que o crime de comercialização de agrotóxico irregular, sendo da competência dos Estados legislar sobre o uso, a produção, o consumo, o comércio e o armazenamento, bem como fiscalizar o uso, o consumo, o comércio, o armazenamento e o transporte interno de agrotóxicos, seus componentes e afins, é competência da Justiça Estadual.

Habeas Corpus. Crime previsto no art. 46, parágrafo único, da Lei nº 9.065/98, de 1998 (Lei de Crimes Ambientais). Competência da Justiça Comum. (2) Denúncia oferecida pelo Ministério Público Federal perante a Justiça Federal com base em auto de infração expedido pelo IBAMA. (3) A atividade de fiscalização ambiental exercida pelo IBAMA, ainda que relativa ao cumprimento do art. 46 da Lei de Crimes Ambientais, configura interesse genérico, mediato ou indireto da União, para os fins do art. 109, IV, da Constituição. (4) A presença de interesse direto e específico da União, de suas entidades autárquicas e empresas públicas – o que não se verifica, no caso –, constitui pressuposto para que ocorra a competência da Justiça Federal prevista no art. 109, IV, da Constituição. (5) *Habeas Corpus* conhecido e provido (STF, HC nº 81.916/PA, Rel. Min. Gilmar Mendes, 2ª Turma, DJU 11/10/2002).

Somente seria competente a Justiça Federal para o delito praticado contrariamente a interesse específico de entidade federal. O mero poder fiscalizatório, até porque, abstratamente, está distribuído entre as três esferas políticas, não é fundamento para definir a competência federal. Todavia, o descumprimento de ato concreto da Administração Federal (IBAMA ou ANVISA, v.g.), refletindo prejuízo inequívoco ao interesse federal *concretamente manifestado*, enseja a competência da Justiça Federal. Se, por exemplo, a ANVISA cancela o registro de determinado agrotóxico, ficando sua fabricação e tudo o mais proibidos, o descumprimento deste ato, que constitui verdadeiro embargo, afeta negativamente o interesse federal e, portanto, a competência para a processar e julgar o processo-crime respectivo será da Justiça Federal. Neste sentido registro recente precedente do STJ:

(...).

3. Pelo descumprimento do embargo à atividade regular, afora o sancionamento administrativo, também respondem os agentes penalmente pelo crime do art. 56 da Lei nº 9.605/98 (...).

4. A persecução penal foi instaurada com base na constatação de que os ora pacientes, sem autorização do IBAMA e em desrespeito ao embargo implementado, estavam exercendo atividades nocivas ao meio ambiente, infringindo interesse direto da Autarquia Federal, o que atrai a competência da Justiça Federal.

5. (...) (STJ, 5ª Turma, ROHC nº 14.341/PR, Rel. Min. Laurita Vaz, j. 26/10/2004).

No caso de contrabando de agrotóxicos, a competência para o julgamento do processo-crime será da Justiça Federal.[140] É certo que uma análise estrita da matéria levaria o intérprete ao reconhecimento da competência da Justiça Estadual. Mas essa não é a única análise possível e nem a mais afinada com o sistema da competência penal. Sendo proibida a importação de agrotóxico sem registro, a conduta

[140] O contrabando, de qualquer espécie e seja qual for o seu objeto, é delito que interessa precipuamente à União reprimir, pois que sempre será afetada, mediata e imediatamente, em seus serviços e interesses. Ademais, o Brasil é signatário da Convenção Sobre a Repressão do Contrabando, assinada em Buenos Aires, em 1935, fazendo incidir a regra do art. 109, V, da CF. Vale lembrar, sobre o tema, o enunciado sumular nº 105 do STJ: "A competência para o processo e julgamento por crime de contrabando ou descaminho define-se pela prevenção do Juízo Federal do lugar da apreensão dos bens".

delituosa, ainda que não possa, pelo princípio da especialidade, ser enquadrada como contrabando, atinge, sem dúvida alguma, o bem jurídico tutelado pela norma inscrita no art. 334 do Código Penal.

Sobre o tema, eis a lição de Márcia Dometila Lima de Carvalho:

O *caput* do art. 334 do Código Penal contém duas normas e dois preceitos diversos. Na primeira delas, atinente ao contrabando, o preceito consiste em proibir que determinadas mercadorias entrem ou saiam do território nacional. O preceito veda, portanto, tratando-se de contrabando a exportação ou importação em si mesmas, não cogitando de encargos fiscais. A segunda norma, relativa ao descaminho, não veda especificamente a exportação, importação ou consumo de mercadorias, mas sim a prática de tais atos sem o cumprimento das obrigações fiscais respectivas. Nesta última hipótese, destarte, o preceito impõe a satisfação de encargos aduaneiros, sempre que exporte, importe ou consuma mercadorias. No tocante ao objeto jurídico, a norma concernente ao descaminho envolve primordialmente interesses do Fisco, embora, consoante já ressaltado, a intensidade da carga tributária, em matéria de exportação ou importação, seja norteada por finalidades extrafiscais. *No que tange ao contrabando, a norma tem por objeto a tutela de interesses diversos, como, por exemplo, a higiene, a moral comunitária e, principalmente, a segurança e a autonomia nacionais* (grifo nosso).[141]

Se a norma penal (art. 334 do CP) tutela "interesses diversos", entre os quais se incluem a saúde pública, a higiene e, por que não dizer, o meio ambiente, então a importação de agrotóxicos é delito cujo processamento e julgamento deve, a exemplo do que ocorre com o contrabando de qualquer outro bem, ficar sob a responsabilidade da Justiça Federal. Quando se fala em importação de substância agrotóxica, o que se tem é um contrabando sob a forma especializada, previsto em norma penal própria. O fato de o legislador deslocar, para um tipo penal específico, uma conduta que em tudo se enquadraria no delito de contrabando não afasta a competência federal, pois o bem tutelado pela norma continua o mesmo.

O Tribunal Regional Federal da 4ª Região já teve oportunidade de se manifestar sobre o tema, por ocasião de análise do delito previsto no art. 273 do Código Penal – com a redação que lhe deu a Lei nº 9.677, de 02.07.98. O acórdão ficou assim ementado:

PENAL E PROCESSO PENAL. HABEAS CORPUS. IMPORTAÇÃO DE MEDICAMENTO SEM REGISTRO NO ÓRGÃO DE VIGILÂNCIA SANITÁRIA. PRAMIL. PRINCÍPIO DA INSIGNIFICÂNCIA. INAPLICABILIDADE. COMPETÊNCIA FEDERAL. CONTRABANDO SOB FORMA ESPECIALIZADA.

(...).

Os crimes que afetem a saúde pública não atraem, só por isso, a competência federal. A importação de remédio sem autorização do órgão de vigilância sanitária, no entanto, poder ser entendida como contrabando sob forma especializada. Por opção legislativa (Lei nº 9.677/98), uma conduta que antes se amoldava ao tipo previsto no art. 334 do CP, passou a ser prevista em tipo penal próprio (art. 273 do CP), providência que não

---

[141] *Crimes de Contrabando e Descaminho*. São Paulo: Saraiva, 1988, p. 10/11.

alterou, todavia, a competência federal para processamento e julgamento do feito (HC nº 2004.04.01.012508-0-PR, relator Des. Federal Paulo Afonso Brum Vaz, Oitava Turma, unânime, DJU 28.04.2004, p. 739).

No voto que analisou a questão, ficou consignado o seguinte:

A restrição que se opõe à possibilidade de o agente ser denunciado também pelo delito previsto no art. 334 do Código Penal, no entanto, não se revela idônea a afastar a competência federal para processamento e julgamento do feito. Certo que os crimes que afetem a saúde pública não atraem, só por isso, a competência federal, conforme já assentara a jurisprudência do Superior Tribunal de Justiça ainda na época em que os delitos previstos nos artigos 272 e 273 não haviam sofrido a alteração que lhes imprimiu a Lei nº 9.677/98 (CC nº 34540-SP, Terceira Seção, relator Ministro Félix Fischer, 23.09.02). Se fosse por esse motivo, não haveria mesmo como se admitir a manutenção do feito sob jurisdição federal. Ocorre que a importação de remédio falsificado não deixa de ser também delito de contrabando. Aconteceu apenas de o legislador, decerto preocupado com a gravidade da conduta, deslocar, para um tipo penal próprio, uma conduta que já se encontrava descrita no art. 334 do Código Penal, dando-lhe tratamento penal mais severo. A ninguém escaparia que a conduta, se praticada antes da alteração legislativa, seria classificada como contrabando. Na modalidade de importar, portanto, o processamento e julgamento do delito previsto no § 1º e no § 1º-B do art. 273 do CP é de competência federal.

O mesmo raciocínio deve ser empregado para as hipóteses de importação de substância agrotóxica. Também aqui o que se tem é *contrabando sob forma especializada*, sendo plenamente sustentável, por esse motivo, a tese que advoga a competência federal.

E o que dizer sobre a competência nas hipóteses de receptação de agrotóxico importado? Embora o agente que esteja de posse de substância agrotóxica incida, quase que automaticamente, em uma das condutas previstas no art. 15 da Lei nº 7.802/89 (*transportar, usar* ou *vender*, por exemplo) ou no art. 56 da Lei Ambiental (*guardar* ou *ter em depósito*, por exemplo), não se podendo, em vista disso, falar em configuração do delito previsto no art. 180 do Código Penal, deve-se, para fins de fixação de competência, dar o mesmo tratamento que a jurisprudência do STJ, há muito tempo, confere à receptação de mercadoria contrabandeada, sob o fundamento de que, havendo "anterior delito de contrabando, da competência da Justiça Federal, compete a esta julgar e processar delito de receptação de arma contrabandeada, que, na espécie, é delito de autonomia relativa" (CC 15.156/RJ, Rel. Ministro William Patterson, DJU 06/11/95). Se o delito de contrabando de agrotóxico é da competência federal – pelos motivos já explicitados –, a receptação, ainda que punida por um tipo próprio, deve também ser da competência federal. Em se tratando de matéria meramente instrumental (competência), o exercício analógico é perfeitamente possível, sendo certo que a lei processual penal admite interpretação extensiva e aplicação analógica, bem como o suplemento dos princípios gerais de direito (art. 3º do CPP). Consulte-se, a propósito, o exemplar precedente do TRF da 3ª Região:

COMPETENTE PARA O JULGAMENTO DOS CRIMES DE RECEPTAÇÃO DE MERCADORIA CONTRABANDEADA E DE CONTRABANDO. (...). 1. Quando a União proíbe o ingresso – ou o retorno – de determinada mercadoria no País, sob pena da caracterização do crime de contrabando, é porque vê naquele bem uma potencial causa geradora de danos aos interesses nacionais. Essa proibição se dá pelos mais diversos motivos, dentre os quais, posso citar: a tutela do desenvolvimento da indústria nacional, razões de saúde pública, ou mesmo, a defesa de nossa biodiversidade. Assim, parece indiscutível que cabe à Justiça Federal julgar aquele que comete o crime de receptação de mercadoria contrabandeada, haja vista que é patente o interesse da União em punir aquele que, mesmo não tendo promovido o ingresso do bem no País, acaba por adquiri-lo, ferindo também, ainda que indiretamente, o interesse titularizado pela União Federal. Preliminar de incompetência da Justiça Federal rechaçada. (...) (TRF da 3ª Região, 5ª Turma, Apelação Criminal nº 97.03.04.72842/SP, DJU 14.09.2004, p. 393, Rel. Des. Federal Ramza Tartuce).

Para quem entende que a hipótese de internalização irregular de agrotóxicos no país caracteriza o concurso formal de delitos[142] (art. 334 do CP, que tipifica o contrabando, e art. 15 da Lei 7.802/89), tese sobre a qual temos reservas, a competência da Justiça Federal, em razão do crime de contrabando (que atrai a competência federal para o outro delito), é indubitável.

---

[142] Neste sentido, Márcio Adriano Anselmo: "Temos, portanto, que no caso da prática do crime de contrabando o sujeito passivo pratica também o delito previsto no artigo 15 da Lei de Agrotóxicos em concurso formal. Trata-se de concurso formal heterogêneo, ou seja, ocorre quando o agente, mediante uma só ação, pratica dois crimes previstos em normas penais diversas (um previsto no Código Penal e outro na Lei de Agrotóxicos)" (Contrabando e aplicação do art. 15 da Lei nº 7.802/89, *Jus Navegandi*, http://www1.jus.com.br/doutrina/texto.asp?id=5316).

Capítulo IX

Responsabilidade administrativa na Lei dos Agrotóxicos

1. Infrações e sanções administrativas

Para a caracterização da responsabilidade administrativa é necessário que a conduta (ação ou omissão) se revele contrária às normas administrativas previstas na legislação que disciplina as atividades com agrotóxicos, especialmente na Lei n° 7.802/89, no Decreto n° 4.074/02, que regulamenta esta lei, na Lei n° 9.294/96, que trata da propaganda de agrotóxicos, e nas determinações de caráter normativo dos órgãos ou das autoridades administrativas competentes para dispor sobre a matéria.

Se a conduta envolvendo atividade com agrotóxicos não for passível de reprimenda administrativa, nos termos das citadas leis, poderá incidir, na medida em que seja lesiva ao meio ambiente, nas regras da Lei n° 9.605/98 (o Decreto n° 3.179/99 estipula as sanções), que constitui a lei geral em matéria ambiental, assim dispondo, em seu art. 70: "Considera-se infração administrativa ambiental toda ação ou omissão que viole as regras jurídicas de uso, gozo, promoção, proteção e recuperação do meio ambiente".

O Decreto n° 4.074/02, em seu art. 85, define as infrações administrativas:

São infrações administrativas:

I – pesquisar, experimentar, produzir, prescrever, fracionar, embalar e rotular, armazenar, comercializar, transportar, fazer propaganda comercial, utilizar, manipular, importar, exportar, aplicar, prestar serviço, dar destinação a resíduos e embalagens vazias de agrotóxicos, seus componentes e afins em desacordo com o previsto na , e legislação pertinente;

II – rotular os agrotóxicos, seus componentes e afins, sem prévia autorização do órgão registrante ou em desacordo com a autorização concedida; e

III – omitir informações ou prestá-las de forma incorreta às autoridades registrantes e fiscalizadoras.

Para o aperfeiçoamento das infrações administrativas acima elencadas basta a conduta contrária à determinação normativa. Não há necessidade de demonstração de dolo ou culpa do infrator, sendo suficiente que, praticando o ato previsto, dê causa a uma ocorrência punida pela lei. Consoante ensina Otto Mayer, "por essa razão bastará, com efeito, o simples fato exterior de não haver logrado o fim do dever, de não haver evitado a perturbação, de não haver feito o necessário para impedi-lo, para que haja violação punível do dever".[143]

A Lei nº 7.802/89, em seu art. 9º, II, atribui à União a competência para controlar e fiscalizar estabelecimentos de produção, importação e exportação e estas atividades. Incumbe aos Estados e ao DF fiscalizar o uso, o consumo, o comércio, o armazenamento e o transporte interno (art. 10).

As penalidades a cargo da Administração vêm reguladas pelo Decreto nº 4.074, de 04 de janeiro de 2002. São elas, segundo disposto no seu artigo 76: advertência, multa de até 1.000 (mil) vezes o Maior Valor da Referência – MVR (aplicável em dobro em caso de reincidência), condenação de produto, inutilização de produto, suspensão de autorização, registro ou licença, cancelamento de autorização, registro ou licença, interdição temporária ou definitiva do estabelecimento, destruição de vegetais, partes de vegetais e alimentos (com resíduos acima do permitido) e destruição de vegetais nos quais tenha havido aplicação de agrotóxico de uso não autorizado.

A pena administrativa será graduada conforme a gravidade do ato praticado. O critério de gradação da penalidade, de sua vez, toma por base elementos objetivos (conseqüências para a saúde humana e para o meio ambiente) e elementos subjetivos (ser o agente reincidente ou ter cometido a infração para obtenção de qualquer tipo de vantagem, por exemplo). A autoridade competente, ao analisar o processo administrativo, observará, no que couber, o disposto nos e A destruição ou inutilização de agrotóxicos, seus componentes e afins, nocivos à saúde humana ou animal ou ao meio ambiente, será determinada pelo órgão competente e correrá às expensas do infrator (art. 90 do Decreto nº 4.074/02). A advertência será aplicada quando constatada inobservância das disposições da legislação em vigor, sem prejuízo das demais sanções previstas. A multa será aplicada sempre que o agente, notificado, deixar de sanar, no prazo assinalado pelo órgão competente, as irregularidades praticadas; ou opuser embaraço à fiscalização dos órgãos competentes. Vê-se que o procedimento de aplicação das sanções prevê a possibilidade de se aplicar a advertência e a multa cumulativamente. Mas, sendo possível e cabível a correção das irregularidades apontadas, deverá o agente ser notificado a fazê-lo, somente podendo ser aplicada a multa depois de expirado o prazo fixado. Dispõe o § 3º do referido Decreto que a inutilização de produtos agrotóxicos será determinada nos casos de produto sem registro ou naqueles em que ficar constatada a impossibilidade de lhes ser dada outra destinação ou reaproveitamento. A destruição ou inutilização de vegetais, parte de vegetais e alimentos será determinada,

---

[143] *Derecho Administrativo Alemán*, vol. II. Buenos Aires: Depalma, 1949, p. 104.

pela autoridade sanitária competente, sempre que apresentarem resíduos acima dos níveis permitidos ou quando tenha havido aplicação de agrotóxicos e afins de uso não autorizado (§ 9º do art. 86 do Decreto nº 4.074/02).

Em qualquer caso, a aplicação de sanção exige, além da obediência aos princípios da legalidade e do devido processo legal (com observância do contraditório e da amplitude de defesa), a atenção ao princípio da proporcionalidade entre esta (a medida punitiva) e a infração cometida ou o dano que a atividade cause à coletividade ou ao próprio Estado. De lembrar, por outro vértice, que as situações de iminente risco à saúde ambiental exigem imediata atuação do poder de polícia, tais como a retirada do mercado de produtos não registrados ou nocivos e a destruição de alimentos contaminados por resíduos de agrotóxicos, dispensando a conclusão do respectivo processo administrativo, ou seja, funciona a sanção, nestes casos, como uma espécie de tutela administrativa de natureza inibitória cautelar, que se antecipa à ocorrência do dano ou faz com que cesse, se já deflagrado.

Obviamente que, sendo permitida atividade legislativa dos Estados e dos Municípios na matéria, outras exigências poderão ser feitas, para atendimento do interesse regional ou local. E o descumprimento das normas estaduais e municipais, sobretudo no que diz respeito à proteção à saúde e ao meio ambiente, pode acarretar também a aplicação de penalidades pelas Administrações estaduais e municipais. Os Estados do Paraná e do Rio Grande do Sul exigem, por exemplo, o prévio cadastro dos produtos agrotóxicos nas suas respectivas Secretarias de Saúde e do Meio Ambiente. Um produto que esteja licenciado pelas autoridades federais, mas não tenha obtido o aval ainda das autoridades competentes daqueles Estados, neles não poderá ser utilizado, sob pena de responsabilidade de quem figure na cadeia de produção, comercialização, consumo e destinação de embalagens de agrotóxicos, seus componentes e afins.

Vale anotar, consoante dispõe o art. 89 do Decreto nº 4.074/02, que a aplicação de multa pelos Estados, pelo Distrito Federal ou pelos Municípios exclui a aplicação de igual penalidade por órgão federal competente, em decorrência do mesmo fato. Esta disposição, que consagra a atribuição fiscalizatória supletiva da União em relação ao Município e ao Estado, está em sintonia com a regra do art. 14, I, da Lei nº 6.938/81, que trata da Política Nacional do Meio Ambiente, *in verbis*: "Art. 14. Sem prejuízo das penalidades definidas pela legislação federal, estadual e municipal, o não cumprimento das medidas necessárias à preservação ou correção dos inconvenientes e danos causados pela degradação da qualidade ambiental sujeitará os transgressores: I – à multa simples ou diária (...) vedada a sua cobrança pela União se já tiver sido aplicada pelo Estado, Distrito Federal, Territórios ou pelos Municípios". Também é neste sentido o art. 76 da Lei nº 9.605/98, *in verbis*: "O pagamento de multa imposta pelos Estados, Municípios, Distrito Federal e Territórios substitui a multa federal na mesma hipótese de incidência".[144]

Nicolao Dino, Nei Bello e Flávio Dino sustentam a inconstitucionalidade do citado preceptivo legal, que estaria em contraposição à preponderante competência legislativa da União em matéria ambiental. Ademais, segundo sustentam os ilustrados autores, a manutenção do citado dispositivo "acarretaria situações absurdas, como a de a União ver inviabilizado o exercício do seu poder de polícia até mesmo em relação aos seus próprios bens – elencados no art. 20 da CF".[145]

Vale referir, por derradeiro, que as sanções administrativas legitimamente aplicadas, com base no poder de polícia administrativa, não geram o dever indenizatório a ser suportado pela Administração. Assim, por exemplo, a interdição de lavoura ou a inutilização de produtos agrícolas contaminados, desde que por motivo que possa ser creditado ao produtor rural, não ensejam o direito à reparação dos prejuízos por este experimentados. Rememoramos precedente do TJPR, diante da ação administrativa que, baseada no poder de polícia, interditou lavoura contaminada por agrotóxicos e proibiu a comercialização dos produtos, sufragando o entendimento de que não era devida a indenização, ao fundamento de ter se desvelado legítima a atuação dos agentes públicos, sobretudo em razão do uso *indevido* de agrotóxicos.

> INDENIZAÇÃO – DANOS MATERIAIS E MORAIS – PROCEDÊNCIA PARCIAL EM 1º GRAU – INTERDIÇÃO DE LAVOURAS – USO INDEVIDO DE AGROTÓXICOS – DIVULGAÇÃO DO EPISÓDIO – PERDA DE CREDIBILIDADE – PERECIMENTO DA LAVOURA – LUCROS CESANTES – AUSÊNCIA DO DEVER DE INDENIZAR – REGULAR EXERCÍCIO DO PODER DE POLÍCIA DA ADMINISTRAÇÃO – PRESERVAÇÃO DA SAÚDE PÚBLICA – RECURSOS NECESSÁRIO E VOLUNTÁRIO PROVIDOS – Constatada em laudo técnico a contaminação de lavouras, não resta ao agente público outra alternativa senão o estrito cumprimento de seu dever legal, consistente na interdição de lavouras e na proibição da comercialização dos produtos, providências necessárias à preservação da saúde pública e insuscetíveis de gerar responsabilidade ao ente público (TJPR, ApCvReex. nº 99235-6, Curitiba, 4ª C.Cív., Rel. Des. Octávio Valeixo, DJPR 15.04.2002).

---

[144] "ADMINISTRATIVO. SANÇÃO ADMINISTRATIVA. DANO CAUSADO PELA DEGRADAÇÃO DA QUALIDADE AMBIENTAL. MULTA SIMULTÂNEA: UNIÃO E ESTADO. VEDAÇÃO. É vedado à União cobrar multa por dano causado pela degradação da qualidade ambiental já aplicada pelo Estado, Distrito Federal, Território ou pelos Municípios. Inteligência do art. 14, I, da Lei nº 6.938/81. Remessa oficial desprovida" (TRF da 1ª Região, REO nº 01.08542/90-DF, 3ª Turma, j. 17.05.93, Rel. Des. Federal Vicente Leal).

[145] *Op. cit.*, p. 354.

A responsabilidade civil estatal decorre tanto de atos ilícitos como de lícitos. Celso Antonio Bandeira de Mello explica: "No caso de comportamentos comissivos, a existência ou inexistência do dever de reparar não se decide pela qualificação da conduta geradora do dano (ilícita ou lícita), mas pela qualificação da lesão sofrida. Isto é, a juridicidade do comportamento danoso não exclui a obrigação de reparar se o dano consiste em extinção ou agravamento de um direito". E prossegue o eminente publicista: "Donde, ante atuação lesiva do Estado, o problema da responsabilidade resolve-se no lado passivo da relação, não no lado ativo dela. Importa que o dano seja ilegítimo – se assim podemos expressar; não que a conduta causadora o seja. Daí que nas hipóteses focalizadas inexiste responsabilidade *por inexistir agravo a um direito*, isto é, porque foram atingidos apenas interesses econômicos, embora também eles lícitos (mas sem possuírem consistência de direitos ou sequer dos chamados 'interesses legítimos' da doutrina italiana)".[146]

2. Prescrição das sanções administrativas

A teor do art. 1º da Lei nº 9.873/99, a ação punitiva da Administração Pública Federal, direta e indireta, no exercício do poder de polícia, prescreve em cinco anos, contados da data da prática do ato ou, no caso de infração permanente ou continuada, do dia em que tiver cessado.

A Lei nº 9.873/99 estabelece, também, uma espécie de prescrição intercorrente, conforme se pode depreender da leitura do § 1º do seu art. 1º: "§ 1º. Incide a prescrição no procedimento administrativo paralisado por mais de três anos, pendente de julgamento ou despacho, cujos autos serão arquivados de ofício ou mediante requerimento da parte interessada, sem prejuízo da apuração da responsabilidade funcional decorrente da paralisação, se for o caso".

Todavia, quando o fato constituir crime, o prazo rege-se pelo prazo previsto na lei penal (art. 1º e §§).

A inércia dos poderes públicos, se já era inadmissível, agora é causa de prescrição da ação punitiva da Administração. Ainda que tenha o legislador ressalvado as infrações de natureza funcional, ou seja, aquelas praticadas pelos servidores públicos, no art. 5º da referida lei, e considerando que o cometimento de quaisquer das infrações administrativas implicará também conduta delituosa, a inércia dos poderes públicos, diante da nova regra prescritiva, no que diz respeito aos agrotóxicos, não deixa de ser um sério risco à saúde ambiental,

---
[146] *Curso de Direito Administrativo*. São Paulo: Malheiros, 2000, p. 803.

porquanto fomenta a impunidade e incentiva a continuidade de práticas que lhe são nocivas.

Deve-se observar que as condutas infracionais disciplinadas na Lei dos Agrotóxicos, como sói acontecer, acarretam efeitos que se protraem no tempo, constituindo infração de efeitos permanentes. É comum também a reiteração, a caracterizar continuidade. Em ambas as hipóteses, o marco inicial da contagem do prazo prescricional será a data em que cessar a permanência ou continuidade.

Conclusões

1. De uma maneira geral, o problema dos contaminantes ambientais, que podemos chamar de riscos tecnológicos ambientais – que não se confundem com os riscos naturais, decorrentes de fenômenos da natureza – está intimamente relacionado com o avanço do processo de industrialização, que teve início no final do século XIX, alavancado pelo incremento das pesquisas e o desenvolvimento e difusão de novas tecnologias, a otimizar os processos de produção. Ao mesmo tempo, os riscos aos recursos biológicos e aos ecossistemas, comprometendo o uso futuro dos recursos naturais e à saúde do homem, proliferaram.

2. A agricultura e a preservação ambiental devem – e o princípio do desenvolvimento sustentável assim impõe – caminhar lado a lado, sendo que a produção agrícola precisa preocupar-se muito mais com o acesso e a distribuição de alimentos do que com a estocagem.

3. Não obstante tenham os produtos químicos utilizados na lavoura desempenhado um papel de indubitável importância no desenvolvimento econômico do Brasil e do mundo, o custo ambiental deste desenvolvimento é extremamente negativo. Mesmo quando bem usados, de acordo com os padrões legais recomendados, os agrotóxicos produzem efeitos secundários. Seu uso continuado em grande escala ocasiona danos às vezes irreversíveis à saúde humana e ao meio ambiente.

4. O uso excessivo e indiscriminado de agrotóxicos, principalmente em países em desenvolvimento, deve-se: a) à ausência de uma política pública séria de registro, controle e fiscalização da comercialização e do uso; b) ao descumprimento da legislação; c) à venda livre de produtos com elevada toxidade e/ou contaminantes ambientais; d) à grande pressão comercial por parte das empresas produtoras e distribuidoras; e) à ausência de uma política de gestão ambiental e de qualidade de vida; f) à falta de consciência quanto à necessidade de preservar os finitos recursos naturais.

5. É preciso incrementar as políticas públicas de conscientização dos produtores rurais sobre os efeitos nefastos dos agrotóxicos para o meio ambiente e incentivo à produção de conhecimentos e tecnologias preservacionistas, com vistas à ruptura do modelo agroquímico

dominante. Impõe-se a adoção de uma política de fiscalização mais efetiva do poder público sobre as atividades de comercialização e uso de agrotóxicos, com fiel aplicação das medidas punitivas legais, no campo civil, penal e administrativo. Seria importante também o incremento da ação fiscalizatória do CREAA sobre os profissionais que atuam na atividade agrária, impondo o cumprimento da legislação de regência. Pugna-se por atuação mais intensa do Ministério Público (cujos membros, atuando nos locais rurais mais longínquos, têm melhores condições controlar e impor as medidas de orientação, treinamento, prevenção, fiscalização e punição dos infratores da lei), dos sindicatos rurais, das associações, entidades e organizações não-governamentais de proteção ambiental. Não se pode deixar de cobrar resposta judicial mais efetiva e consentânea com os valores constitucionais ambientais na solução das demandas sobre a matéria.

6. Basicamente, podem ser adotadas as seguintes medidas para reduzir os riscos à saúde ambiental pelo uso de agrotóxicos: a) criação de programas de educação e esclarecimento aos agricultores, prestadores de serviços e empregados rurais sobre os efeitos nocivos dos agrotóxicos para a saúde ambiental; b) capacitação dos agricultores, prestadores de serviço e trabalhadores rurais quanto à forma correta de manejar os compostos químicos para uso agrícola; c) aplicação do manejo integrado de pragas e substituição do uso de produtos tóxicos por produtos não-tóxicos, preferentemente os controles biológicos[147] ou botânicos.

7. Partindo-se do pressuposto de que o uso de venenos químicos na lavoura ainda é um mal necessário, sem embargo do incentivo a formas alternativas de controle de pragas, como o controle biológico, dever-se-ia pensar na criação de um fundo destinado à reparação das áreas degradadas (a exemplo do *superfund* dos EUA),[148] onerando-se principalmente a indústria química (multinacional).

8. O prévio relatório de impacto ambiental, tal como exige o art. 225, § 1°, inciso IV, da CF, em razão da *significativa degradação ambiental* que causam os agrotóxicos, seus componentes e afins, é indispensável, não se revelando suficiente o processo de registro.

---

[147] Existem pesquisas e experiências com novos produtos e técnicas, baseadas em biotecnologia, que podem reduzir sensivelmente o uso de agrotóxicos. Várias empresas utilizam uma técnica que emprega um produto à base de aminoácidos. Este preparado tem, comprovadamente, a virtude de reduzir o impacto de várias pragas da lavoura, como, por exemplo, a temível mosca-branca, com diminuição importante dos resíduos químicos deixados nos alimentos, além de aumentar sensivelmente a produtividade. (*Revista A granja*, n° 619, Ed. Centaurus, julho/2000, p. 22).

[148] O *Superfund* norte-americano é um instrumento destinado ao financiamento do saneamento de áreas degradadas por resíduos tóxicos ou perigosos, atuando de maneira subsidiária, vale dizer, suporta os gastos em caso de não identificação do sujeito responsável. É financiado por impostos arrecadados sobre operações com petróleo, matérias-primas químicas e outros tributos ambientais.

9. A responsabilidade civil em matéria ambiental é objetiva e baseada no risco integral, solidária e imprescrítivel.

10. Os arts. 15 e 16 da Lei dos Agrotóxicos não foram revogados pelo art. 56 da Lei dos Crimes Ambientais.

11. A descriminalização da conduta culposa operada pela nova redação que a Lei n° 9.974/2000 emprestou ao artigo 15 da Lei n° 7.802/89, de duvidosa constitucionalidade, por violação aos princípios da razoabilidade, precaução e prevenção, representa um retrocesso à efetividade da tutela penal do meio ambiente.

12. Necessita-se de iniciativa do legislador para atualizar os delitos previstos na Lei n° 7.802/89 à nova realidade do contexto ambiental, especialmente no que diz respeito à Lei n° 9.605/98, que veio sistematizar a matéria, facilitando a atuação do intérprete. Lembre-se que não se pode aplicar aos tipos penais da Lei dos Agrotóxicos as medidas despenalizadoras da Lei n° 9.099/95, incompatíveis com as penas a eles cominadas, e que dúvida há sobre a possibilidade de se atribuir responsabilidade penal à pessoa jurídica.

13. A conduta de introduzir no país agrotóxicos, seus componentes e afins de origem estrangeira, sem o competente registro e autorização das autoridades nacionais, em razão do princípio da especialidade, enquadra-se no art. 56 da Lei n° 9.605/98, que dispõe sobre os crimes ambientais, e não no art. 334 do CP, tampouco no art. 15 da Lei n° 7.802/89, pois que não está o verbo "importar" contido no neste tipo penal. A competência para o processo-crime, configurando a prática uma modalidade especial de *contrabando*, em razão do objeto específico, é da Justiça Federal.

Bibliografia

AYALA, Patryck de Araújo. O princípio da precaução como impedimento constitucional à produção de impactos ambientais. Disponível em *www.jus.com.br/doutrina/texto*.

ALEXY, Robert. Colisão de Direitos Fundamentais e Realização de Direitos Fundamentais no Estado de Direito Democrático, *Revista de Direito da UFRGS*, v. 17, 1999.

ANTUNES, Paulo de Bessa. *Dano Ambiental – Uma Abordagem Conceitual*. Rio de Janeiro: Lúmen Juris, 2.000.

ARAÚJO, Aloisio Barboza de. *O meio ambiente no Brasil – aspectos econômicos*. Rio de Janeiro: IPEA/INPES, 1979.

ARAÚJO, Ubiracy. Mineração e Garimpo, *Revista de Direito Ambiental* n° 1, São Paulo: Revista dos Tribunais.

BANDEIRA DE MELLO, Celso Antônio. *Curso de Direito Administrativo*. 4. ed., São Paulo: Malheiros, 1993.

BECK, Ulrick. *Politicas ecologicas em la edad del riesgo*. Barcelona: EL Roure, 1998.

BENJAMIN, Antônio Herman de Vasconcellos e. O princípio do poluidor-pagador e a reparação do dano ambiental, *Dano Ambiental: Prevenção, reparação e repressão*, São Paulo: Revista dos Tribunais, 1993.

——. *Comentários ao Código de Proteção ao Consumidor*. São Paulo: Saraiva, 1991.

——. [et al.] *Código Brasileiro de Defesa do Consumidor Comentado pelos Autores do Anteprojeto*. 7. ed. Rio de Janeiro: Forense Universitária, 2001.

BRILHANTE, Ogenis Magnum. Gestão e Avaliação da Poluição, Impacto e Risco na Saúde Ambiental, *Gestão e Avaliação de Risco em Saúde Ambiental*. Coord. Ogenis Magno Brilhante e Luiz Guerino de A. Caldas. Rio de Janeiro: Editora FIOCRUZ, 1999.

CIRNE, Paulo da Silva. A destinação final das embalagens de agrotóxicos: recentes modificações, *Revista do Ministério Público do RS* n° 47.

COMISSÃO MUNDIAL SOBRE MEIO AMBIENTE E DESENVOLVIMENTO: *Nosso Futuro Comum*. 2. ed. Rio de Janeiro: Editora Fundação Getúlio Vargas, 1991.

CONTE, Ana Carolina Papacosta e SOARES, Inês Virgínia Prado. Registro de Agrotóxicos e Controle Social, *Boletim Científico da Escola Superior do Ministério Público da União*, ano 1, n° 1, out/dez de 2001.

COSTA, Flávio Dino de Castro *et al*. *Crimes e Infrações Administrativas Ambientais*, Brasília: Brasília Jurídica, 2000.

COSTA NETO, Nicolao Dino de Castro [*et al*.]. *Crimes e Infrações Administrativas Ambientais*, Brasília: Brasília Jurídica, 2000.

——. *Proteção Jurídica do Meio Ambiente*. Belo Horizonte: Del Rey, 2003.

CUSTÓDIO, Helita Barreira. Direito à Saúde e Problemática dos Agrotóxicos, *Revista de Direito Sanitário*, vol. 2, n° 3, novembro 2002.

——. Legislação Ambiental no Brasil, *Boletim de Direito Administrativo* – Abril/97.

DERANI, Cristiane. *Direito Ambiental Econômico*. São Paulo: Max Limonad, 1997.

FERRARI, Antenor. *Agrotóxicos – A Praga da Dominação*. Porto Alegre: Mercado Aberto, 1985.

FERRAZ, Ferraz. Provimentos antecipatórios na ação civil pública, *Ação Civil Pública*. Coordenador Édis Milaré. São Paulo: Revista dos Tribunais, 1995.

——. Responsabilidade Civil por Dano Ecológico. *Revista de Direito Público*, nº 49-50, jan/jun –1979, Ed. Revista dos Tribunais.

FILHO, José Prado Alves. *Uso de Agrotóxicos no Brasil*. São Paulo: Anablumme, 2002.

FILHO, Nagib Slaibi. A desconsideração da pessoa jurídica no novo Código Civil. *ADV – Informativo Semanal* nº 17/2004.

FILHO, Ney de Barros Bello [et al.]. *Crimes e Infrações Administrativas Ambientais*, Brasília: Brasília Jurídica, 2000.

FIORILLO, Celso Antonio Pacheco [et al]. *Manual de Direito Ambiental e Legislação Aplicável*. 2. ed., São Paulo: Max Limonad, 1999.

—— [et al]. *Direito Processual Ambiental Brasileiro*. Belo Horizonte: Del Rey, 1996.

——. *Curso de Direito Ambiental Brasileiro*. 4. ed. São Paulo: Saraiva, 2003.

FREITAS, Vladimir Passos de. *Crimes Contra a Natureza*, 5. ed. São Paulo: Editora Revista dos Tribunais, 1998.

—— (organizador). *Direito Ambiental em Evolução*. Curitiba: Juruá, 1998.

——. *Direito Administrativo e Meio Ambiente*. 3. ed. Curitiba: Juruá, 2002.

FREITAS, Gilberto Passos de. Crime de Poluição, *Direito Ambiental em Evolução*. Curitiba: Juruá, 1998.

GOMES, Sebastião Valdir. Direito Ambiental Brasileiro. Porto Alegre: Síntese, 1999.

KOCHINSKI, Ricardo e BITTENCOURT, Darlan Rodrigues. Lineamentos da Responsabilidade Civil Ambiental, *Revista de Direito Ambiental*, julho-setembro de 1996, São Paulo: Revista dos Tribunais.

LABARRÈRE, Maria de Fátima. A atual legislação de biossegurança no Brasil. *Boletim dos Procuradores da República,* ano IV, set. 2001.

LACERDA, Galeno. Ação Civil Pública e Meio Ambiente, *Revista AJURIS*, vol. 43, Porto Alegre.

LEITE, José Rubens Morato. *Dano ambiental: do individual ao coletivo extrapatrimonial*. São Paulo: Revista dos Tribunais, 2000.

LUTZENBERGER, José. *Colheitas e pragas, a resposta estará nos venenos?* Fundação Gaia, www.fgaia.org.br, acesso em 20.05.2002.

MACHADO, Paulo Affonso Leme. *Direito Ambiental Brasileiro*. 5. ed. São Paulo: Malheiros, 1995.

MANCUSO, Rodolfo Camargo. *Ação Civil Pública: em Defesa do Meio Ambiente, Patrimônio Cultural e dos Consumidores*. 2. ed. São Paulo: Revista dos Tribunais, 1992.

MEIRELLES, Hely Lopes. *Direito administrativo brasileiro*. São Paulo: Malheiros, 1993.

MIDIO, Antonio Flávio e MARTINS, Deolinda. *Herbicidas em Alimentos*. São Paulo: Livraria Varela, 1997.

MILARÉ, Édis. *Direito do Ambiente*. São Paulo. Revista dos Tribunais, 2000.

MIRRA, Álvaro Luiz Valery. Princípios Fundamentais do Direito Ambiental, *Revista Direito Ambiental* nº 02, Revista dos Tribunais, 1996.

MOORES, Frances Lappé e COLLINS, Joe. *As empresas precisam de agrotóxicos para aumentar o lucro, Institute for Food & Development Policy, San Francisco, EUA* (http://www.taps.org.br/aorganica13.htm, acesso em 05.08.2004).

MUKAY, Toshio. *Direito Ambiental Sistematizado*. 2.ed. Rio de Janeiro: Forense Universitária, 1994.

NERY, Rosa Maria Andrade [et al]. *Direito Processual Ambiental Brasileiro*. Belo Horizonte: Del Rey, 1996.

NERY JÚNIOR, Nelson. Responsabilidade Civil por Dano Ecológico e a Ação Civil Pública, *Revista de Processo* nº 38, São Paulo: Revista dos Tribunais.

OLIVEIRA, Fátima. *Engenharia Genética: o sétimo dia da criação*. 6. ed. São Paulo: Moderna.

OST, François. *A natureza à margem da lei (A ecologia à prova do direito)*. Lisboa: Instituto Piaget, 1997.

PINHEIRO, Sebastião. *Cartilha dos Agrotóxicos*. Fundação Juquira Candiru, 1998.

REBOUÇAS, Aldo da Cunha. Águas subterrâneas. *Águas doces no Brasil: capital ecológico, uso e conservação*. Rebouças *et al*. São Paulo: Escrituras, 1999.

REVISTA CAROS AMIGOS, outubro de 2001.

REVISTA GALILEU, maio de 2002, nº 130.

REVISTA GALILEU, agosto 2002, nº 133.

REVISTA A GRANJA, n° 619, Ed. Centaurus, julho/2000.

RIOS, Aurélio Veiga. O Mercosul, os Agrotóxicos e o Princípio da Precaução. *Revista de Direito Ambiental* nº 28, Revista dos Tribunais.

——.Considerações jurídicas sobre a liberação de organismos geneticamente modificados no ambiente. *Judice – Revista Jurídica de Mato Grosso*, nº 05, janeiro/abril 2000.

RIVERO, Jean. *Direito Administrativo*. Coimbra: Almedina, 1981.

RODRIGUES, Marcelo Abelha. [et al]. *Manual de Direito Ambiental e Legislação Aplicável*. 2. ed. São Paulo: Max Limonad, 1999.

——. *Direito Processual Ambiental Brasileiro*. Belo Horizonte: Del Rey, 1996.

ROCHA, Júlio Cesar de Sá. Direito Ambiental, Meio Ambiente do Trabalho Rural e Agrotóxicos, *Revista de Direito Ambiental* n° 10, Revista dos Tribunais.

SARTI, Amir Finocchiaro. Ação Civil Pública – Questões processuais, *Revista do TRF da 4ª Região*, Porto Alegre, a. 11, nº 38, 2000.

SILVA, José Afonso da. *Direito Ambiental Constitucional*. 2. ed. São Paulo: Malheiros, 1995.

STEIGLEDER, Annelise Monteiro. Considerações sobre o nexo de causalidade na responsabilidade civil por dano ao ambiente, *Direito, Água e Vida*, vol. 2, org. Antônio Herman Benjamin, São Paulo: Imprensa Oficial.

VAZ, Paulo Afonso Brum e MENDES, Murilo. Meio Ambiente e Mineração, a*pud Direito Ambiental em Evolução*, Curitiba: Juruá, 1998.

——. Agrotóxicos e meio ambiente. *Revista da ESMESC*, ano 07, vol. 11, 2001.

VENTURI, Elton. *Execução da Tutela Coletiva*. São Paulo: Malheiros, 2000.

VOLKMER DE CASTILHO, Manoel Lauro. Interpretação Judiciária da Norma Ambiental, *Revista da ESMESC*, vol. 6, Florianópolis/SC.

ZANCANER, Weida. *Da responsabilidade Extracontratual da Administração Pública*. São Paulo: Revista dos Tribunais, 1981.

Anexos

Lei nº 7.802, de 11 de julho de 1989 (DOU 12.07.1989)

Dispõe sobre a pesquisa, a experimentação, a produção, a embalagem e rotulagem, o transporte, o armazenamento, a comercialização, a propaganda comercial, a utilização, a importação, a exportação, o destino final dos resíduos e embalagens, o registro, a classificação, o controle, a inspeção e a fiscalização de agrotóxicos, seus componentes e afins, e dá outras providências.

Art. 1º. A pesquisa, a experimentação, a produção, a embalagem e rotulagem, o transporte, o armazenamento, a comercialização, a propaganda comercial, a utilização, a importação, a exportação, o destino final dos resíduos e embalagens, o registro, a classificação, o controle, a inspeção e a fiscalização de agrotóxicos, seus componentes e afins, serão regidos por esta Lei.

Art. 2º. Para os efeitos desta Lei, consideram-se:
I – agrotóxicos e afins:
a) os produtos e os agentes de processos físicos, químicos ou biológicos, destinados ao uso nos setores de produção, no armazenamento e beneficiamento de produtos agrícolas, nas pastagens, na proteção de florestas, nativas ou implantadas, e de outros ecossistemas e também de ambientes urbanos, hídricos e industriais, cuja finalidade seja alterar a composição da flora ou da fauna, a fim de preservá-las da ação danosa de seres vivos considerados nocivos;
b) substâncias e produtos, empregados como desfolhantes, dessecantes, estimuladores e inibidores de crescimento;
II – componentes: os princípios ativos, os produtos técnicos, suas matérias-primas, os ingredientes inertes e aditivos usados na fabricação de agrotóxicos e afins.

Art. 3º. Os agrotóxicos, seus componentes e afins, de acordo com definição do artigo 2º desta Lei, só poderão ser produzidos, exportados, importados, comercializados e utilizados, se previamente registrados em órgão federal, de acordo com as diretrizes e exigências dos órgãos federais responsáveis pelos setores da saúde, do meio ambiente e da agricultura.

§ 1º. Fica criado o registro especial temporário para agrotóxicos, seus componentes e afins, quando se destinarem à pesquisa e à experimentação.

§ 2º. Os registrantes e titulares de registro fornecerão, obrigatoriamente, à União, as inovações concernentes aos dados fornecidos para o registro de seus produtos.

§ 3º. Entidades públicas e privadas de ensino, assistência técnica e pesquisa poderão realizar experimentação e pesquisas, e poderão fornecer laudos no campo da agronomia, toxicologia, resíduos, química e meio ambiente.

§ 4º. Quando organizações internacionais responsáveis pela saúde, alimentação ou meio ambiente, das quais o Brasil seja membro integrante ou signatário de acordos e convênios, alertarem para riscos ou desaconselharem o uso de agrotóxicos, seus componentes e afins, caberá à autoridade competente tomar imediatas providências, sob pena de responsabilidade.

§ 5º. O registro para novo produto agrotóxico, seus componentes e afins, será concedido se a sua ação tóxica sobre o ser humano e o meio ambiente for comprovadamente igual ou menor do que a daqueles já registrados, para o mesmo fim, segundo os parâmetros fixados na regulamentação desta Lei.

§ 6º. Fica proibido o registro de agrotóxicos, seus componentes e afins:

a) para os quais o Brasil não disponha de métodos para desativação de seus componentes, de modo a impedir que os seus resíduos remanescentes provoquem riscos ao meio ambiente e à saúde pública;

b) para os quais não haja antídoto ou tratamento eficaz no Brasil;

c) que revelem características teratogênicas, carcinogênicas ou mutagênicas, de acordo com os resultados atualizados de experiências da comunidade científica;

d) que provoquem distúrbios hormonais, danos ao aparelho reprodutor, de acordo com procedimentos e experiências atualizadas na comunidade científica;

e) que se revelem mais perigosos para o homem do que os testes de laboratório, com animais, tenham podido demonstrar, segundo critérios técnicos e científicos atualizados;

f) cujas características causem danos ao meio ambiente.

Art. 4º. As pessoas físicas e jurídicas que sejam prestadoras de serviços na aplicação de agrotóxicos, seus componentes e afins, ou que os produzam, importem, exportem ou comercializem, ficam obrigadas a promover os seus registros nos órgãos competentes, do Estado ou do Município, atendidas as diretrizes e exigências dos órgãos federais responsáveis que atuam nas áreas da saúde, do meio ambiente e da agricultura.

Parágrafo único. São prestadoras de serviços as pessoas físicas e jurídicas que executam trabalhos de prevenção, destruição e controle de seres vivos, considerados nocivos, aplicando agrotóxicos, seus componentes e afins.

Art. 5º. Possuem legitimidade para requerer o cancelamento ou a impugnação, em nome próprio, do registro de agrotóxicos e afins, argüindo prejuízos ao meio ambiente, à saúde humana e dos animais:

I – entidades de classe, representativas de profissões ligadas ao setor;

II – partidos políticos, com representação no Congresso Nacional;

III – entidades legalmente constituídas para a defesa dos interesses difusos relacionados à proteção do consumidor, do meio ambiente e dos recursos naturais.

§ 1º. Para efeito de registro e pedido de cancelamento ou impugnação de agrotóxicos e afins, todas as informações toxicológicas de contaminação ambiental e comportamento genético, bem como os efeitos no mecanismo hormonal, são de responsabilidade do estabelecimento registrante ou da entidade impugnante e devem proceder de laboratórios nacionais ou internacionais.

§ 2º. A regulamentação desta Lei estabelecerá condições para o processo de impugnação ou cancelamento do registro, determinando que o prazo de tramitação não exceda 90 (noventa) dias e que os resultados apurados sejam publicados.

§ 3º. Protocolado o pedido de registro, será publicado no Diário Oficial da União um resumo do mesmo.

Art. 6º. As embalagens dos agrotóxicos e afins deverão atender, entre outros, aos seguintes requisitos:

I – devem ser projetadas e fabricadas de forma a impedir qualquer vazamento, evaporação, perda ou alteração de seu conteúdo e de modo a facilitar as operações de lavagem, classificação, reutilização e reciclagem; (Redação dada ao inciso pela Lei nº 9.974, de 06.06.2000, DOU 07.06.2000, com vigência a partir de 45 dias)

Nota: Assim dispunha o inciso alterado:

"I – devem ser projetadas e fabricadas de forma a impedir qualquer vazamento, evaporação, perda ou alteração de seu conteúdo;"

II – os materiais de que forem feitas devem ser insuscetíveis de ser atacados pelo conteúdo ou de formar com ele combinações nocivas ou perigosas;

III – devem ser suficientemente resistentes em todas as suas partes, de forma a não sofrer enfraquecimento e a responder adequadamente às exigências de sua normal conservação;

IV – devem ser providas de um lacre que seja irremediavelmente destruído ao ser aberto pela primeira vez.

§ 1º. O fracionamento e a reembalagem de agrotóxicos e afins com o objetivo de comercialização somente poderão ser realizados pela empresa produtora, ou por estabelecimento devidamente credenciado, sob responsabilidade daquela, em locais e condições previamente autorizados pelos órgãos competentes. (Parágrafo acrescentado pela Lei nº 9.974, de 06.06.2000, DOU 07.06.2000, com vigência a partir de 45 dias)

Nota: Assim dispunha a redação anterior:

"Parágrafo único. Fica proibido o fracionamento ou a reembalagem de agrotóxicos e afins para fins de comercialização, salvo quando realizados nos estabelecimentos produtores dos mesmos."

§ 2º. Os usuários de agrotóxicos, seus componentes e afins deverão efetuar a devolução das embalagens vazias dos produtos aos estabelecimentos comerciais em que foram adquiridos, de acordo com as instruções previstas nas respectivas bulas, no prazo de até um ano, contado da data de compra, ou prazo superior, se autorizado pelo órgão registrante, podendo a devolução ser intermediada por postos ou centros de recolhimento, desde que autorizados e fiscalizados pelo órgão competente. (Parágrafo acrescentado pela Lei nº 9.974, de 06.06.2000, DOU 07.06.2000, com vigência a partir de 45 dias)

§ 3º. Quando o produto não for fabricado no País, assumirá a responsabilidade de que trata o § 2º a pessoa física ou jurídica responsável pela importação e, tratando-se de produto importado submetido a processamento industrial ou a novo acondicionamento, caberá ao órgão registrante defini-la. (Parágrafo acrescentado pela Lei nº 9.974, de 06.06.2000, DOU 07.06.2000, com vigência a partir de 45 dias)

§ 4º. As embalagens rígidas que contiverem formulações miscíveis ou dispersíveis em água deverão ser submetidas pelo usuário à operação de tríplice lavagem, ou tecnologia equivalente, conforme normas técnicas oriundas dos órgãos competentes e orientação constante de seus rótulos e bulas. (Parágrafo acrescentado pela Lei nº 9.974, de 06.06.2000, DOU 07.06.2000, com vigência a partir de 45 dias)

§ 5º. As empresas produtoras e comercializadoras de agrotóxicos, seus componentes e afins, são responsáveis pela destinação das embalagens vazias dos produtos por elas fabricados e comercializados, após a devolução pelos usuários, e pela dos produtos apreendidos pela ação fiscalizatória e dos impróprios para utilização ou em desuso, com vistas à sua reutilização, reciclagem ou inutilização, obedecidas as normas e instruções dos órgãos registrantes e sanitário-ambientais competentes. (Parágrafo acrescentado pela Lei nº 9.974, de 06.06.2000, DOU 07.06.2000, com vigência a partir de 45 dias)

§ 6º. As empresas produtoras de equipamentos para pulverização deverão, no prazo de cento e oitenta dias da publicação desta Lei, inserir nos novos equipamentos adaptações destinadas a facilitar as operações de tríplice lavagem ou tecnologia equivalente. (Parágrafo acrescentado pela Lei nº 9.974, de 06.06.2000, DOU 07.06.2000, com vigência a partir de 45 dias)

Art. 7º. Para serem vendidos ou expostos à venda em todo o território nacional, os agrotóxicos e afins são obrigados a exibir rótulos próprios e bulas, redigidos em português, que contenham, entre outros, os seguintes dados: (Redação dada ao caput pela Lei nº 9.974, de 06.06.2000, DOU 07.06.2000, com vigência a partir de 45 dias)

Nota: Assim dispunha o *caput* alterado:

"Art. 7º. Para serem vendidos ou expostos à venda em todo Território Nacional, os agrotóxicos e afins ficam obrigados a exibir rótulos próprios, redigidos em português, que contenham, entre outros, os seguintes dados:"

I – indicações para a identificação do produto, compreendendo:
a) o nome do produto;
b) o nome e a percentagem de cada princípio ativo e a percentagem total dos ingredientes inertes que contém;
c) a quantidade de agrotóxicos, componentes ou afins, que a embalagem contém, expressa em unidades de peso ou volume, conforme o caso;
d) o nome e o endereço do fabricante e do importador;
e) os números de registro do produto e do estabelecimento fabricante ou importador;
f) o número do lote ou da partida;
g) um resumo dos principais usos do produto;
h) a classificação toxicológica do produto;

II – instruções para utilização, que compreendam:
a) a data de fabricação e de vencimento;
b) o intervalo de segurança, assim entendido o tempo que deverá transcorrer entre a aplicação e a colheita, uso ou consumo, a semeadura ou plantação, e a semeadura ou plantação do cultivo seguinte, conforme o caso;
c) informações sobre o modo de utilização, incluídas, entre outras: a indicação de onde ou sobre o que deve ser aplicado; o nome comum da praga ou enfermidade que se pode com ele combater ou os efeitos que se pode obter; a época em que a aplicação deve ser feita; o número de aplicações e o espaçamento entre elas, se for o caso; as doses e o limites de sua utilização;
d) informações sobre os equipamentos a serem usados e a descrição dos processos de tríplice lavagem ou tecnologia equivalente, procedimentos para a devolução, destinação, transporte, reciclagem, reutilização e inutilização das embalagens vazias e efeitos sobre o meio ambiente decorrentes da destinação inadequada dos recipientes; (Redação dada à alínea pela Lei nº 9.974, de 06.06.2000, DOU 07.06.2000, com vigência a partir de 45 dias)

Nota: Assim dispunha a alínea alterada:

"d) informações sobre os equipamentos a serem utilizados e sobre o destino final das embalagens;"

III – informações relativas aos perigos potenciais, compreendidos:
a) os possíveis efeitos prejudiciais sobre a saúde do homem, dos animais e sobre o meio ambiente;
b) precauções para evitar danos a pessoas que os aplicam ou manipulam e a terceiros, aos animais domésticos, fauna, flora e meio ambiente;

c) símbolos de perigo e frases de advertência padronizados, de acordo com a classificação toxicológica do produto;

d) instruções para o caso de acidente, incluindo sintomas de alarme, primeiros socorros, antídotos e recomendações para os médicos;

IV – recomendação para que o usuário leia o rótulo antes de utilizar o produto.

§ 1º. Os textos e símbolos impressos nos rótulos serão claramente visíveis e facilmente legíveis em condições normais e por pessoas comuns.

§ 2º. Fica facultada a inscrição, nos rótulos, de dados não estabelecidos como obrigatórios, desde que:

I – não dificultem a visibilidade e a compreensão dos dados obrigatórios;

II – não contenham:

a) afirmações ou imagens que possam induzir o usuário a erro quanto à natureza, composição, segurança e eficácia do produto, e sua adequação ao uso;

b) comparações falsas ou equívocas com outros produtos;

c) indicações que contradigam as informações obrigatórias;

d) declarações de propriedade relativas à inocuidade, tais como seguro, não venenoso, não tóxico; com ou sem uma frase complementar, como: quando utilizado segundo as instruções;

e) afirmações de que o produto é recomendado por qualquer órgão do Governo.

§ 3º Quando, mediante aprovação do órgão competente, for juntado folheto complementar que amplie os dados do rótulo, ou que contenha dados que obrigatoriamente deste devessem constar, mas que nele não couberam, pelas dimensões reduzidas da embalagem, observar-se-á o seguinte:

I – deve-se incluir no rótulo frase que recomende a leitura do folheto anexo, antes da utilização do produto;

II – em qualquer hipótese, os símbolos de perigo, o nome do produto, as precauções e instruções de primeiros socorros, bem como o nome e o endereço do fabricante ou importador devem constar tanto do rótulo como do folheto.

Art. 8º. A propaganda comercial de agrotóxicos, componentes e afins, em qualquer meio de comunicação, conterá, obrigatoriamente, clara advertência sobre os riscos do produto à saúde dos homens, animais e ao meio ambiente, e observará o seguinte:

I – estimulará os compradores e usuários a ler atentamente o rótulo e, se for o caso, o folheto, ou a pedir que alguém os leia para eles, se não souberem ler;

II – não conterá nenhuma representação visual de práticas potencialmente perigosas, tais como a manipulação ou aplicação sem equipamento protetor, o uso em proximidade de alimentos ou em presença de crianças;

III – obedecerá ao disposto no inciso II do § 2º do artigo 7º desta Lei.

Art. 9º. No exercício de sua competência, a União adotará as seguintes providências;

I – legislar sobre a produção, registro, comércio interestadual, exportação, importação, transporte, classificação e controle tecnológico e toxicológico;

II – controlar e fiscalizar os estabelecimentos de produção, importação e exportação;

III – analisar os produtos agrotóxicos, seus componentes e afins, nacionais e importados;

IV – controlar e fiscalizar a produção, a exportação e a importação.

Art. 10. Compete aos Estados e ao Distrito Federal, nos termos dos artigos 23 e 24 da Constituição Federal, legislar sobre o uso, a produção, o consumo, o comércio e o armazenamento dos agrotóxicos, seus componentes e afins, bem como fiscalizar o uso, o consumo, o comércio, o armazenamento e o transporte interno.

Art. 11. Cabe ao Município legislar supletivamente sobre o uso e o armazenamento dos agrotóxicos, seus componentes e afins.

Art. 12. A União, através dos órgãos competentes, prestará o apoio necessário às ações de controle e fiscalização, à Unidade da Federação que não dispuser dos meios necessários.

Art. 12-A. Compete ao Poder Público a fiscalização:

I – da devolução e destinação adequada de embalagens vazias de agrotóxicos, seus componentes e afins, de produtos apreendidos pela ação fiscalizadora e daqueles impróprios para utilização ou em desuso;

II – do armazenamento, transporte, reciclagem, reutilização e inutilização de embalagens vazias e produtos referidos no inciso I. (Parágrafo acrescentado pela Lei nº 9.974, de 06.06.2000, DOU 07.06.2000, com vigência a partir de 45 dias)

Art. 13. A venda de agrotóxicos e afins aos usuários será feita através de receituário próprio, prescrito por profissionais legalmente habilitados, salvo casos excepcionais que forem previstos na regulamentação desta Lei.

Art. 14. As responsabilidades administrativa, civil e penal pelos danos causados à saúde das pessoas e ao meio ambiente, quando a produção, comercialização, utilização, transporte e destinação de embalagens vazias de agrotóxicos, seus componentes e afins, não cumprirem o disposto na legislação pertinente, cabem: (Redação dada ao caput pela Lei nº 9.974, de 06.06.2000, DOU 07.06.2000, com vigência a partir de 45 dias)

Nota: Assim dispunha o *caput* alterado:

"Art. 14. As responsabilidades administrativas, civil e penal, pelos danos causados à saúde das pessoas e ao meio ambiente, quando a produção, a comercialização, a utilização e o transporte não cumprirem o disposto nesta Lei, na sua regulamentação e nas legislações estaduais e municipais, cabem:"

a) ao profissional, quando comprovada receita errada, displicente ou indevida;

b) ao usuário ou ao prestador de serviços, quando proceder em desacordo com o receituário ou as recomendações do fabricante e órgãos registrantes e sanitário-ambientais; (Redação dada à alínea pela Lei nº 9.974, de 06.06.2000, DOU 07.06.2000, com vigência a partir de 45 dias)

Nota: Assim dispunha a alínea alterada:

"b) ao usuário ou a prestador de serviços, quando em desacordo com o receituário;"

c) ao comerciante, quando efetuar venda sem o respectivo receituário ou em desacordo com a receita ou recomendações do fabricante e órgãos registrantes e sanitário-ambientais; (Redação dada à alínea pela Lei nº 9.974, de 06.06.2000, DOU 07.06.2000, com vigência a partir de 45 dias)

Nota: Assim dispunha a alínea alterada:

"c) ao comerciante, quando efetuar venda sem o respectivo receituário ou em desacordo com a receita;"

d) ao registrante que, por dolo ou por culpa, omitir informações ou fornecer informações incorretas;

e) ao produtor, quando produzir mercadorias em desacordo com as especificações constantes do registro do produto, do rótulo, da bula, do folheto e da propaganda, ou não der destinação às embalagens vazias em conformidade com a legislação pertinente; (Redação dada à alínea pela Lei nº 9.974, de 06.06.2000, DOU 07.06.2000, com vigência a partir de 45 dias)

Nota: Assim dispunha a alínea alterada:

"e) ao produtor que produzir mercadorias em desacordo com as especificações constantes do registro do produto, do rótulo, da bula, do folheto e da propaganda;"

f) ao empregador, quando não fornecer e não fizer manutenção dos equipamentos adequados à proteção da saúde dos trabalhadores ou dos equipamentos na produção, distribuição e aplicação dos produtos.

Art. 15. Aquele que produzir, comercializar, transportar, aplicar, prestar serviço, der destinação a resíduos e embalagens vazias de agrotóxicos, seus componentes e afins, em descumprimento às exigências estabelecidas na legislação pertinente estará sujeito à pena de reclusão, de dois a quatro anos, além de multa. (Redação dada ao artigo pela Lei nº 9.974, de 06.06.2000, DOU 07.06.2000, com vigência a partir de 45 dias)

Nota: Assim dispunha o artigo alterado:

"Art. 15. Aquele que produzir, comercializar, transportar, aplicar ou prestar serviço na aplicação de agrotóxicos, seus componentes e afins, descumprindo as exigências estabelecidas nas leis e nos seus regulamentos, ficará sujeito à pena de reclusão de 2 (dois) a 4 (quatro) anos, além da multa de 100 (cem) a 1.000 (mil) MVR. Em caso de culpa, será punido com pena de reclusão de 1 (um) a 3 (três) anos, além da multa de 50 (cinqüenta) a 500 (quinhentos) MVR."

Art. 16. O empregador, profissional responsável ou o prestador de serviço, que deixar de promover as medidas necessárias de proteção à saúde e ao meio ambiente, estará sujeito à pena de reclusão de 2 (dois) a 4 (quatro) anos, além de multa de 100 (cem) a 1.000 (mil) MVR. Em caso de culpa, será punido com pena de reclusão de 1 (um) a 3 (três) anos, além de multa de 50 (cinqüenta) a 500 (quinhentos) MVR.

Art. 17. Sem prejuízo das responsabilidades civil e penal cabíveis, a infração de disposições desta Lei acarretará, isolada ou cumulativamente, nos termos previstos em regulamento, independente das medidas cautelares de embargo de estabelecimento e apreensão do produto ou alimentos contaminados, a aplicação das seguintes sanções:

I – advertência;

II – multa de até 1.000 (mil) vezes o Maior Valor-de-Referência – MVR, aplicável em dobro em caso de reincidência;

III – condenação de produto;

IV – inutilização de produto;

V – suspensão de autorização, registro ou licença;

VI – cancelamento de autorização, registro ou licença;

VII – interdição temporária ou definitiva de estabelecimento;

VIII – destruição de vegetais, partes de vegetais e alimentos, com resíduos acima do permitido;

IX – destruição de vegetais, partes de vegetais e alimentos, nos quais tenha havido aplicação de agrotóxicos de uso não autorizado, a critério do órgão competente.

Parágrafo único. A autoridade fiscalizadora fará a divulgação das sanções impostas aos infratores desta Lei.

Art. 18. Após a conclusão do processo administrativo, os agrotóxicos e afins apreendidos como resultado da ação fiscalizadora, serão inutilizados ou poderão ter outro destino, a critério da autoridade competente.

Parágrafo único. Os custos referentes a quaisquer dos procedimentos mencionados neste artigo correrão por conta do infrator.

Art. 19. O Poder Executivo desenvolverá ações de instrução, divulgação e esclarecimento, que estimulem o uso seguro e eficaz dos agrotóxicos, seus componentes e afins, com o objetivo de reduzir os efeitos prejudiciais para os seres humanos e o meio ambiente e de prevenir acidentes decorrentes de sua utilização imprópria.

Parágrafo único. As empresas produtoras e comercializadoras de agrotóxicos, seus componentes e afins, implementarão, em colaboração com o Poder Público, programas educativos e mecanismos de controle e estímulo à devolução das embalagens vazias por parte dos usuários, no prazo de cento e oitenta dias contado da publicação desta Lei. (Parágrafo acrescentado pela Lei nº 9.974, de 06.06.2000, DOU 07.06.2000, com vigência a partir de 45 dias)

Art. 20. As empresas e os prestadores de serviços que já exercem atividades no ramo de agrotóxicos, seus componentes e afins, têm o prazo de até 6 (seis) meses, a partir da regulamentação desta Lei, para se adaptarem às suas exigências.

Parágrafo único. Aos titulares do registro de produtos agrotóxicos que têm como componentes os organoclorados será exigida imediata reavaliação de seu registro, nos termos desta Lei.

Art. 21. O Poder Executivo regulamentará esta Lei no prazo de 90 (noventa) dias, contado da data de sua publicação.

Art. 22. Esta Lei entra em vigor na data de sua publicação.

Art. 23. Revogam-se as disposições em contrário.

Decreto nº 4.074, de 4 de janeiro de 2002

Regulamenta a Lei nº 7.802, de 11 de julho de 1989, que dispõe sobre a pesquisa, a experimentação, a produção, a embalagem e rotulagem, o transporte, o armazenamento, a comercialização, a propaganda comercial, a utilização, a importação, a exportação, o destino final dos resíduos e embalagens, o registro, a classificação, o controle, a inspeção e a fiscalização de agrotóxicos, seus componentes e afins, e dá outras providências.

Capítulo I
Das Disposições Preliminares

Art. 1º. Para os efeitos deste Decreto, entende-se por:

I – aditivo – substância ou produto adicionado a agrotóxicos, componentes e afins, para melhorar sua ação, função, durabilidade, estabilidade e detecção ou para facilitar o processo de produção;

II – adjuvante – produto utilizado em mistura com produtos formulados para melhorar a sua aplicação;

III – agente biológico de controle – o organismo vivo, de ocorrência natural ou obtido por manipulação genética, introduzido no ambiente para o controle de uma população ou de atividades biológicas de outro organismo vivo considerado nocivo;

IV – agrotóxicos e afins – produtos e agentes de processos físicos, químicos ou biológicos, destinados ao uso nos setores de produção, no armazenamento e beneficiamento de produtos agrícolas, nas pastagens, na proteção de florestas, nativas ou plantadas, e de outros ecossistemas e de ambientes urbanos, hídricos e industriais, cuja finalidade seja alterar a composição da flora ou da fauna, a fim de preservá-las da ação danosa de seres vivos considerados nocivos, bem como as substâncias e produtos empregados como desfolhantes, dessecantes, estimuladores e inibidores de crescimento;

V – centro ou central de recolhimento – estabelecimento mantido ou credenciado por um ou mais fabricantes e registrantes, ou conjuntamente com comerciantes, destinado ao recebimento e armazenamento provisório de embalagens vazias de agrotóxicos e afins dos estabelecimentos comerciais, dos postos de recebimento ou diretamente dos usuários;

VI – comercialização – operação de compra, venda ou permuta dos agrotóxicos, seus componentes e afins;

VII – componentes – princípios ativos, produtos técnicos, suas matérias-primas, ingredientes inertes e aditivos usados na fabricação de agrotóxicos e afins;

VIII – controle – verificação do cumprimento dos dispositivos legais e requisitos técnicos relativos a agrotóxicos, seus componentes e afins;

IX – embalagem – invólucro, recipiente ou qualquer forma de acondicionamento, removível ou não, destinado a conter, cobrir, empacotar, envasar, proteger ou manter os agrotóxicos, seus componentes e afins;

X – Equipamento de Proteção Individual (EPI) – todo vestuário, material ou equipamento destinado a proteger pessoa envolvida na produção, manipulação e uso de agrotóxicos, seus componentes e afins;
XI – exportação – ato de saída de agrotóxicos, seus componentes e afins, do País para o exterior;
XII – fabricante – pessoa física ou jurídica habilitada a produzir componentes;
XIII – fiscalização – ação direta dos órgãos competentes, com poder de polícia, na verificação do cumprimento da legislação específica;
XIV – formulador – pessoa física ou jurídica habilitada a produzir agrotóxicos e afins;
XV – importação – ato de entrada de agrotóxicos, seus componentes e afins, no País;
XVI – impureza – substância diferente do ingrediente ativo derivada do seu processo de produção;
XVII – ingrediente ativo ou princípio ativo – agente químico, físico ou biológico que confere eficácia aos agrotóxicos e afins;
XVIII – ingrediente inerte ou outro ingrediente – substância ou produto não ativo em relação à eficácia dos agrotóxicos e afins, usado apenas como veículo, diluente ou para conferir características próprias às formulações;
XIX – inspeção – acompanhamento, por técnicos especializados, das fases de produção, transporte, armazenamento, manipulação, comercialização, utilização, importação, exportação e destino final dos agrotóxicos, seus componentes e afins, bem como de seus resíduos e embalagens;
XX – intervalo de reentrada – intervalo de tempo entre a aplicação de agrotóxicos ou afins e a entrada de pessoas na área tratada sem a necessidade de uso de EPI;
XXI – intervalo de segurança ou período de carência, na aplicação de agrotóxicos ou afins:
a) antes da colheita: intervalo de tempo entre a última aplicação e a colheita;
b) pós-colheita: intervalo de tempo entre a última aplicação e a comercialização do produto tratado;
c) em pastagens: intervalo de tempo entre a última aplicação e o consumo do pasto;
d) em ambientes hídricos: intervalo de tempo entre a última aplicação e o reinício das atividades de irrigação, dessedentação de animais, balneabilidade, consumo de alimentos provenientes do local e captação para abastecimento público; e
e) em relação a culturas subseqüentes: intervalo de tempo transcorrido entre a última aplicação e o plantio consecutivo de outra cultura.
XXII – Limite Máximo de Resíduo (LMR) – quantidade máxima de resíduo de agrotóxico ou afim oficialmente aceita no alimento, em decorrência da aplicação adequada numa fase específica, desde sua produção até o consumo, expressa em partes (em peso) do agrotóxico, afim ou seus resíduos por milhão de partes de alimento (em peso) (ppm ou mg/kg);
XXIII – manipulador – pessoa física ou jurídica habilitada e autorizada a fracionar e reembalar agrotóxicos e afins, com o objetivo específico de comercialização;
XXIV – matéria-prima – substância, produto ou organismo utilizado na obtenção de um ingrediente ativo, ou de um produto que o contenha, por processo químico, físico ou biológico;
XXV – mistura em tanque – associação de agrotóxicos e afins no tanque do equipamento aplicador, imediatamente antes da aplicação;
XXVI – novo produto – produto técnico, pré-mistura ou produto formulado contendo ingrediente ativo ainda não registrado no Brasil;

XXVII – país de origem – país em que o agrotóxico, componente ou afim é produzido;
XXVIII – país de procedência – país exportador do agrotóxico, componente ou afim para o Brasil;
XXIX – pesquisa e experimentação – procedimentos técnico-científicos efetuados visando gerar informações e conhecimentos a respeito da aplicabilidade de agrotóxicos, seus componentes e afins, da sua eficiência e dos seus efeitos sobre a saúde humana e o meio ambiente;
XXX – posto de recebimento – estabelecimento mantido ou credenciado por um ou mais estabelecimentos comerciais ou conjuntamente com os fabricantes, destinado a receber e armazenar provisoriamente embalagens vazias de agrotóxicos e afins devolvidas pelos usuários;
XXXI – pré-mistura – produto obtido a partir de produto técnico, por intermédio de processos químicos, físicos ou biológicos, destinado exclusivamente à preparação de produtos formulados;
XXXII – prestador de serviço – pessoa física ou jurídica habilitada a executar trabalho de aplicação de agrotóxicos e afins;
XXXIII – produção – processo de natureza química, física ou biológica para obtenção de agrotóxicos, seus componentes e afins;
XXXIV – produto de degradação – substância ou produto resultante de processos de degradação, de um agrotóxico, componente ou afim;
XXXV – produto formulado – agrotóxico ou afim obtido a partir de produto técnico ou de, pré-mistura, por intermédio de processo físico, ou diretamente de matérias-primas por meio de processos físicos, químicos ou biológicos;
XXXVI – produto formulado equivalente – produto que, se comparado com outro produto formulado já registrado, possui a mesma indicação de uso, produtos técnicos equivalentes entre si, a mesma composição qualitativa e cuja variação quantitativa de seus componentes não o leve a expressar diferença no perfil toxicológico e ecotoxicológico frente ao do produto em referência;
XXXVII – produto técnico – produto obtido diretamente de matérias-primas por processo químico, físico ou biológico, destinado à obtenção de produtos formulados ou de pré-misturas e cuja composição contenha teor definido de ingrediente ativo e impurezas, podendo conter estabilizantes e produtos relacionados, tais como isômeros;
XXXVIII – produto técnico equivalente – produto que tem o mesmo ingrediente ativo de outro produto técnico já registrado, cujo teor, bem como o conteúdo de impurezas presentes, não variem a ponto de alterar seu perfil toxicológico e ecotoxicológico;
XXXIX – receita ou receituário: prescrição e orientação técnica para utilização de agrotóxico ou afim, por profissional legalmente habilitado;
XL – registrante de produto – pessoa física ou jurídica legalmente habilitada que solicita o registro de um agrotóxico, componente ou afim;
XLI – registro de empresa e de prestador de serviços – ato dos órgãos competentes estaduais, municipais e do Distrito Federal que autoriza o funcionamento de um estabelecimento produtor, formulador, importador, exportador, manipulador ou comercializador, ou a prestação de serviços na aplicação de agrotóxicos e afins;
XLII – registro de produto – ato privativo de órgão federal competente, que atribui o direito de produzir, comercializar, exportar, importar, manipular ou utilizar um agrotóxico, componente ou afim;
XLIII – Registro Especial Temporário – RET – ato privativo de órgão federal competente, destinado a atribuir o direito de utilizar um agrotóxico, componente ou afim para finalidades específicas em pesquisa e experimentação, por tempo determinado, podendo

conferir o direito de importar ou produzir a quantidade necessária à pesquisa e experimentação;

XLIV – resíduo – substância ou mistura de substâncias remanescente ou existente em alimentos ou no meio ambiente decorrente do uso ou da presença de agrotóxicos e afins, inclusive, quaisquer derivados específicos, tais como produtos de conversão e de degradação, metabólitos, produtos de reação e impurezas, consideradas toxicológica e ambientalmente importantes;

XLV – titular de registro – pessoa física ou jurídica que detém os direitos e as obrigações conferidas pelo registro de um agrotóxico, componente ou afim; e

XLVI – Venda aplicada – operação de comercialização vinculada à prestação de serviços de aplicação de agrotóxicos e afins, indicadas em rótulo e bula.

Capítulo II
DAS COMPETÊNCIAS

Art. 2º. Cabe aos Ministérios da Agricultura, Pecuária e Abastecimento, Saúde e do Meio Ambiente, no âmbito de suas respectivas áreas de competências:

I – estabelecer as diretrizes e exigências relativas a dados e informações a serem apresentados pelo requerente para registro e reavaliação de registro dos agrotóxicos, seus componentes e afins;

II – estabelecer diretrizes e exigências objetivando minimizar os riscos apresentados por agrotóxicos, seus componentes e afins;

III – estabelecer o limite máximo de resíduos e o intervalo de segurança dos agrotóxicos e afins;

IV – estabelecer os parâmetros para rótulos e bulas de agrotóxicos e afins;

V – estabelecer metodologias oficiais de amostragem e de análise para determinação de resíduos de agrotóxicos e afins em produtos de origem vegetal, animal, na água e no solo;

VI – promover a reavaliação de registro de agrotóxicos, seus componentes e afins quando surgirem indícios da ocorrência de riscos que desaconselhem o uso de produtos registrados ou quando o País for alertado nesse sentido, por organizações internacionais responsáveis pela saúde, alimentação ou meio ambiente, das quais o Brasil seja membro integrante ou signatário de acordos;

VII – avaliar pedidos de cancelamento ou de impugnação de registro de agrotóxicos, seus componentes e afins;

VIII – autorizar o fracionamento e a reembalagem dos agrotóxicos e afins;

IX – controlar, fiscalizar e inspecionar a produção, a importação e a exportação dos agrotóxicos, seus componentes e afins, bem como os respectivos estabelecimentos;

X – controlar a qualidade dos agrotóxicos, seus componentes e afins frente às características do produto registrado;

XI – desenvolver ações de instrução, divulgação e esclarecimento sobre o uso correto e eficaz dos agrotóxicos e afins;

XII – prestar apoio às Unidades da Federação nas ações de controle e fiscalização dos agrotóxicos, seus componentes e afins;

XIII – indicar e manter representantes no Comitê Técnico de Assessoramento para Agrotóxicos de que trata o art. 95;

XIV – manter o Sistema de Informações sobre Agrotóxicos – SIA, referido no art. 94; e

XV – publicar no Diário Oficial da União o resumo dos pedidos e das concessões de registro.

Art. 3º. Cabe aos Ministérios da Agricultura, Pecuária e Abastecimento e da Saúde, no âmbito de suas respectivas áreas de competência monitorar os resíduos de agrotóxicos e afins em produtos de origem vegetal.

Art. 4º. Cabe aos Ministérios da Agricultura, Pecuária e Abastecimento e do Meio Ambiente registrar os componentes caracterizados como matérias-primas, ingredientes inertes e aditivos, de acordo com diretrizes e exigências dos órgãos federais da agricultura, da saúde e do meio ambiente.

Art. 5º. Cabe ao Ministério da Agricultura, Pecuária e Abastecimento:

I – avaliar a eficiência agronômica dos agrotóxicos e afins para uso nos setores de produção, armazenamento e beneficiamento de produtos agrícolas, nas florestas plantadas e nas pastagens; e

II – conceder o registro, inclusive o RET, de agrotóxicos, produtos técnicos, pré-misturas e afins para uso nos setores de produção, armazenamento e beneficiamento de produtos agrícolas, nas florestas plantadas e nas pastagens, atendidas as diretrizes e exigências dos Ministérios da Saúde e do Meio Ambiente.

Art. 6º. Cabe ao Ministério da Saúde:

I – avaliar e classificar toxicologicamente os agrotóxicos, seus componentes, e afins;

II – avaliar os agrotóxicos e afins destinados ao uso em ambientes urbanos, industriais, domiciliares, públicos ou coletivos, ao tratamento de água e ao uso em campanhas de saúde pública, quanto à eficiência do produto;

III – realizar avaliação toxicológica preliminar dos agrotóxicos, produtos técnicos, pré-misturas e afins, destinados à pesquisa e à experimentação;

IV – estabelecer intervalo de reentrada em ambiente tratado com agrotóxicos e afins;

V – conceder o registro, inclusive o RET, de agrotóxicos, produtos técnicos, pré-misturas e afins destinados ao uso em ambientes urbanos, industriais, domiciliares, públicos ou coletivos, ao tratamento de água e ao uso em campanhas de saúde pública atendidas as diretrizes e exigências dos Ministérios da Agricultura e do Meio Ambiente; e

VI – monitorar os resíduos de agrotóxicos e afins em produtos de origem animal.

Art. 7º. Cabe ao Ministério do Meio Ambiente:

I – avaliar os agrotóxicos e afins destinados ao uso em ambientes hídricos, na proteção de florestas nativas e de outros ecossistemas, quanto à eficiência do produto;

II – realizar a avaliação ambiental dos agrotóxicos, seus componentes e afins, estabelecendo suas classificações quanto ao potencial de periculosidade ambiental;

III – realizar a avaliação ambiental preliminar de agrotóxicos, produto técnico, pré-mistura e afins destinados à pesquisa e à experimentação; e

IV – conceder o registro, inclusive o RET, de agrotóxicos, produtos técnicos e pré-misturas e afins destinados ao uso em ambientes hídricos, na proteção de florestas nativas e de outros ecossistemas, atendidas as diretrizes e exigências dos Ministérios da Agricultura, Pecuária e Abastecimento e da Saúde.

Capítulo III
DOS REGISTROS

Seção I
Do Registro do Produto

Art. 8º. Os agrotóxicos, seus componentes e afins só poderão ser produzidos, manipulados, importados, exportados, comercializados e utilizados no território nacional se

previamente registrados no órgão federal competente, atendidas as diretrizes e exigências dos órgãos federais responsáveis pelos setores de agricultura, saúde e meio ambiente.
Parágrafo único. Os certificados de registro serão expedidos pelos órgãos federais competentes, contendo no mínimo o previsto no Anexo I.
Art. 9º. Os requerentes e titulares de registro fornecerão, obrigatoriamente, aos órgãos federais responsáveis pelos setores de agricultura, saúde e meio ambiente, as inovações concernentes aos dados apresentados para registro e reavaliação de registro dos seus produtos.
Art. 10. Para obter o registro ou a reavaliação de registro de produtos técnicos, pré-misturas, agrotóxicos e afins, o interessado deve apresentar, em prazo não superior a cinco dias úteis, a contar da data da primeira protocolização do pedido, a cada um dos órgãos responsáveis pelos setores de agricultura, saúde e meio ambiente, requerimento em duas vias, conforme Anexo II, acompanhado dos respectivos relatórios e de dados e informações exigidos, por aqueles órgãos, em normas complementares.
§ 1º Ao receber o pedido de registro ou de reavaliação de registro, os órgãos responsáveis atestarão, em uma das vias do requerimento, a data de recebimento do pleito com a indicação do respectivo número de protocolo.
§ 2º O registro de produto equivalente será realizado com observância dos critérios de equivalência da Organização das Nações Unidas para Agricultura e Alimentação – FAO, sem prejuízo do atendimento a normas complementares estabelecidas pelos órgãos responsáveis pelos setores de agricultura, saúde e meio ambiente.
§ 3º O requerente de registro de produto equivalente deverá fornecer os dados e documentos exigidos no Anexo II, itens 1 a 11, 15, 16 e, quando se tratar de produto formulado, 17.
§ 4º Para o registro de produtos formulados importados, será exigido o registro do produto técnico.
Art. 11. O registro, bem como o RET de produtos e agentes de processos biológicos geneticamente modificados que se caracterizem como agrotóxicos e afins, será realizado de acordo com critérios e exigências estabelecidos na legislação específica.
Art. 12. Os produtos de baixa toxicidade e periculosidade terão a tramitação de seus processos priorizada, desde que aprovado pelos órgãos federais competentes o pedido de prioridade, devidamente justificado, feito pelos requerentes do registro.
Parágrafo único. Os órgãos federais competentes definirão em normas complementares os critérios para aplicabilidade do disposto no *caput* deste artigo.
Art. 13. Os agrotóxicos, seus componentes e afins que apresentarem indícios de redução de sua eficiência agronômica, alteração dos riscos à saúde humana ou ao meio ambiente poderão ser reavaliados a qualquer tempo e ter seus registros mantidos, alterados, suspensos ou cancelados.
Art. 14. O órgão registrante do agrotóxico, componente ou afim deverá publicar no Diário Oficial da União, no prazo de até trinta dias da data do protocolo do pedido e da data da concessão ou indeferimento do registro, resumo contendo:
I – do pedido:
a) nome do requerente;
b) marca comercial do produto;
c) nome químico e comum do ingrediente ativo;
d) nome científico, no caso de agente biológico;
e) motivo da solicitação; e
f) indicação de uso pretendido.
II – da concessão ou indeferimento do registro:

a) nome do requerente ou titular;
b) marca comercial do produto;
c) resultado do pedido e se indeferido, o motivo;
d) fabricante(s) e formulador(es);
e) nome químico e comum do ingrediente ativo;
f) nome científico, no caso de agente biológico;
g) indicação de uso aprovada;
h) classificação toxicológica; e
i) classificação do potencial de periculosidade ambiental.

Art. 15. Os órgãos federais competentes deverão realizar a avaliação técnico-científica, para fins de registro ou reavaliação de registro, no prazo de até cento e vinte dias, contados a partir da data do respectivo protocolo.

§ 1º A contagem do prazo será suspensa caso qualquer dos órgãos avaliadores solicite por escrito e fundamentadamente, documentos ou informações adicionais, reiniciando a partir do atendimento da exigência, acrescidos trinta dias.

§ 2º A falta de atendimento a pedidos complementares no prazo de trinta dias implicará o arquivamento do processo e indeferimento do pleito pelo órgão encarregado do registro, salvo se apresentada, formalmente, justificativa técnica considerada procedente pelo órgão solicitante, que poderá conceder prazo adicional, seguido, obrigatoriamente, de comunicação aos demais órgãos para as providências cabíveis.

§ 3º Quando qualquer órgão estabelecer restrição ao pleito do registrante deverá comunicar aos demais órgãos federais envolvidos.

§ 4º O órgão federal encarregado do registro disporá de até trinta dias, contados da disponibilização dos resultados das avaliações dos órgãos federais envolvidos, para conceder ou indeferir a solicitação do requerente.

Art. 16. Para fins de registro, os produtos destinados exclusivamente à exportação ficam dispensados da apresentação dos estudos relativos à eficiência agronômica, à determinação de resíduos em produtos vegetais e outros que poderão ser estabelecidos em normas complementares pelos órgãos responsáveis pelos setores de agricultura, saúde e meio ambiente.

Art. 17. O órgão federal registrante expedirá, no prazo de sessenta dias da entrega do pedido, certificado de registro para exportação de agrotóxicos, seus componentes e afins já registrados com nome comercial diferente daquele com o qual será exportado, mediante a apresentação, pelo interessado, ao órgão registrante, de cópia do certificado de registro e de requerimento contendo as seguintes informações:

I – destino final do produto; e
II – marca comercial no país de destino.

Parágrafo único. Concomitantemente à expedição do certificado, o órgão federal registrante comunicará o fato aos demais órgãos federais envolvidos, responsáveis pelos setores de agricultura, saúde ou meio ambiente, atendendo os acordos e convênios dos quais o Brasil seja signatário.

Art. 18. O registro de agrotóxicos, seus componentes e afins para uso em emergências quarentenárias, fitossanitárias, sanitárias e ambientais será concedido por prazo previamente determinado, de acordo com as diretrizes e exigências dos órgãos responsáveis pelos setores de agricultura, saúde e meio ambiente.

Art. 19. Quando organizações internacionais responsáveis pela saúde, alimentação ou meio ambiente, das quais o Brasil seja membro integrante ou signatário de acordos e convênios, alertarem para riscos ou desaconselharem o uso de agrotóxicos, seus componentes e afins, caberá aos órgãos federais de agricultura, saúde e meio ambiente, avaliar imediatamente os problemas e as informações apresentadas.

Parágrafo único. O órgão federal registrante, ao adotar as medidas necessárias ao atendimento das exigências decorrentes da avaliação, poderá:
I – manter o registro sem alterações;
II – manter o registro, mediante a necessária adequação;
III – propor a mudança da formulação, dose ou método de aplicação;
IV – restringir a comercialização;
V – proibir, suspender ou restringir a produção ou importação;
VI – proibir, suspender ou restringir o uso; e
VII – cancelar ou suspender o registro.

Art. 20. O registro de novo produto agrotóxico, seus componentes e afins somente será concedido se a sua ação tóxica sobre o ser humano e o meio ambiente for, comprovadamente, igual ou menor do que a daqueles já registrados para o mesmo fim.

Parágrafo único. Os critérios de avaliação serão estabelecidos em instruções normativas complementares dos órgãos competentes, considerando prioritariamente os seguintes parâmetros:
I – toxicidade;
II – presença de problemas toxicológicos especiais, tais como: neurotoxicidade, fetotoxicidade, ação hormonal e comportamental e ação reprodutiva;
III – persistência no ambiente;
IV – bioacumulação;
V – forma de apresentação; e
VI – método de aplicação.

Art. 21. O requerente ou titular de registro deve apresentar, quando solicitado, amostra e padrões analíticos considerados necessários pelos órgãos responsáveis pelos setores de agricultura, saúde e meio ambiente.

Art. 22. Será cancelado o registro de agrotóxicos, seus componentes e afins sempre que constatada modificação não autorizada pelos órgãos federais dos setores de agricultura, saúde e meio ambiente em fórmula, dose, condições de fabricação, indicação de aplicação e especificações enunciadas em rótulo e bula, ou outras modificações em desacordo com o registro concedido.

§ 1º As alterações de marca comercial, razão social e as transferências de titularidade de registro poderão ser processadas pelo órgão federal registrante, a pedido do interessado, com imediata comunicação aos demais órgãos envolvidos.

§ 2º As alterações de natureza técnica deverão ser requeridas ao órgão federal registrante, observado o seguinte:
I – serão avaliados pelos órgãos federais dos setores de agricultura, saúde e meio ambiente os pedidos de alteração de componentes, processo produtivo, fabricante e formulador, estabelecimento de doses superiores às registradas, aumento da freqüência de aplicação, inclusão de cultura, alteração de modalidade de emprego, indicação de mistura em tanque e redução de intervalo de segurança; e
II – serão avaliados pelo órgão federal registrante, que dará conhecimento de sua decisão aos demais órgãos federais envolvidos, os pedidos de inclusão e exclusão de alvos biológicos, redução de doses e exclusão de culturas.

§ 3º Os órgãos federais envolvidos terão o prazo de cento e vinte dias, contados a partir da data de recebimento do pedido de alteração, para autorizar ou indeferir o pleito.

§ 4º Toda autorização de alteração de dados de registro passará a ter efeito a partir da data de sua publicação no Diário Oficial da União, realizada pelo órgão federal registrante.

§ 5º Por decorrência de alterações procedidas na forma deste artigo, o titular do registro fica obrigado a proceder às alterações nos rótulos e nas bulas.

§ 6º Restrições de uso decorrentes de determinações estaduais e municipais, independem de manifestação dos órgãos federais envolvidos, devendo a eles ser imediatamente comunicadas, pelo titular do registro do agrotóxico, seus componentes e afins.

Seção II
Do Registro de Produtos Destinados à Pesquisa e à Experimentação

Art. 23. Os produtos técnicos, pré-misturas, agrotóxicos e afins destinados à pesquisa e à experimentação devem possuir RET.

§ 1º Para obter o RET, o requerente deverá apresentar, aos órgãos federais competentes, requerimento e respectivos relatórios, em duas vias, conforme Anexo III, bem como dados e informações exigidos em normas complementares.

§ 2º Entidades públicas e privadas de ensino, assistência técnica e pesquisa, poderão realizar experimentação e pesquisa e fornecer laudos no campo da agronomia e da toxicologia e relacionados com resíduos, química e meio ambiente.

§ 3º As avaliações toxicológica e ambiental preliminares serão fornecidas pelos órgãos competentes no prazo de sessenta dias, contados a partir da data de recebimento da documentação.

§ 4º O órgão federal registrante terá o prazo de quinze dias, contados a partir da data de recebimento do resultado das avaliações realizadas pelos demais órgãos, para conceder ou indeferir o RET.

Art. 24. A pesquisa e a experimentação de produtos técnicos, pré-misturas, agrotóxicos e afins deverão ser mantidas sob controle e responsabilidade do requerente, que responderá por quaisquer danos causados à agricultura, ao meio ambiente e à saúde humana.

§ 1º Os produtos agrícolas e os restos de cultura, provenientes das áreas tratadas com agrotóxicos e afins em pesquisa e experimentação, não poderão ser utilizados para alimentação humana ou animal.

§ 2º Deverá ser dada destinação e tratamento adequado às embalagens, aos restos de produtos técnicos, pré-misturas, agrotóxicos e afins, aos produtos agrícolas e aos restos de culturas, de forma a garantir menor emissão de resíduos sólidos, líquidos ou gasosos no meio ambiente.

§ 3º O desenvolvimento das atividades de pesquisa e experimentação deverá estar de acordo com as normas de proteção individual e coletiva, conforme legislação vigente.

Art. 25. Produtos sem especificações de ingrediente ativo somente poderão ser utilizados em pesquisa e experimentação em laboratórios, casas de vegetação, estufas ou estações experimentais credenciadas.

Art. 26. Os produtos destinados à pesquisa e experimentação no Brasil serão considerados de Classe Toxicológica e Ambiental mais restritiva, no que se refere aos cuidados de manipulação e aplicação.

Art. 27. O órgão federal competente pela concessão do RET, para experimentação de agrotóxico ou afim, em campo, deverá publicar resumos do pedido e da concessão ou indeferimento no Diário Oficial da União, no prazo de trinta dias.

Art. 28. O requerente deverá apresentar relatório de execução da pesquisa, quando solicitado, de acordo com instruções complementares estabelecidas pelos órgãos federais dos setores de agricultura, saúde e meio ambiente.

Seção III
Do Registro de Componentes

Art. 29. Os componentes caracterizados como matérias-primas, ingredientes inertes e aditivos só poderão ser empregados em processos de fabricação de produtos técnicos agrotóxicos e afins se registrados e inscritos no Sistema de Informações de Componentes – SIC e atendidas as diretrizes e exigências estabelecidas pelos órgãos federais responsáveis pelos setores da agricultura, saúde e meio ambiente.

§ 1º O SIC será instituído sob a forma de banco de dados.

§ 2º Para fins de registro dos componentes e inscrição no SIC, a empresa produtora, importadora ou usuária deverá encaminhar requerimento, em duas vias, em prazo não superior a cinco dias, a cada um dos órgãos responsáveis pelos setores de agricultura, saúde e meio ambiente, conforme Anexo IV.

§ 3º A empresa poderá solicitar, em requerimento único, o registro das matérias-primas, ingredientes inertes e aditivos sobre os quais tenha interesse.

§ 4º As matérias-primas, ingredientes inertes e aditivos já inscritos no SIC não dispensam exigência de registro por parte de outras empresas produtoras, importadoras ou usuárias.

§ 5º A requerente deverá apresentar justificativa quando não dispuser de informação solicitada no Anexo IV.

§ 6º Os pedidos de registro de produtos técnicos, pré-misturas, agrotóxicos e afins deverão ser acompanhados dos pedidos de registro das respectivas matérias-primas, ingredientes inertes e aditivos, caso a requerente não os tenha registrado junto aos órgãos federais competentes.

§ 7º O certificado de registro de matérias-primas, ingredientes inertes e aditivos será concedido a cada empresa requerente, mediante relação por nome químico e comum, marca comercial ou número do código no "Chemical Abstract Service Registry – CAS".

§ 8º Os produtos técnicos importados não necessitam ter suas matérias primas registradas.

Art. 30. Os titulares de registro de produtos técnicos, agrotóxicos e afins que efetuaram o pedido de registro de componentes até 20 de junho de 2001, poderão importar, comercializar e utilizar esses produtos até a conclusão da avaliação do pleito pelos órgãos federais competentes.

Parágrafo único. Os produtos técnicos e formulados cujos pedidos de registro não foram solicitados na forma prevista no *caput* deste artigo terão seus registros suspensos ou cancelados.

Seção IV
Das Proibições

Art. 31. É proibido o registro de agrotóxicos, seus componentes e afins:

I – para os quais no Brasil não se disponha de métodos para desativação de seus componentes, de modo a impedir que os seus resíduos remanescentes provoquem riscos ao meio ambiente e à saúde pública;

II – para os quais não haja antídoto ou tratamento eficaz no Brasil;

III – considerados teratogênicos, que apresentem evidências suficientes nesse sentido, a partir de observações na espécie humana ou de estudos em animais de experimentação;

IV – considerados carcinogênicos, que apresentem evidências suficientes nesse sentido, a partir de observações na espécie humana ou de estudos em animais de experimentação;

V – considerados mutagênicos, capazes de induzir mutações observadas em, no mínimo, dois testes, um deles para detectar mutações gênicas, realizado, inclusive, com uso de ativação metabólica, e o outro para detectar mutações cromossômicas;
VI – que provoquem distúrbios hormonais, danos ao aparelho reprodutor, de acordo com procedimentos e experiências atualizadas na comunidade científica;
VII – que se revelem mais perigosos para o homem do que os testes de laboratório, com animais, tenham podido demonstrar, segundo critérios técnicos e científicos atualizados; e VIII – cujas características causem danos ao meio ambiente.
§ 1º. Devem ser considerados como "desativação de seus componentes" os processos de inativação dos ingredientes ativos que minimizem os riscos ao meio ambiente e à saúde humana.
§ 2º. Os testes, as provas e os estudos sobre mutagênese, carcinogênese e teratogênese, realizados no mínimo em duas espécies animais, devem ser efetuados com a aplicação de critérios aceitos por instituições técnico-científicas nacionais ou internacionais reconhecidas.

Seção V
Do Cancelamento e da Impugnação

Art. 32. Para efeito do art. 5º da Lei 7.802, de 11 de julho de 1989, o requerimento de impugnação ou cancelamento será formalizado por meio de solicitação em três vias, dirigido ao órgão federal registrante, a qualquer tempo, a partir da publicação prevista no art. 14 deste Decreto.
Art. 33. No requerimento a que se refere o art. 32, deverá constar laudo técnico firmado por, no mínimo, dois profissionais habilitados, acompanhado dos relatórios dos estudos realizados por laboratório, seguindo metodologias reconhecidas internacionalmente.
Art. 34. O órgão federal registrante terá o prazo de trinta dias para notificar a empresa responsável pelo produto registrado ou em vias de obtenção de registro, que terá igual prazo, contado do recebimento da notificação, para apresentação de defesa.
Art. 35. O órgão federal registrante terá prazo de trinta dias, a partir do recebimento da defesa, para se pronunciar, devendo adotar os seguintes procedimentos:
I – encaminhar a documentação pertinente aos demais órgãos federais envolvidos para avaliação e análise em suas áreas de competência; e
II – convocar o Comitê Técnico de Assessoramento para Agrotóxicos, referido no art. 95, que deve se manifestar sobre o pedido de cancelamento ou de impugnação.
Art. 36. Após a decisão administrativa, da impugnação ou do cancelamento, o órgão federal registrante comunicará ao requerente o deferimento ou indeferimento da solicitação e publicará a decisão no Diário Oficial da União.

Seção VI
Do Registro de Pessoas Físicas e Jurídicas

Art. 37. Para efeito de obtenção de registro nos órgãos competentes do Estado, do Distrito Federal ou do Município, as pessoas físicas e jurídicas que sejam prestadoras de serviços na aplicação de agrotóxicos, seus componentes e afins, ou que os produzam, formulem, manipulem, exportem, importem ou comercializem, deverão apresentar, dentre outros documentos, requerimento solicitando o registro, onde constem, no mínimo, as informações contidas no Anexo V deste Decreto.

§ 1º. Para os efeitos deste Decreto, ficam as cooperativas equiparadas às empresas comerciais.

§ 2º. Nenhum estabelecimento que exerça atividades definidas no *caput* deste artigo poderá funcionar sem a assistência e responsabilidade de técnico legalmente habilitado.

§ 3º. Cada estabelecimento terá registro específico e independente, ainda que exista mais de um na mesma localidade, de propriedade da mesma pessoa, empresa, grupo de pessoas ou de empresas.

§ 4º. Quando o estabelecimento produzir ou comercializar outros produtos além de agrotóxicos, seus componentes e afins estes deverão estar adequadamente isolados dos demais.

Art. 38. Fica instituído, no âmbito do SIA, referido no art. 94, o cadastro geral de estabelecimentos produtores, manipuladores, importadores, exportadores e de instituições dedicadas à pesquisa e experimentação.

Parágrafo único. A implementação, a manutenção e a atualização de um cadastro geral de estabelecimentos é atribuição dos órgãos registrantes de agrotóxicos, seus componentes e afins.

Art. 39. A empresa requerente deverá comunicar quaisquer alterações estatutárias ou contratuais aos órgãos federais registrantes e fiscalizadores até trinta dias após a regularização junto ao órgão estadual.

Art. 40. As empresas importadoras, exportadoras, produtoras ou formuladoras de agrotóxicos, seus componentes e afins passarão a adotar, para cada partida importada, exportada, produzida ou formulada, codificação em conformidade com o Anexo VI deste Decreto, que deverá constar de todas as embalagens dela originadas, não podendo ser usado o mesmo código para partidas diferentes.

Art. 41. As empresas importadoras, exportadoras, produtoras e formuladoras de agrotóxicos, seus componentes e afins, fornecerão aos órgãos federais e estaduais competentes, até 31 de janeiro e 31 de julho de cada ano, dados referentes às quantidades de agrotóxicos, seus componentes e afins importados, exportados, produzidos, formulados e comercializados de acordo com o modelo de relatório semestral do Anexo VII.

Art. 42. As pessoas físicas ou jurídicas que produzam, comercializem, importem, exportem ou que sejam prestadoras de serviços na aplicação de agrotóxicos, seus componentes e afins ficam obrigadas a manter à disposição dos órgãos de fiscalização de que trata o art. 71 o livro de registro ou outro sistema de controle, contendo:

I – no caso de produtor de agrotóxicos, componentes e afins:
a) relação detalhada do estoque existente; e
b) nome comercial dos produtos e quantidades produzidas e comercializadas.

II – no caso dos estabelecimentos que comercializem agrotóxicos e afins no mercado interno:
a) relação detalhada do estoque existente; e
b) nome comercial dos produtos e quantidades comercializadas, acompanhados dos respectivos receituários.

III – no caso dos estabelecimentos que importem ou exportem agrotóxicos, seus componentes e afins:
a) relação detalhada do estoque existente;
b) nome comercial dos produtos e quantidades importadas ou exportadas; e
c) cópia das respectivas autorizações emitidas pelo órgão federal competente.

IV – no caso das pessoas físicas ou jurídicas que sejam prestadoras de serviços na aplicação de agrotóxicos e afins:
a) relação detalhada do estoque existente;

b) programa de treinamento de seus aplicadores de agrotóxicos e afins;
c) nome comercial dos produtos e quantidades aplicadas, acompanhados dos respectivos receituários e guia de aplicação; e
d) guia de aplicação, na qual deverão constar, no mínimo:
1. nome do usuário e endereço;
2. cultura e área ou volumes tratados;
3. local da aplicação e endereço;
4. nome comercial do produto usado;
5. quantidade empregada do produto comercial;
6. forma de aplicação;
7. data da prestação do serviço;
8. precauções de uso e recomendações gerais quanto à saúde humana, animais domésticos e proteção ao meio ambiente; e
9. identificação e assinatura do responsável técnico, do aplicador e do usuário.

Capítulo IV
Da embalagem, do fracionamento, da rotulagem e da propaganda

Seção I
Da Embalagem, do Fracionamento e da Rotulagem

Art. 43. As embalagens, os rótulos e as bulas de agrotóxicos e afins devem ser aprovadas pelos órgãos federais competentes, por ocasião do registro do produto ou da autorização para alteração nas embalagens, rótulos ou bulas.

§ 1º . As alterações de embalagens, de rótulo e bula, autorizadas pelos órgãos federais competentes, deverão ser realizadas em prazo fixado pelos órgãos, não podendo ultrapassar 6 meses.

§ 2º . Os estoques de agrotóxicos e afins remanescentes nos canais distribuidores, salvo disposição em contrário dos órgãos registrantes, poderão ser comercializados até o seu esgotamento.

§ 3º . As alterações que se fizerem necessárias em rótulos e bulas decorrentes de restrições, estabelecidas por órgãos competentes dos Estados, do Distrito Federal e dos Municípios:

I – são dispensadas da aprovação federal prevista no *caput* deste artigo;

II – deverão ser colocadas na área da bula destinada a essa finalidade e comunicadas pelo titular do registro do agrotóxico ou afim aos órgãos federais, no prazo de até trinta dias; e

III – nesse mesmo prazo, devem ser encaminhadas aos órgãos federais competentes cópias das bulas modificadas e aprovadas pelo órgão que estabeleceu as exigências.

Art. 44. As embalagens dos agrotóxicos e afins deverão atender aos seguintes requisitos:

I – ser projetadas e fabricadas de forma a impedir qualquer vazamento, evaporação, perda ou alteração de seu conteúdo e de modo a facilitar as operações de lavagem, classificação, reutilização, reciclagem e destinação final adequada;

II – ser imunes à ação de seu conteúdo ou insuscetíveis de formar com ele combinações nocivas ou perigosas;

III – ser resistentes em todas as suas partes e satisfazer adequadamente às exigências de sua normal conservação;

IV – ser providas de lacre ou outro dispositivo, externo, que assegure plena condição de verificação visual da inviolabilidade da embalagem; e

V – as embalagens rígidas deverão apresentar, de forma indelével e irremovível, em local de fácil visualização, exceto na tampa, o nome da empresa titular do registro e advertência quanto ao não reaproveitamento da embalagem.

Parágrafo único. As embalagens de agrotóxicos e afins, individuais ou que acondicionam um conjunto de unidades, quando permitirem o empilhamento, devem informar o número máximo de unidades que podem ser empilhadas.

Art. 45. O fracionamento e a reembalagem de agrotóxicos e afins com o objetivo de comercialização somente poderão ser realizados pela empresa produtora ou por manipulador, sob responsabilidade daquela, em locais e condições previamente autorizados pelos órgãos estaduais, do Distrito Federal e municipais competentes.

§ 1º. Os órgãos federais envolvidos no processo de registro do produto examinarão os pedidos de autorização para fracionamento e reembalagem após o registro do estabelecimento no órgão estadual, do Distrito Federal ou municipal competente, na categoria de manipulador.

§ 2º. Os agrotóxicos e afins comercializados a partir do fracionamento ou da reembalagem deverão dispor de rótulos, bulas e embalagens aprovados pelos órgãos federais.

§ 3º. Deverão constar do rótulo e da bula dos produtos que sofreram fracionamento ou reembalagem, além das exigências já estabelecidas na legislação em vigor, o nome e o endereço do manipulador que efetuou o fracionamento ou a reembalagem.

§ 4º. O fracionamento e a reembalagem de agrotóxicos e afins somente serão facultados a formulações que se apresentem em forma líquida ou granulada, em volumes unitários finais previamente autorizados pelos órgãos federais competentes.

Art. 46. Não serão permitidas embalagens de venda a varejo para produtos técnicos e pré-misturas, exceto para fornecimento à empresa formuladora.

Art. 47. A embalagem e a rotulagem dos agrotóxicos e afins devem ser feitas de modo a impedir que sejam confundidas com produtos de higiene, farmacêuticos, alimentares, dietéticos, bebidas, cosméticos ou perfumes.

Art. 48. Deverão constar obrigatoriamente do rótulo de agrotóxicos e afins os dados estabelecidos no Anexo VIII.

Art. 49. Deverão constar, necessariamente, da bula de agrotóxicos e afins, além de todos os dados exigidos no rótulo, os previstos no Anexo IX.

§ 1º. As bulas devem ser apensadas às embalagens unitárias de agrotóxicos e afins.

§ 2º. A bula supre o folheto complementar de que trata o § 3º do art. 7º da Lei nº 7.802, de 1989.

Art. 50. As empresas titulares de registro de agrotóxicos ou afins deverão apresentar, no prazo de noventa dias, contadas da data da publicação deste decreto, aos órgãos federais dos setores de agricultura, saúde e meio ambiente, modelo de rótulo e bula atualizados, atendidas as diretrizes e exigências deste Decreto.

Seção II
Da Destinação Final de Sobras e de Embalagens

Art. 51. Mediante aprovação dos órgãos federais intervenientes no processo de registro, a empresa produtora de agrotóxicos, componentes ou afins poderá efetuar a reutilização de embalagens.

Art. 52. A destinação de embalagens vazias e de sobras de agrotóxicos e afins deverá atender às recomendações técnicas apresentadas na bula ou folheto complementar.

Art. 53. Os usuários de agrotóxicos e afins deverão efetuar a devolução das embalagens vazias, e respectivas tampas, aos estabelecimentos comerciais em que foram adquiridos, observadas as instruções constantes dos rótulos e das bulas, no prazo de até um ano, contado da data de sua compra.

§ 1º. Se, ao término do prazo de que trata o *caput*, remanescer produto na embalagem, ainda no seu prazo de validade, será facultada a devolução da embalagem em até 6 meses após o término do prazo de validade.

§ 2º. É facultada ao usuário a devolução de embalagens vazias a qualquer posto de recebimento ou centro de recolhimento licenciado por órgão ambiental competente e credenciado por estabelecimento comercial.

§ 3º. Os usuários deverão manter à disposição dos órgãos fiscalizadores os comprovantes de devolução de embalagens vazias, fornecidas pelos estabelecimentos comerciais, postos de recebimento ou centros de recolhimento, pelo prazo de, no mínimo, um ano, após a devolução da embalagem.

§ 4º. No caso de embalagens contendo produtos impróprios para utilização ou em desuso, o usuário observará as orientações contidas nas respectivas bulas, cabendo às empresas titulares do registro, produtoras e comercializadoras, promover o recolhimento e a destinação admitidos pelo órgão ambiental competente.

§ 5º. As embalagens rígidas, que contiverem formulações miscíveis ou dispersíveis em água, deverão ser submetidas pelo usuário à operação de tríplice lavagem, ou tecnologia equivalente, conforme orientação constante de seus rótulos, bulas ou folheto complementar.

§ 6º. Os usuários de componentes deverão efetuar a devolução das embalagens vazias aos estabelecimentos onde foram adquiridos e, quando se tratar de produto adquirido diretamente do exterior, incumbir-se de sua destinação adequada.

Art. 54. Os estabelecimentos comerciais deverão dispor de instalações adequadas para recebimento e armazenamento das embalagens vazias devolvidas pelos usuários, até que sejam recolhidas pelas respectivas empresas titulares do registro, produtoras e comercializadoras, responsáveis pela destinação final dessas embalagens.

§ 1º. Se não tiverem condições de receber ou armazenar embalagens vazias no mesmo local onde são realizadas as vendas dos produtos, os estabelecimentos comerciais deverão credenciar posto de recebimento ou centro de recolhimento, previamente licenciados, cujas condições de funcionamento e acesso não venham a dificultar a devolução pelos usuários.

§ 2º. Deverá constar na nota fiscal de venda dos produtos o endereço para devolução da embalagem vazia, devendo os usuários ser formalmente comunicados de eventual alteração no endereço.

Art. 55. Os estabelecimentos comerciais, postos de recebimento e centros de recolhimento de embalagens vazias fornecerão comprovante de recebimento das embalagens onde deverão constar, no mínimo:

I – nome da pessoa física ou jurídica que efetuou a devolução;
II – data do recebimento; e
III – quantidades e tipos de embalagens recebidas.

Parágrafo único. Deverá ser mantido à disposição dos órgãos de fiscalização referidos no art. 71 sistema de controle das quantidades e dos tipos de embalagens recebidas em devolução, com as respectivas datas.

Art. 56. Os estabelecimentos destinados ao desenvolvimento de atividades que envolvam embalagens vazias de agrotóxicos, componentes ou afins, bem como produtos em desuso ou impróprios para utilização, deverão obter licenciamento ambiental.

Art. 57. As empresas titulares de registro, produtoras e comercializadoras de agrotóxicos, seus componentes e afins, são responsáveis pelo recolhimento, pelo transporte e pela destinação final das embalagens vazias, devolvidas pelos usuários aos estabelecimentos comerciais ou aos postos de recebimento, bem como dos produtos por elas fabricados e comercializados:

I – apreendidos pela ação fiscalizatória; e

II – impróprios para utilização ou em desuso, com vistas à sua reciclagem ou inutilização, de acordo com normas e instruções dos órgãos registrante e sanitário-ambientais competentes.

§ 1º. As empresas titulares de registro, produtoras e comercializadoras de agrotóxicos e afins, podem instalar e manter centro de recolhimento de embalagens usadas e vazias.

§ 2º. O prazo máximo para recolhimento e destinação final das embalagens pelas empresas titulares de registro, produtoras e comercializadoras, é de um ano, a contar da data de devolução pelos usuários.

§ 3º. Os responsáveis por centros de recolhimento de embalagens vazias deverão manter à disposição dos órgãos de fiscalização sistema de controle das quantidades e dos tipos de embalagens, recolhidas e encaminhadas à destinação final, com as respectivas datas.

Art. 58. Quando o produto não for fabricado no País, a pessoa física ou jurídica responsável pela importação assumirá, com vistas à reutilização, reciclagem ou inutilização, a responsabilidade pela destinação:

I – das embalagens vazias dos produtos importados e comercializados, após a devolução pelos usuários; e

II – dos produtos apreendidos pela ação fiscalizatória e dos impróprios para utilização ou em desuso.

Parágrafo único. Tratando-se de produto importado submetido a processamento industrial ou a novo acondicionamento, caberá ao órgão registrante definir a responsabilidade de que trata o *caput*.

Art. 59. Os agrotóxicos, seus componentes e afins, e suas embalagens, apreendidos por ação fiscalizadora terão seu destino final estabelecido após a conclusão do processo administrativo, a critério da autoridade competente, cabendo à empresa titular de registro, produtora e comercializadora a adoção das providências devidas e, ao infrator, arcar com os custos decorrentes.

Parágrafo único. Nos casos em que não houver possibilidade de identificação ou responsabilização da empresa titular de registro, produtora ou comercializadora, o infrator assumirá a responsabilidade e os custos referentes a quaisquer procedimentos definidos pela autoridade fiscalizadora.

Art. 60. As empresas produtoras e as comercializadoras de agrotóxicos, seus componentes e afins deverão estruturar-se adequadamente para as operações de recebimento, recolhimento e destinação de embalagens vazias e produtos de que trata este Decreto até 31 de maio de 2002.

Seção III
Da Propaganda Comercial

Art. 61. Será aplicado o disposto na Lei nº 9.294, de 15 de julho de 1996, e no Decreto nº 2.018, de 1º de outubro de 1996, para a propaganda comercial de agrotóxicos, seus componentes e afins.

Capítulo V
Do Armazenamento e do Transporte

Seção I
Do Armazenamento

Art. 62. O armazenamento de agrotóxicos, seus componentes e afins obedecerá à legislação vigente e às instruções fornecidas pelo fabricante, inclusive especificações e procedimentos a serem adotados no caso de acidentes, derramamento ou vazamento de produto e, ainda, às normas municipais aplicáveis, inclusive quanto à edificação e à localização.

Seção II
Do Transporte

Art. 63. O transporte de agrotóxicos, seus componentes e afins está sujeito às regras e aos procedimentos estabelecidos na legislação específica.
Parágrafo único. O transporte de embalagens vazias de agrotóxicos e afins deverá ser efetuado com a observância das recomendações constantes das bulas correspondentes.

Capítulo VI
Da Receita Agronômica

Art. 64. Os agrotóxicos e afins só poderão ser comercializados diretamente ao usuário, mediante apresentação de receituário próprio emitido por profissional legalmente habilitado.
Art. 65. A receita de que trata o art. 64 deverá ser expedida em no mínimo duas vias, destinando-se a primeira ao usuário e a segunda ao estabelecimento comercial que a manterá à disposição dos órgãos fiscalizadores referidos no art. 71 pelo prazo de dois anos, contados da data de sua emissão.
Art. 66. A receita, específica para cada cultura ou problema, deverá conter, necessariamente:
I – nome do usuário, da propriedade e sua localização;
II – diagnóstico;
III – recomendação para que o usuário leia atentamente o rótulo e a bula do produto;
IV – recomendação técnica com as seguintes informações:
a) nome do(s) produto(s) comercial(ais) que deverá(ão) ser utilizado(s) e de eventual(ais) produto(s) equivalente(s);
b) cultura e áreas onde serão aplicados;
c) doses de aplicação e quantidades totais a serem adquiridas;
d) modalidade de aplicação, com anotação de instruções específicas, quando necessário, e, obrigatoriamente, nos casos de aplicação aérea;
e) época de aplicação;
f) intervalo de segurança;
g) orientações quanto ao manejo integrado de pragas e de resistência;
h) precauções de uso; e
i) orientação quanto à obrigatoriedade da utilização de EPI; e
V – data, nome, CPF e assinatura do profissional que a emitiu, além do seu registro no órgão fiscalizador do exercício profissional.

Parágrafo único. Os produtos só poderão ser prescritos com observância das recomendações de uso aprovadas em rótulo e bula.

Art. 67. Os órgãos responsáveis pelos setores de agricultura, saúde e meio ambiente poderão dispensar, com base no art. 13 da Lei n° 7.802, de 1989, a exigência do receituário para produtos agrotóxicos e afins considerados de baixa periculosidade, conforme critérios a serem estabelecidos em regulamento.

Parágrafo único. A dispensa da receita constará do rótulo e da bula do produto, podendo neles ser acrescidas eventuais recomendações julgadas necessárias pelos órgãos competentes mencionados no *caput*.

Capítulo VII
Do Controle, da Inspeção e da Fiscalização

Seção I
Do Controle de Qualidade

Art. 68. Os órgãos federais responsáveis pelos setores de agricultura, saúde e meio ambiente manterão atualizados e aperfeiçoados mecanismos destinados a garantir a qualidade dos agrotóxicos, seus componentes e afins, tendo em vista a identidade, pureza e eficácia dos produtos.

Parágrafo único. As medidas a que se refere este artigo se efetivarão por meio das especificações e do controle da qualidade dos produtos e da inspeção da produção.

Art. 69. Sem prejuízo do controle e da fiscalização, a cargo do Poder Público, todo estabelecimento destinado à produção e importação de agrotóxicos, seus componentes e afins deverá dispor de unidade de controle de qualidade próprio, com a finalidade de verificar a qualidade do processo produtivo, das matérias-primas e substâncias empregadas, quando couber, e dos produtos finais.

§ 1º. É facultado às empresas produtoras de agrotóxicos, seus componentes e afins realizarem os controles previstos neste artigo em institutos ou laboratórios oficiais ou privados, de acordo com a legislação vigente.

§ 2º. Os titulares de registro de agrotóxicos, componentes e afins que contenham impurezas significativas do ponto de vista toxicológico ou ambiental, fornecerão laudos de análise do teor de impurezas, conforme estabelecido por ocasião da concessão do registro e em normas complementares.

Seção II
Da Inspeção e da Fiscalização

Art. 70. Serão objeto de inspeção e fiscalização os agrotóxicos, seus componentes e afins, sua produção, manipulação, importação, exportação, transporte, armazenamento, comercialização, utilização, rotulagem e a destinação final de suas sobras, resíduos e embalagens.

Art. 71. A fiscalização dos agrotóxicos, seus componentes e afins é da competência:
I – dos órgãos federais responsáveis pelos setores da agricultura, saúde e meio ambiente, dentro de suas respectivas áreas de competência, quando se tratar de:
   a) estabelecimentos de produção, importação e exportação;
   b) produção, importação e exportação;
   c) coleta de amostras para análise de controle ou de fiscalização;
   d) resíduos de agrotóxicos e afins em produtos agrícolas e de seus subprodutos; e

e) quando se tratar do uso de agrotóxicos e afins em tratamentos quarentenários e fitossanitários realizados no trânsito internacional de vegetais e suas partes;

II – dos órgãos estaduais e do Distrito Federal responsáveis pelos setores de agricultura, saúde e meio ambiente, dentro de sua área de competência, ressalvadas competências específicas dos órgãos federais desses mesmos setores, quando se tratar de:

a) uso e consumo dos produtos agrotóxicos, seus componentes e afins na sua jurisdição;

b) estabelecimentos de comercialização, de armazenamento e de prestação de serviços;

c) devolução e destinação adequada de embalagens de agrotóxicos, seus componentes e afins, de produtos apreendidos pela ação fiscalizadora e daqueles impróprios para utilização ou em desuso;

d) transporte de agrotóxicos, seus componentes e afins, por qualquer via ou meio, em sua jurisdição;

e) coleta de amostras para análise de fiscalização;

f) armazenamento, transporte, reciclagem, reutilização e inutilização de embalagens vazias e dos produtos apreendidos pela ação fiscalizadora e daqueles impróprios para utilização ou em desuso; e

g) resíduos de agrotóxicos e afins em produtos agrícolas e seus subprodutos.

Parágrafo único. Ressalvadas as proibições legais, as competências de que trata este artigo poderão ser delegadas pela União e pelos Estados.

Art. 72. Ações de inspeção e fiscalização terão caráter permanente, constituindo-se em atividade rotineira.

Parágrafo único. As empresas deverão prestar informações ou proceder à entrega de documentos nos prazos estabelecidos pelos órgãos competentes, a fim de não obstar as ações de inspeção e fiscalização e a adoção das medidas que se fizerem necessárias.

Art. 73. A inspeção e a fiscalização serão exercidas por agentes credenciados pelos órgãos responsáveis, com formação profissional que os habilite para o exercício de suas atribuições.

Art. 74. Os agentes de inspeção e fiscalização, no desempenho de suas atividades, terão livre acesso aos locais onde se processem, em qualquer fase, a industrialização, o comércio, a armazenagem e a aplicação dos agrotóxicos, seus componentes e afins, podendo, ainda:

I – coletar amostras necessárias às análises de controle ou fiscalização;

II – executar visitas rotineiras de inspeções e vistorias para apuração de infrações ou eventos que tornem os produtos passíveis de alteração e lavrar os respectivos termos;

III – verificar o cumprimento das condições de preservação da qualidade ambiental;

IV – verificar a procedência e as condições dos produtos, quando expostos à venda;

V – interditar, parcial ou totalmente, os estabelecimentos ou atividades quando constatado o descumprimento do estabelecido na Lei nº 7.802, de 1989, neste Decreto e em normas complementares e apreender lotes ou partidas de produtos, lavrando os respectivos termos;

VI – proceder à imediata inutilização da unidade do produto cuja adulteração ou deterioração seja flagrante, e à apreensão e interdição do restante do lote ou partida para análise de fiscalização; e

VII – lavrar termos e autos previstos neste Decreto.

Art. 75. A inspeção será realizada por meio de exames e vistorias:

I – da matéria-prima, de qualquer origem ou natureza;

II – da manipulação, transformação, elaboração, conservação, embalagem e rotulagem dos produtos;

III – dos equipamentos e das instalações do estabelecimento;
IV – do laboratório de controle de qualidade dos produtos; e
V – da documentação de controle da produção, importação, exportação e comercialização.

Art. 76. A fiscalização será exercida sobre os produtos nos estabelecimentos produtores e comerciais, nos depósitos e nas propriedades rurais.

Parágrafo único. Constatada qualquer irregularidade, o estabelecimento poderá ser interditado e o produto ou alimento poderão ser apreendidos e submetidos à análise de fiscalização.

Art. 77. Para efeito de análise de fiscalização, será coletada amostra representativa do produto ou alimento pela autoridade fiscalizadora.

§ 1º. A coleta de amostra será realizada em três partes, de acordo com técnica e metodologias indicadas em ato normativo.

§ 2º. A amostra será autenticada e tornada inviolável na presença do interessado e, na ausência ou recusa deste, na de duas testemunhas.

§ 3º. Uma parte da amostra será utilizada pelo laboratório oficial ou devidamente credenciado, outra permanecerá no órgão fiscalizador e outra ficará em poder do interessado para realização de perícia de contraprova.

Art. 78. A análise de fiscalização será realizada por laboratório oficial ou devidamente credenciado, com o emprego de metodologia oficial.

Parágrafo único. Os volumes máximos e mínimos, bem como os critérios de amostragem e a metodologia oficial para a análise de fiscalização, para cada tipo de produto, serão determinados em ato normativo do órgão federal registrante.

Art. 79. O resultado da análise de fiscalização deverá ser informado ao fiscalizador e ao fiscalizado, no prazo máximo de quarenta e cinco dias, contados da data da coleta da amostra.

§ 1º. O interessado que não concordar com o resultado da análise poderá requerer perícia de contraprova no prazo de dez dias, contados do seu recebimento, arcando com o ônus decorrente.

§ 2º. No requerimento de contraprova, o interessado indicará o seu perito.

Art. 80. A perícia de contraprova será realizada em laboratório oficial, ou devidamente credenciado, com a presença de peritos do interessado e do órgão fiscalizador e a assistência técnica do responsável pela análise anterior.

§ 1º. A perícia de contraprova será realizada no prazo máximo de quinze dias, contados da data de seu requerimento, salvo quando condições técnicas exigirem a sua prorrogação.

§ 2º. A parte da amostra a ser utilizada na perícia de contraprova não poderá estar violada, o que será, obrigatoriamente, atestado pelos peritos.

§ 3º. Não será realizada a perícia de contraprova quando verificada a violação da amostra, oportunidade em que será finalizado o processo de fiscalização e instaurada sindicância para apuração de responsabilidades.

§ 4º. Ao perito da parte interessada será dado conhecimento da análise de fiscalização, prestadas as informações que solicitar e exibidos os documentos necessários ao desempenho de sua tarefa.

§ 5º. Da perícia de contraprova serão lavrados laudos e ata, assinados pelos peritos e arquivados no laboratório oficial ou credenciado, após a entrega de cópias à autoridade fiscalizadora e ao requerente.

§ 6º. Se o resultado do laudo de contraprova for divergente do laudo da análise de fiscalização, realizar-se-á nova análise, em um terceiro laboratório, oficial ou credenciado, cujo resultado será irrecorrível, utilizando-se a parte da amostra em poder do órgão fiscalizador, facultada a assistência dos peritos anteriormente nomeados, observado o disposto nos parágrafos 1º e 2º deste artigo.

Art. 81. A autoridade responsável pela fiscalização e inspeção comunicará ao interessado o resultado final das análises, adotando as medidas administrativas cabíveis.

Capítulo VIII
Das Infrações e das Sanções

Seção I
Das Infrações

Art. 82. Constitui infração toda ação ou omissão que importe na inobservância do disposto na Lei n° 7.802, de 1989, neste Decreto ou na desobediência às determinações de caráter normativo dos órgãos ou das autoridades administrativas competentes.

Art. 83. As pessoas jurídicas serão responsabilizadas administrativa, civil e penalmente conforme o disposto nas Leis nºs 7.802, de 1989, e 9.605, de 12 de fevereiro de 1998, e nos regulamentos pertinentes, nos casos em que a infração seja cometida por decisão de seu representante legal ou contratual, pessoa individual ou órgão colegiado, no interesse ou em benefício da sua entidade.

Art. 84. As responsabilidades administrativa, civil e penal pelos danos causados à saúde das pessoas e ao meio ambiente, em função do descumprimento do disposto na legislação pertinente a agrotóxicos, seus componentes e afins, recairão sobre:

I – o registrante que omitir informações ou fornecê-las incorretamente;

II – o produtor, quando produzir agrotóxicos, seus componentes e afins em desacordo com as especificações constantes do registro;

III – o produtor, o comerciante, o usuário, o profissional responsável e o prestador de serviços que opuser embaraço à fiscalização dos órgãos competentes ou que não der destinação às embalagens vazias de acordo com a legislação;

IV – o profissional que prescrever a utilização de agrotóxicos e afins em desacordo com as especificações técnicas;

V – o comerciante, quando efetuar a venda sem o respectivo receituário, em desacordo com sua prescrição ou com as recomendações do fabricante e dos órgãos registrantes e sanitário-ambientais;

VI – o comerciante, o empregador, o profissional responsável ou prestador de serviços que deixar de promover as medidas necessárias de proteção à saúde ou ao meio ambiente;

VII – o usuário ou o prestador de serviços, quando proceder em desacordo com o receituário ou com as recomendações do fabricante ou dos órgãos sanitário-ambientais; e

VIII – as entidades públicas ou privadas de ensino, assistência técnica e pesquisa, que promoverem atividades de experimentação ou pesquisa de agrotóxicos, seus componentes e afins em desacordo com as normas de proteção da saúde pública e do meio ambiente.

Art. 85. São infrações administrativas:

I – pesquisar, experimentar, produzir, prescrever, fracionar, embalar e rotular, armazenar, comercializar, transportar, fazer propaganda comercial, utilizar, manipular, importar, exportar, aplicar, prestar serviço, dar destinação a resíduos e embalagens vazias de agrotóxicos, seus componentes e afins em desacordo com o previsto na Lei n° 7.802, de 1989, e legislação pertinente;

II - rotular os agrotóxicos, seus componentes e afins, sem prévia autorização do órgão registrante ou em desacordo com a autorização concedida; e
III - omitir informações ou prestá-las de forma incorreta às autoridades registrantes e fiscalizadoras.

Seção II
Das Sanções Administrativas

Art. 86. Sem prejuízo das responsabilidades civil e penal cabíveis, a infração de disposições legais acarretará, isolada ou cumulativamente, independentemente da medida cautelar de interdição de estabelecimento, a apreensão do produto ou alimentos contaminados e a aplicação das sanções previstas no art. 17 da Lei n° 7.802, de 1989.

§ 1º. A advertência será aplicada quando constatada inobservância das disposições deste Decreto e da legislação em vigor, sem prejuízo das demais sanções previstas neste artigo.

§ 2º. A multa será aplicada sempre que o agente:
I - notificado, deixar de sanar, no prazo assinalado pelo órgão competente, as irregularidades praticadas; ou
II - opuser embaraço à fiscalização dos órgãos competentes.

§ 3º. A inutilização será aplicada nos casos de produto sem registro ou naqueles em que ficar constatada a impossibilidade de lhes ser dada outra destinação ou reaproveitamento.

§ 4º. A suspensão de autorização de uso ou de registro de produto será aplicada nos casos em que sejam constatadas irregularidades reparáveis.

§ 5º. O cancelamento da autorização de uso ou de registro de produto será aplicado nos casos de impossibilidade de serem sanadas as irregularidades ou quando constatada fraude.

§ 6º. O cancelamento de registro, licença, ou autorização de funcionamento de estabelecimento será aplicado nos casos de impossibilidade de serem sanadas as irregularidades ou quando constatada fraude.

§ 7º. A interdição temporária ou definitiva de estabelecimento ocorrerá sempre que constatada irregularidade ou quando se verificar, mediante inspeção técnica ou fiscalização, condições sanitárias ou ambientais inadequadas para o funcionamento do estabelecimento.

§ 8º. A destruição ou inutilização de vegetais, parte de vegetais e alimentos será determinada pela autoridade sanitária competente, sempre que apresentarem resíduos acima dos níveis permitidos ou quando tenha havido aplicação de agrotóxicos e afins de uso não autorizado.

Seção III
Da Aplicação das Sanções Administrativas

Art. 87. Os agentes de inspeção e fiscalização dos órgãos da agricultura, da saúde e do meio ambiente, ao lavrarem os autos-de-infração, indicarão as penalidades aplicáveis.

Art. 88. A autoridade competente, ao analisar o processo administrativo, observará, no que couber, o disposto nos arts. 14 e 15 da Lei n° 9.605, de 1998.

Art. 89. A aplicação de multa pelos Estados, pelo Distrito Federal ou pelos Municípios exclui a aplicação de igual penalidade por órgão federal competente, em decorrência do mesmo fato.

Art. 90. A destruição ou inutilização de agrotóxicos, seus componentes e afins nocivos à saúde humana ou animal ou ao meio ambiente serão determinadas pelo órgão competente e correrão às expensas do infrator.

Art. 91. A suspensão do registro, licença, ou autorização de funcionamento do estabelecimento será aplicada nos casos de ocorrência de irregularidades reparáveis.

Art. 92. Aplicam-se a este Decreto, no que couber, as disposições da Lei n° 9.784, de 29 de janeiro de 1999, que regula o processo administrativo no âmbito da Administração Pública Federal.

Capítulo IX
Das Disposições Finais e Transitórias

Art. 93. A análise de pleito protocolizado em data anterior à publicação deste Decreto observará a legislação vigente à data da sua apresentação.

Parágrafo único. O órgão federal responsável pelo setor de meio ambiente encaminhará ao Ministério da Agricultura, Pecuária e Abastecimento, no prazo de cento e vinte dias, a contar da publicação deste Decreto, os processos de registro de agrotóxicos, seus componentes e afins, destinados ao uso em florestas plantadas, concedidos e em andamento.

Art. 94. Fica instituído o Sistema de Informações sobre Agrotóxicos – SIA, com o objetivo de:

I – permitir a interação eletrônica entre os órgãos federais envolvidos no registro de agrotóxicos, seus componentes e afins;

II – disponibilizar informações sobre andamento de processos relacionados com agrotóxicos, seus componentes e afins, nos órgãos federais competentes;

III – permitir a interação eletrônica com os produtores, manipuladores, importadores, distribuidores e comerciantes de agrotóxicos, seus componentes e afins;

IV – facilitar o acolhimento de dados e informações relativas à comercialização de agrotóxicos e afins de que trata o art. 41;

V – implementar, manter e disponibilizar dados e informações sobre as quantidades totais de produtos por categoria, importados, produzidos, exportados e comercializados no país.

VI – manter cadastro e disponibilizar informações sobre áreas autorizadas para pesquisa e experimentação de agrotóxicos, seus componentes e afins;

VII – implementar, manter e disponibilizar informações do SIC de que trata o art. 29; e

VIII – implementar, manter e disponibilizar informações sobre tecnologia de aplicação e segurança no uso de agrotóxicos.

§ 1º. O SIA será desenvolvido pela Agência Nacional de Vigilância Sanitária, no prazo de trezentos e sessenta dias, e implementado e mantido pelos órgãos federais das áreas de agricultura, saúde e meio ambiente.

§ 2º. Os procedimentos de acesso ao SIA e de interação dos usuários com os órgãos envolvidos devem conter mecanismos que resguardem o sigilo e a segurança das informações confidenciais.

Art. 95. Fica instituído o Comitê Técnico de Assessoramento para Agrotóxicos, com as seguintes competências:

I – racionalizar e harmonizar procedimentos técnico-científicos e administrativos nos processos de registro e adaptação de registro de agrotóxicos, seus componentes e afins;

II – propor a sistemática incorporação de tecnologia de ponta nos processos de análise, controle e fiscalização de agrotóxicos, seus componentes e afins e em outras atividades cometidas aos Ministérios da Agricultura, Pecuária e Abastecimento, da Saúde e do Meio Ambiente pela Lei n° 7.802, de 1989;

III – elaborar, até 31 de dezembro de 2002, rotinas e procedimentos visando à implementação da avaliação de risco de agrotóxicos e afins;

IV – analisar propostas de edição e alteração de atos normativos sobre as matérias tratadas neste Decreto e sugerir ajustes e adequações consideradas cabíveis;

V – propor critérios de diferenciação de agrotóxicos, seus componentes e afins em classes, em função de sua utilização, de seu modo de ação e de suas características toxicológicas, ecotoxicológicas ou ambientais;

VI – assessorar os Ministérios responsáveis na concessão do registro para uso emergencial de agrotóxicos e afins e no estabelecimento de diretrizes e medidas que possam reduzir os efeitos danosos desses produtos sobre a saúde humana e o meio ambiente;

VII – estabelecer as diretrizes a serem observadas no SIA, acompanhar e supervisionar as suas atividades; e

VIII – manifestar-se sobre os pedidos de cancelamento ou de impugnação de agrotóxicos seus componentes e afins, conforme previsto no art. 35.

§ 1º. O Comitê será constituído por dois representantes, titular e suplente, de cada um dos órgãos federais responsáveis pelos setores de agricultura, saúde e meio ambiente, designados pelo respectivo Ministro.

§ 2º. O Comitê será coordenado por um de seus membros, com mandato de um ano, em rodízio que iniciará pelo representante do Ministério da Agricultura, Pecuária e Abastecimento, seguido, pela ordem, pelo dos Ministérios da Saúde e do Meio Ambiente.

§ 3º. As matérias que não tiverem consenso no Comitê serão submetidas aos Ministros de Estado responsáveis pelas áreas de agricultura, saúde e meio ambiente para deliberação conjunta.

§ 4º. Os representantes do Comitê elaborarão o seu regimento interno e o submeterão à aprovação dos Ministérios representados.

§ 5º. O apoio técnico e logístico ao Comitê será prestado pelo Ministério que tiver seu representante exercendo a coordenação do Colegiado.

§ 6º. As normas complementares a este Decreto serão objeto de proposição do Comitê, devendo serem editadas no prazo de cento e oitenta dias de sua publicação.

Art. 96. Os agrotóxicos, seus componentes e afins registrados com base na Lei n° 6.360, de 23 de setembro de 1976, bem como as pessoas físicas e jurídicas que exerçam atividades com os mesmos, deverão se adequar às disposições da Lei n° 7.802, de 1989, e deste Regulamento, de acordo com as regras a serem estabelecidas pelos órgãos federais competentes.

Art. 97. Este Decreto entra em vigor na data de sua publicação.

Art. 98. Ficam revogados os Decretos nºs 98.816, de 11 de janeiro de 1990, 99.657, de 26 de outubro de 1990, 991, de 24 de novembro de 1993, 3.550, de 27 de julho de 2000, 3.694, de 21 de dezembro de 2000 e 3.828, de 31 de maio de 2001.

Brasília, 4 de janeiro de 2002; 181º da Independência e 114º da República.

FERNANDO HENRIQUE CARDOSO
Marcus Vinicius Pratini de Moraes
José Serra
José Sarney Filho

Lei nº 9.294, de 15 de julho de 1996

Dispõe sobre as restrições ao uso e à propaganda de produtos fumígeros, bebidas alcoólicas, medicamentos, terapias e defensivos agrícolas, nos termos do § 4° do art. 220 da Constituição Federal.

Art. 1º. O uso e a propaganda de produtos fumígeros, derivados ou não do tabaco, de bebidas alcoólicas, de medicamentos e terapias e de defensivos agrícolas estão sujeitos às restrições e condições estabelecidas por esta Lei, nos termos do § 4º do art. 220 da Constituição Federal.
Parágrafo único. Consideram-se bebidas alcoólicas, para efeitos desta Lei, as bebidas potáveis com teor alcoólico superior a treze graus Gay Lussac.

Art. 2º. É proibido o uso de cigarros, cigarrilhas, charutos, cachimbos ou de qualquer outro produto fumígero, derivado ou não do tabaco, em recinto coletivo, privado ou público, salvo em área destinada exclusivamente a esse fim, devidamente isolada e com arejamento conveniente.
§ 1º. Incluem-se nas disposições deste artigo as repartições públicas, os hospitais e postos de saúde, as salas de aula, as bibliotecas, os recintos de trabalho coletivo e as salas de teatro e cinema.
§ 2º. É vedado o uso dos produtos mencionados no *caput* nas aeronaves e demais veículos de transporte coletivo.(Redação dada pela Lei nº 10.167, de 27.12.2000) (Vide Medida Provisória nº 2.190-34, de 23.8.2001)

Art. 3º. A propaganda comercial dos produtos referidos no artigo anterior só poderá ser efetuada através de pôsteres, painéis e cartazes, na parte interna dos locais de venda.(Redação dada pela Lei nº 10.167, de 27.12.2000)
§ 1º. A propaganda comercial dos produtos referidos neste artigo deverá ajustar-se aos seguintes princípios:
I – não sugerir o consumo exagerado ou irresponsável, nem a indução ao bem-estar ou saúde, ou fazer associação a celebrações cívicas ou religiosas;
II – não induzir as pessoas ao consumo, atribuindo aos produtos propriedades calmantes ou estimulantes, que reduzam a fadiga ou a tensão, ou qualquer efeito similar;
III – não associar idéias ou imagens de maior êxito na sexualidade das pessoas, insinuando o aumento de virilidade ou feminilidade de pessoas fumantes;
IV – não associar o uso do produto à prática de atividades esportivas, olímpicas ou não, nem sugerir ou induzir seu consumo em locais ou situações perigosas, abusivas ou ilegais; (Redação dada pela Lei nº 10.167, de 27.12.2000)
V – não empregar imperativos que induzam diretamente ao consumo;
VI – não incluir a participação de crianças ou adolescentes.(Redação dada pela Lei nº 10.167, de 27.12.2000)
§ 2º. A propaganda conterá, nos meios de comunicação e em função de suas características, advertência escrita e/ou falada sobre os malefícios do fumo, através das

seguintes frases, usadas seqüencialmente, de forma simultânea ou rotativa, nesta última hipótese devendo variar no máximo a cada cinco meses, todas precedidas da afirmação "O Ministério da Saúde Adverte": (Vide Medida Provisória nº 2.190-34, de 23.8.2001)

I – fumar pode causar doenças do coração e derrame cerebral;
II – fumar pode causar câncer do pulmão, bronquite crônica e enfisema pulmonar;
III – fumar durante a gravidez pode prejudicar o bebê;
IV – quem fuma adoece mais de úlcera do estômago;
V – evite fumar na presença de crianças;
VI – fumar provoca diversos males à sua saúde.

§ 3º. A embalagem, exceto se destinada à exportação, e o material de propaganda referido neste artigo conterão a advertência mencionada no parágrafo anterior.(Redação dada pela Lei nº 10.167, de 27.12.2000) (Vide Medida Provisória nº 2.190-34, de 23.8.2001)

§ 4º. Nas embalagens, as cláusulas de advertência a que se refere o § 2º deste artigo serão seqüencialmente usadas, de forma simultânea ou rotativa, nesta última hipótese devendo variar no máximo a cada cinco meses, inseridas, de forma legível e ostensivamente destacada, em uma das laterais dos maços, carteiras ou pacotes que sejam habitualmente comercializados diretamente ao consumidor.

§ 5º. A advertência a que se refere o § 2º deste artigo, escrita de forma legível e ostensiva, será seqüencialmente usada de modo simultâneo ou rotativo, nesta última hipótese variando, no máximo, a cada cinco meses. (Redação dada pela Lei nº 10.167, de 27.12.2000)

Art. 3º-A. Quanto aos produtos referidos no art. 2º desta Lei, são proibidos: (Artigo incluído pela Lei nº 10.167, de 27.12.2000)

I – a venda por via postal; (Inciso incluído pela Lei nº 10.167, de 27.12.2000)
II – a distribuição de qualquer tipo de amostra ou brinde; (Inciso incluído pela Lei nº 10.167, de 27.12.2000)
III – a propaganda por meio eletrônico, inclusive internet; (Inciso incluído pela Lei nº 10.167, de 27.12.2000)
IV – a realização de visita promocional ou distribuição gratuita em estabelecimento de ensino ou local público; (Inciso incluído pela Lei nº 10.167, de 27.12.2000)
V – o patrocínio de atividade cultural ou esportiva; (Inciso incluído pela Lei nº 10.167, de 27.12.2000)
VI – a propaganda fixa ou móvel em estádio, pista, palco ou local similar; (Inciso incluído pela Lei nº 10.167, de 27.12.2000)
VII – a propaganda indireta contratada, também denominada *merchandising*, nos programas produzidos no País após a publicação desta Lei, em qualquer horário; (Inciso incluído pela Lei nº 10.167, de 27.12.2000)
VIII – a comercialização em estabelecimentos de ensino e de saúde. (Inciso incluído pela Lei nº 10.167, de 27.12.2000)

Parágrafo único. O disposto nos incisos V e VI deste artigo entrará em vigor em 1º de janeiro de 2003, no caso de eventos esportivos internacionais e culturais, desde que o patrocinador seja identificado apenas com a marca do produto ou fabricante, sem recomendação de consumo. (Parágrafo incluído pela Lei nº 10.167, de 27.12.2000) (Vide Medida Provisória nº 118, de 3.4.2003)

Art. 3º-B. Somente será permitida a comercialização de produtos fumígenos que ostentem em sua embalagem a identificação junto à Agência Nacional de Vigilância Sanitária, na forma do regulamento.(Artigo incluído pela Lei nº 10.167, de 27.12.2000)

Art. 3º-C. (Vide Medida Provisória nº 118, de 3.4.2003)
Art. 3º-D. (Vide Medida Provisória nº 118, de 3.4.2003)

Art. 4º. Somente será permitida a propaganda comercial de bebidas alcoólicas nas emissoras de rádio e televisão entre as vinte e uma e as seis horas.

§ 1º. A propaganda de que trata este artigo não poderá associar o produto ao esporte olímpico ou de competição, ao desempenho saudável de qualquer atividade, à condução de veículos e a imagens ou idéias de maior êxito ou sexualidade das pessoas.

§ 2º. Os rótulos das embalagens de bebidas alcoólicas conterão advertência nos seguintes termos: "Evite o Consumo Excessivo de Álcool".

Art. 5º. As chamadas e caracterizações de patrocínio dos produtos indicados nos arts. 2º e 4º , para eventos alheios à programação normal ou rotineira das emissoras de rádio e televisão, poderão ser feitas em qualquer horário, desde que identificadas apenas com a marca ou *slogan* do produto, sem recomendação do seu consumo.

§ 1º. As restrições deste artigo aplicam-se à propaganda estática existente em estádios, veículos de competição e locais similares.

§ 2º. Nas condições do *caput*, as chamadas e caracterizações de patrocínio dos produtos estarão liberados da exigência do § 2º do art. 3º desta Lei.

Art. 6º. É vedada a utilização de trajes esportivos, relativamente a esportes olímpicos, para veicular a propaganda dos produtos de que trata esta Lei.

Art. 7º. A propaganda de medicamentos e terapias de qualquer tipo ou espécie poderá ser feita em publicações especializadas dirigidas direta e especificamente a profissionais e instituições de saúde.(Vide Medida Provisória nº 2.190-34, de 23.8.2001)

§ 1º. Os medicamentos anódinos e de venda livre, assim classificados pelo órgão competente do Ministério da Saúde, poderão ser anunciados nos órgãos de comunicação social com as advertências quanto ao seu abuso, conforme indicado pela autoridade classificatória.

§ 2º. A propaganda dos medicamentos referidos neste artigo não poderá conter afirmações que não sejam passíveis de comprovação científica, nem poderá utilizar depoimentos de profissionais que não sejam legalmente qualificados para fazê-lo.

§ 3º .Os produtos fitoterápicos da flora medicinal brasileira que se enquadram no disposto no § 1º deste artigo deverão apresentar comprovação científica dos seus efeitos terapêuticos no prazo de cinco anos da publicação desta Lei, sem o que sua propaganda será automaticamente vedada.

§ 4º. Toda a propaganda de medicamentos conterá obrigatoriamente advertência indicando que, a persistirem os sintomas, o médico deverá ser consultado.

Art. 8º. A propaganda de defensivos agrícolas que contenham produtos de efeito tóxico, mediato ou imediato, para o ser humano, deverá restringir-se a programas e publicações dirigidas aos agricultores e pecuaristas, contendo completa explicação sobre a sua aplicação, precauções no emprego, consumo ou utilização, segundo o que dispuser o órgão competente do Ministério da Agricultura e do Abastecimento, sem prejuízo das normas estabelecidas pelo Ministério da Saúde ou outro órgão do Sistema Único de Saúde.

Art. 9º. Aplicam-se ao infrator desta Lei, sem prejuízo de outras penalidades previstas na legislação em vigor, especialmente no Código de Defesa do Consumidor e na Legislação de Telecomunicações, as seguintes sanções:(Redação dada pela Lei nº 10.167, de 27.12.2000)

I – advertência;

II – suspensão, no veículo de divulgação da publicidade, de qualquer outra propaganda do produto, por prazo de até trinta dias;

III – obrigatoriedade de veiculação de retificação ou esclarecimento para compensar propaganda distorcida ou de má-fé;

IV – apreensão do produto;

V – multa, de R$ 5.000,00 (cinco mil reais) a R$ 100.000,00 (cem mil reais), aplicada conforme a capacidade econômica do infrator; (Redação dada pela Lei nº 10.167, de 27.12.2000)

VI – suspensão da programação da emissora de rádio e televisão, pelo tempo de dez minutos, por cada minuto ou fração de duração da propaganda transmitida em desacordo com esta Lei, observando-se o mesmo horário. (Inciso incluído pela Lei nº 10.167, de 27.12.2000)

§ 1º. As sanções previstas neste artigo poderão ser aplicadas gradativamente e, na reincidência, cumulativamente, de acordo com as especificidade do infrator.

§ 2º. Em qualquer caso, a peça publicitária fica definitivamente vetada.

§ 3º. Considera-se infrator, para os efeitos desta Lei, toda e qualquer pessoa natural ou jurídica que, de forma direta ou indireta, seja responsável pela divulgação da peça publicitária ou pelo respectivo veículo de comunicação.(Redação dada pela Lei nº 10.167, de 27.12.2000)

§ 4º. Compete à autoridade sanitária municipal aplicar as sanções previstas neste artigo, na forma do art. 12 da Lei nº 6.437, de 20 de agosto de 1977, ressalvada a competência exclusiva ou concorrente: (Parágrafo incluído pela Lei nº 10.167, de 27.12.2000)

I – do órgão de vigilância sanitária do Ministério da Saúde, inclusive quanto às sanções aplicáveis às agências de publicidade, responsáveis por propaganda de âmbito nacional; (Inciso incluído pela Lei nº 10.167, de 27.12.2000)

II – do órgão de regulamentação da aviação civil do Ministério da Defesa, em relação a infrações verificadas no interior de aeronaves; (Inciso incluído pela Lei nº 10.167, de 27.12.2000)

III – do órgão do Ministério das Comunicações responsável pela fiscalização das emissoras de rádio e televisão; (Inciso incluído pela Lei nº 10.167, de 27.12.2000)

IV – do órgão de regulamentação de transportes do Ministério dos Transportes, em relação a infrações ocorridas no interior de transportes rodoviários, ferroviários e aquaviários de passageiros. (Inciso incluído pela Lei nº 10.167, de 27.12.2000)

Art. 10. O Poder Executivo regulamentará esta Lei no prazo máximo de sessenta dias de sua publicação.

Art. 11. Esta Lei entra em vigor na data de sua publicação.

Art. 12. Revogam-se as disposições em contrário.

Resolução CONAMA nº 334, de 3 de abril de 2003

Dispõe sobre os procedimentos de licenciamento ambiental de estabelecimentos destinados ao recebimento de embalagens vazias de agrotóxicos

O CONSELHO NACIONAL DO MEIO AMBIENTE-CONAMA, em conformidade com as competências que lhe foram conferidas pela Lei nº 6.938, de 31 de agosto de 1981, regulamentada pelo Decreto nº 99.274, de 6 de junho de 1990, e tendo em vista o disposto no seu Regimento Interno, Anexo à Portaria nº 499, de 18 de dezembro de 2002; e

Considerando a necessidade de dar destino adequado às embalagens vazias de agrotóxicos e afins conforme estabelecem a Lei nº 6.938, de 1981, a Lei nº 7.802, de 11 de julho de 1989, a Lei nº 9.974, de 6 de junho de 2000, e o Decreto nº 4.074, de 4 de janeiro de 2002;

Considerando que a destinação inadequada das embalagens vazias de agrotóxicos e afins causam danos ao meio ambiente e a saúde humana;

Considerando que os estabelecimentos comerciais, postos e centrais são os locais onde o usuário deve devolver as embalagens vazias de agrotóxicos e afins;

Considerando que posto e central de recebimento de embalagens vazias de agrotóxicos e afins são empreendimentos potencialmente poluidores;

Considerando que as Resoluções CONAMA nº 001, de 23 de janeiro de 1986 e nº 237, de 19 de dezembro de 1997, estabelecem as atividades ou empreendimentos sujeitos ao licenciamento ambiental, remetendo esta última ao CONAMA a incumbência de definir os critérios para licenças ambientais específicas; e

Considerando que o art. 12, da Resolução CONAMA nº 237, de 1997, permite o estabelecimento de critérios para agilizar e simplificar os procedimentos de licenciamento ambiental das atividades e empreendimentos de pequeno potencial de impacto ambiental, visando a melhoria contínua e o aprimoramento da gestão ambiental; resolve:

Art. 1º. Esta Resolução disciplina, sem prejuízo de outras normas aplicáveis à espécie, os requisitos e critérios técnicos mínimos necessários para o licenciamento ambiental, pelos órgãos competentes, de unidades de recebimento de embalagens vazias de agrotóxicos e afins.

Art. 2º. Para efeito desta Resolução serão adotadas as seguintes definições:

I – posto: unidade que se destina ao recebimento, controle e armazenamento temporário das embalagens vazias de agrotóxicos e afins, até que as mesmas sejam transferidas à central, ou diretamente à destinação final ambientalmente adequada;

II – central: unidade que se destina ao recebimento, controle, redução de volume, acondicionamento e armazenamento temporário de embalagens vazias de agrotóxicos e afins, que atenda aos usuários, estabelecimentos comerciais e postos, até a retirada das embalagens para a destinação final, ambientalmente adequada;

III – unidade volante: veículo destinado à coleta regular de embalagens vazias de agrotóxicos e afins para posterior entrega em posto, central ou local de destinação final ambientalmente adequada;

IV – estabelecimento comercial: local onde se realiza a comercialização de agrotóxicos e afins, responsável pelo recebimento, controle e armazenamento das embalagens vazias de agrotóxicos nele vendidas.

Art. 3º. A localização, construção, instalação, modificação e operação de posto e central de recebimento de embalagens vazias de agrotóxicos e afins dependerão de prévio licenciamento do órgão ambiental competente, nos termos do Anexo I, sem prejuízo de outras licenças legalmente exigíveis.

§ 1º. As unidades volantes estão sujeitas à legislação específica para o transporte de cargas perigosas.

§ 2º. Os critérios de adequação de estabelecimento comercial para as operações de recebimento e armazenamento temporário das embalagens vazias de agrotóxicos e afins serão definidos pelo órgão ambiental competente.

§ 3º. No caso de encerramento das atividades, o empreendedor deve, previamente, requerer Autorização de Desativação, juntando Plano de Encerramento da Atividade, nele incluindo medidas de recuperação da área atingida e indenização de possíveis vítimas.

Art. 4º. O órgão ambiental competente exigirá as seguintes licenças ambientais:

I – Licença Prévia-LP: concedida na fase preliminar do planejamento do empreendimento aprovando sua localização e concepção, atestando a viabilidade ambiental e estabelecendo os requisitos básicos e condicionantes a serem atendidos nas próximas fases;

II – Licença de Instalação-LI: autoriza a instalação do empreendimento com especificações constantes dos planos, programas e projetos aprovados, incluindo medidas de controle ambiental e demais condicionantes;

III – Licença de Operação-LO: autoriza a operação da atividade, após a verificação do efetivo cumprimento do que consta das licenças anteriores, das medidas de controle ambiental e suas condicionantes.

Parágrafo único. Os postos e centrais já em operação deverão requerer a LO, mediante apresentação de plano de adequação, no prazo de sessenta dias, contados a partir da data de publicação desta Resolução.

Art. 5º. O órgão ambiental competente exigirá para o licenciamento ambiental de posto e central, no mínimo, os itens relacionados abaixo, exigindo-os, a seu critério, em cada uma de suas etapas:

I – projeto básico que deverá seguir, no mínimo, as especificações de construção que constam do Anexo II, destacando o sistema de drenagem;

II – declaração da Prefeitura Municipal ou do Governo do Distrito Federal, de que o local e o tipo de empreendimento estão de acordo com o Plano Diretor ou similar;

III – croqui de localização dos postos e centrais, locando o mesmo dentro da bacia hidrográfica, ou sub-bacia, com rede de drenagem, áreas de preservação permanente, edificações, vegetação, em um raio mínimo de quinhentos metros;

IV – termo de compromisso firmado pela empresa registrante de agrotóxicos e afins, ou por sua entidade representativa, garantindo o recolhimento, transporte e destinação final das embalagens vazias recebidas, com previsão de multa diária, conforme legislação pertinente;

V – identificação de possíveis riscos de contaminação e medidas de controle associadas;

VI – programa de treinamento dos funcionários;

VII – programa de monitoramento toxicológico dos funcionários, com exames médicos periódicos, com pesquisa de agrotóxicos no sangue;

VIII – programa de monitoramento de solo e da água nas áreas de postos e centrais de recebimento;

IX – programa de comunicação social interno e externo alertando sobre os riscos ao meio ambiente e a saúde;

X – sistema de controle de recebimento e de destinação de embalagens vazias; e

XI – responsável técnico pelo funcionamento dos postos e centrais de recebimento.

Art. 6º. Não será permitida a instalação de galpões em áreas de mananciais.

Art. 7º. Os postos e centrais não poderão receber embalagens com restos de produtos, produtos em desuso, ou impróprios para comercialização e utilização.

Parágrafo único. Os produtos referidos no caput deste artigo deverão ter a sua destinação em conformidade com as disposições previstas na Lei nº 7.802, de 11 de julho de 1989, e no Decreto nº 4.074, de 4 de janeiro de 2002.

Art. 8º. O descumprimento das disposições desta Resolução, nos termos e condicionantes das licenças expedidas, e de eventual Termo de Ajustamento de Conduta sujeitará o infrator, entre outras penalidades cabíveis, àquelas previstas na Lei nº 9.605, de 12 de fevereiro de 1998, em especial nos artigos 54, § 3º , e 56, sem prejuízo do dever de recuperar os danos ambientais causados na forma do art. 14, § 1º, da Lei nº 6.938, de 31 de agosto de 1981.

Art. 9º. Além das sanções penais e administrativas cabíveis, bem como da multa diária e outras obrigações previstas no Termo de Ajustamento de Conduta e na legislação vigente, o órgão ambiental competente, mediante decisão motivada, poderá exigir a imediata reparação dos danos causados, bem como a mitigação de riscos, desocupação, isolamento e/ou recuperação da área do empreendimento.

Art. 10. Os subscritores de estudos, documentos, pareceres e avaliações técnicas utilizados no procedimento de licenciamento e de celebração do Termo de Ajustamento de Conduta são considerados peritos, para fins penais.

Parágrafo único. As obrigações previstas nas licenças ambientais e no Termo de Ajustamento de Conduta são consideradas de relevante interesse ambiental.

Art. 11. Esta Resolução entra em vigor na data de sua publicação.

ANEXO I
CRITÉRIOS TÉCNICOS MÍNIMOS REQUERIDOS PARA O LICENCIAMENTO
AMBIENTAL DE POSTOS E CENTRAIS DE RECEBIMENTO DE
EMBALAGENS VAZIAS DE AGROTÓXICOS

I – Localização: preferencialmente em zona rural ou zona industrial, em área de fácil acesso a qualquer tempo.

II – O terreno deve ser preferencialmente plano, não sujeito à inundação, e possuir sistema de controle de águas pluviais e de erosão do solo, adequado as características do terreno.

III – A área escolhida para a construção do posto ou central de recebimento de embalagens vazias de agrotóxicos e afins deve estar ou dispor:

a) distante de corpos hídricos, tais como: lagos, rios, nascentes, pontos de captação de água, áreas inundáveis etc., de forma a diminuir os riscos de contaminação em caso de eventuais acidentes;

b) distância segura de residências, escolas, postos de saúde, hospitais, abrigo de animais domésticos e depósitos de alimentos, de forma que os mesmos não sejam contaminados em casos de eventuais acidentes;

c) devidamente identificada com placas de sinalização, alertando sobre o risco e o acesso restrito a pessoas autorizadas;

d) de pátio que permita a manobra dos veículos transportadores das embalagens.

IV – O empreendedor ou responsável pelo posto ou central deve apresentar um plano de gerenciamento, estabelecendo e providenciando, no mínimo:

a) programa educativo visando a conscientização da comunidade do entorno sobre as operações de recebimento, armazenamento temporário e recolhimento para destinação final das embalagens vazias de agrotóxicos e afins devolvidas pelos usuários;

b) programa de treinamentos específicos para os funcionários, com certificação, relativos às atividades previstas nestes locais;

c) plano de monitoramento toxicológico periódico dos funcionários;

d) plano de ação preventiva e de controle para possíveis acidentes; (dos poluentes industriais) e

e) sistema de controle de entrada e saída das embalagens vazias recebidas, capaz de emitir relatórios periódicos com a identificação do proprietário das embalagens, quantidade, tipo e destino final.

V – O empreendedor ou responsável estabelecerá, juntamente com o encarregado ou supervisor do posto ou central, um protocolo contendo os procedimentos a serem adotados para o recebimento, triagem, armazenamento temporário e recolhimento para destinação final das embalagens vazias.

VI – O empreendedor ou responsável deverá fornecer ao usuário, no momento da devolução, um comprovante de recebimento das embalagens vazias, devendo constar, no mínimo, os seguintes dados:

a) nome do proprietário das embalagens;

b) nome da propriedade/endereço; e

c) quantidade e tipo (plástico, vidro, ou metal) de embalagens recebidas.

VII – A prática da inspeção visual é necessária e deve ser realizada, por profissional treinado, nas embalagens rígidas, para separar as lavadas das contaminadas, devendo essas últimas ser armazenadas separadamente.

VIII – O empreendedor ou o responsável pela unidade de recebimento deverá fornecer equipamentos de proteção individual adequados para a manipulação das embalagens vazias de agrotóxicos, e cuidar da manutenção dos mesmos.

IX – Condições mínimas necessárias para a instalação e a operação de postos e centrais de recebimento de embalagens vazias de agrotóxicos e afins.